DISCIPULADO

DISCIPULADO

TRANSFORMADOS EN DISCÍPULOS POR MEDIO DEL ESTUDIO BÍBLICO

Manual de estudio • Segunda edición

Los escritores del Manual de estudio

DISCIPULADO: TRANSFORMADOS EN DISCÍPULOS POR MEDIO DEL ESTUDIO BÍBLICO

Richard Byrd Wilke
Julia Kitchens Wilke

Consultores
William J. A. Power, Antiguo Testamento
Leander E. Keck, Nuevo Testamento

Traductora
Carmen M. Gaud

Consultor
Justo L. González

DISCIPULADO: TRANSFORMADOS EN DISCÍPULOS POR MEDIO DEL ESTUDIO BÍBLICO
Manual de estudio, derechos de autor © 1987 Graded Press
Segunda edición en inglés © 1993 Abingdon Press

Traducción al español © 1994 Abingdon Press
Todos los derechos reservados

Las referencias bíblicas en esta publicación, excepto en los casos que así se indique, son de La Santa Biblia, Versión Reina-Valera (RV), Revisión de 1960, derechos de autor © 1960 Sociedades Bíblicas Unidas. Usadas con permiso. Todos los derechos reservados.

Las referencias bíblicas con las letras VP provienen de la Biblia *Dios habla hoy*, Versión Popular–Segunda Edición: Derechos de autor © 1966, 1970, 1979, 1983 Sociedades Bíblicas Unidas.

Mapas por **Nell Fisher**; todas las ilustraciones por **Mitch Mann**; diseño de la portada por **Mary M. Johannes**. Las ilustraciones en las páginas 37, 53, 61, 131, 142, 154, 186 son reimpresiones de DISCIPLE: BECOMING DISCIPLES THROUGH BIBLE STUDY Study Manual, derechos de autor © 1987 Graded Press. Las ilustraciones en las páginas 17, 23, 47, 54, 76, 81, 90, 122, 134, 155, 195 son reimpresiones tomadas de DISCIPLE: BECOMING DISCIPLES THROUGH BIBLE STUDY Study Manual Youth Edition, derechos de autor © 1988 Graded Press.

Neil M. Alexander, Director Editorial, Abingdon Press; Nellie M. Moser, Directora Editorial y Editora de DISCIPLE; Katherine C. Bailey, Editora Asistente; Linda O. Spicer, Secretaria; Phillip D. Francis, Diseñador.

Para más información acerca de DISCIPULADO llamar al 800-672-1789
o visite nuestra página electrónica en www.cokesbury.com

DISCIPULADO

Contenido

Al comenzar el programa   4

Antiguo Testamento   5
1. La Palabra bíblica   6
2. El Dios Creador   12
3. Un pueblo rebelde   20
4. Un pueblo llamado   26
5. Dios escucha el clamor   34
6. Dios envía la Ley   42
7. Cuando Dios se acerca   50
8. Un pueblo sin rey   56
9. El pueblo tiene rey   64
10. Dios hace advertencias a su pueblo   72
11. Dios castiga al pueblo   78
12. Dios restaura a su pueblo   86
13. Cánticos del corazón   92
14. La persona justa es como un árbol   98
15. Cuando llegan los problemas   106
16. El pueblo espera un Salvador   114
17. (Período intertestamentario) El período de transición   120

Nuevo Testamento   127
18. Discipulado radical   128
19. La controversia crece   136
20. El Mesías oculto   144
21. Dios busca a los despreciados, los humildes y los perdidos   152
22. El dador de la vida   160
23. El Consolador   168
24. El poder explosivo del Espíritu   176
25. El Evangelio se extiende por el mundo   184
26. En paz con Dios por medio de la fe   190
27. Una congregación en efervescencia   198
28. El Hijo os hará libres   206
29. Un pastor que aconseja   214
30. Nuestro gran sumo sacerdote   220
31. Un pueblo diferente   228
32. Por eso es que tenemos esperanza   236
33. Los dones de cada discípulo   244
34. La última cena juntos   250

DISCIPULADO

Al comenzar el programa DISCIPULADO

Al comenzar este programa usted está comprometiéndose a dedicar tres o cuatro horas semanales al estudio individual, así como a tener dos horas y media cada semana de estudio en grupo por un período de treinta y cuatro semanas.

Para establecer su disciplina de estudio, le sugerimos que escoja y mantenga un período de tiempo y un lugar particulares para leer, tomar notas, estudiar, reflexionar y orar diariamente.

Al escoger una Biblia

Este Manual de estudio se tradujo usando como base la *Versión Reina-Valera de la Biblia, Revisión de 1960*. Recomendamos la Versión Reina-Valera 1960 con las notas Harper/Caribe. Puede usar otras traducciones y otras Biblias de estudio. El uso de diversas traducciones de la Biblia le puede ayudar a aclarar el significado de versículos y pasajes bíblicos difíciles.

La forma de este Manual de estudio

Este Manual de estudio es una disciplina en sí mismo. Es un plan de estudio y preparación privada para la reunión semanal de su grupo.

Hay elementos comunes que aparecerán a través de las lecciones. La palabra tema, el(los) versículo(s) bíblico(s) y el título al principio de cada lección sugieren el tema y la dirección de la lección. Unidos, estos pueden ayudarle a recordar la secuencia de la historia bíblica.

"Nuestra condición humana" expresa una experiencia humana común y provee una perspectiva desde la cual leer y escuchar lo que dice la Escritura.

Las lecturas bíblicas diarias aparecen en la sección titulada "Asignación". En la segunda página de cada lección hay espacio para anotar ideas; comentarios sobre personajes, acontecimientos y nuevas percepciones; información geográfica e histórica; el significado de palabras particulares y preguntas acerca de la Escritura que quiera discutir en su grupo semanal de estudio. Las asignaciones diarias le indican también cuándo leer y responder a las secciones tituladas "El comentario bíblico" y "Las señales del discipulado" en cada lección. El día para estudiar estas secciones varía de acuerdo al contenido de cada lección. "Las señales del discipulado" identifica características particulares de los discípulos y discípulas. En esta parte de la lección se le invita a pensar sobre cómo su vida y la vida de su congregación reflejan estas características.

"Si desea saber más" es una sección que le sugiere temas adicionales de estudio individual. También le propone la preparación ocasional de informes para compartir con el grupo.

Al comenzar su estudio diario, use el salmo en la sección titulada "Oración". Anote los motivos por los cuales va a orar durante la semana.

Recursos adicionales de estudio

Los siguientes libros de referencia le pueden ayudar a profundizar en el estudio de las Escrituras:

Manual bíblico de Abingdon, Nashville: Abingdon, 1975.

Diccionario Ilustrado de la Biblia, Miami: Editorial Caribe, 1987.

Concordancia de las Sagradas Escrituras, Miami: Editorial Caribe, 1969.

Cómo aprovechar al máximo su estudio bíblico

• Lea con curiosidad. Pregúntese cómo, qué, dónde y por qué mientras lee.

• Averigüe tanto como sea posible acerca del pasaje que está estudiando. Esto le ayudará a oir a Dios hablarle a través de las Escrituras. Trate de averiguar lo que el escritor bíblico dijo a la gente de la época en que el texto fue escrito. Lea los versículos y los capítulos antes y después del pasaje de estudio para aclarar el ambiente o situación en la cual la acción o la enseñanza ocurre.

Preste atención a la forma del pasaje, porque el significado del texto puede aclararse no sólo por lo que se dice sino también por la forma en que se dice. El modo en que usted lee una poesía o una parábola va a ser diferente del modo en que lee y entiende un relato histórico.

No obligue al texto a decirle lo que usted quiere. Permita que el texto hable por sí mismo.

• Indague sobre las Escrituras, pero también aprenda a leer las Escrituras para encontrar en ellas las respuestas a sus preguntas. La Biblia misma puede dar respuesta a las dificultades que usted tiene para entender algunos textos biblicos. Algunos problemas pueden ser resueltos con la ayuda de los materiales adicionales de referencia, y otros permanecerán como un misterio.

• Venga a las Escrituras con el interés de oir en ellas la Palabra de Dios, y con el deseo de escuchar y obedecer. Confíe en el Espíritu Santo como Aquel que le guiará y le dará poder por medio de las Escrituras.

DISCIPULADO

EL ANTIGUO TESTAMENTO

AUTORIDAD

"Toda Escritura está inspirada por Dios y es útil para enseñar y reprender, para corregir y educar en una vida de rectitud, para que el hombre de Dios esté capacitado y completamente preparado para hacer toda clase de bien."

—2 Timoteo 3:16-17, Versión Popular

1 La Palabra bíblica

NUESTRA CONDICIÓN HUMANA

Siento dentro de mí un anhelo profundo de estar en contacto con Alguien; un deseo de conocer si Dios tiene algo que ver conmigo, si tiene algo que decir a mi vida; siento necesidad de saber si la Biblia tiene algún poder que ofrecerme.

ASIGNACIÓN

La meta del programa DISCIPULADO es desarrollar discípulos de Jesucristo que conozcan y amen la Palabra de Dios. Le recomendamos que siga un patrón diario de lectura y estudio. Tome nota de sus impresiones usando el espacio correspondiente en la página siguiente. En las asignaciones diarias se le indicará cuándo leer y responder a las secciones "El comentario bíblico" y "Las señales del discipulado". Generalmente usted va a leer el manual de estudio en el sexto día, después de haber leído los pasajes bíblicos de la semana.

Día 1 Tome la Biblia en sus manos, recordando que se trata de muchos libros escritos por diversos escritores inspirados por Dios. Estudie la lista de libros de la Biblia para tener idea de sus títulos. Eche una ojeada a su Biblia, prestando atención a los encabezados en cada capítulo. Localice en su Biblia los recursos para el estudio. Haga una lectura rápida de alguno de estos materiales.

Día 2 Explore diferentes formas de literatura bíblica. Trate sólo de disfrutar de la variedad en las formas. Comience a aprender a leer distintos materiales. Experimente hoy leyendo poesía en voz alta. Lea el Salmo 84 y Éxodo 15:1-18.

Día 3 Historia. Lea 1 Reyes 19; 1 Crónicas 22; Hechos 9. Lea rápidamente. Use una traducción de la Biblia diferente a la que regularmente usa, si la tiene disponible.

Día 4 Ley. Lea Éxodo 20 (Los diez mandamientos); Deuteronomio 5–6 (Al pasaje en 6:4-9 se le llama Shemá, que significa "Oye"). Profetas. Lea Miqueas 4.

Día 5 Epístolas. Lea la Epístola a Filemón. Evangelios. Lea Lucas 15.

Día 6 Lea y responda a "El comentario bíblico" y a "Las señales del discipulado".

Día 7 Descanso y oración.

ORACIÓN

Ore diariamente antes de estudiar:
"Trata a este siervo tuyo de acuerdo con tu amor;
¡enséñame tus leyes!
Yo soy tu siervo. Dame entendimiento,
pues quiero conocer tus mandatos"
(Salmo 119:124-125, Versión Popular).

Oraciones de la semana:

AUTORIDAD

Día 1 Una Biblia: muchos libros (Anote sus impresiones.)

Día 2 Salmo 84 y Éxodo 15:1-18 (Poesía)

Día 3 1 Reyes 19; 1 Crónicas 22; Hechos 9 (Historia)

Día 4 Éxodo 20; Deuteronomio 5–6 (Ley); Miqueas 4 (Profetas)

Día 5 Filemón (Epístolas); Lucas 15 (Evangelio)

Día 6 "El comentario bíblico" y "Las señales del discipulado"

DISCIPULADO

EL COMENTARIO BÍBLICO

La palabra *Biblia* significa "libros". Es *el* libro. Todos los demás libros resultan insulsos en comparación con éste. Sin embargo, se trata, no de un solo libro sino de una colección de sesenta y seis libros, escritos durante un período de mil años. Todavía más, las experiencias que se relatan, se analizan, se evalúan y se celebran ocurrieron durante un período aún más largo de tiempo. Las historias fueron contadas alrededor del fuego; los cánticos e himnos se cantaron en innumerables experiencias de adoración; los relatos históricos fueron escritos y reescritos; las leyes recibidas bajo inspiración fueron sistematizadas e interpretadas; las profecías fueron proclamadas, escritas y se cumplieron. Las visiones de un reino de justicia y paz se mantuvieron por mucho tiempo en la mente del pueblo.

La Biblia habla del pueblo hebreo. Fue un pueblo especial, único en el sentido de que fue llamado a ser un pueblo de revelación. Fue un pueblo que luchó intensamente por ser pueblo de Dios. Alrededor del año 2000 antes de Cristo, Abram y Sarai oyeron la voz de Dios que les instaba a salir de su tierra. Dios habló en y a través de la experiencia de este pueblo. Después, a través de la vida, muerte y resurrección de Jesús, Dios hizo una revelación plena, y continuó revelando sus misterios a la comunidad llamada iglesia.

La Biblia, inspirada por Dios, es a la vez humana y divina. Puede sorprenderse de cuan humana es la Biblia cuando lee en ella historias de violencia, de violaciones, de traición, de adulterio, de enfermedad y de muerte. La Biblia no oculta nada. Se sorprenderá de cúan divina es la Biblia al leer sobre actuaciones llenas de arrepentimiento y fe, justicia y compasión, devoción y sacrificio, y, tras ello, el eterno amor de un Dios perdonador que hace Pacto con su pueblo.

No sólo son las experiencias a la vez humanas y divinas; los relatos mismos lo son. La tradición oral fue puesta por escrito, editada y reeditada, copiada y vuelta a copiar; el proceso es testimonio de la mano de Dios que lo guía. Aun el proceso de canonización—el establecimiento de los criterios de lo que debe formar parte de las Escrituras—fue inspirado.

Cuando hablamos de que las Escrituras son inspiradas, reconocemos que fueron escritas por personas particulares bajo circunstancias particulares. Las Escrituras están relacionadas con Dios y, a causa de dicha relación, tienen poder para propiciar un encuentro entre Dios y la persona que las lee. La autoridad de la Biblia descansa, en ese sentido, en su habilidad para propiciar el encuentro entre Dios y el ser humano. Cuando leemos la Biblia y Dios nos habla, escuchamos la Biblia como la Palabra de Dios.

¿Cómo se formó la Biblia?

Canon significa "regla de medir" o "caña". Canon significa para nosotros la lista de escritos religiosos que consideramos inspirados.

NOTAS, REFLEXIONES Y PREGUNTAS

El canon hebreo	El canon cristiano del Antiguo Testamento
TORA (LEY)	LEY
Génesis	Génesis
Éxodo	Éxodo
Levítico	Levítico
Números	Números
Deuteronomio	Deuteronomio
PROFETAS	HISTORIA
PROFETAS ANTERIORES	
Josué	Josué
Jueces	Jueces
1 y 2 de Samuel	Rut
1 y 2 de Reyes	1 y 2 de Samuel
	1 y 2 de Reyes
	1 y 2 de Crónicas
PROFETAS POSTERIORES	Esdras
Isaías	Nehemías
Jeremías	*Tobías**
Ezequiel	*Judit*
	Ester
PROFETAS MENORES	*1 y 2 de Macabeos*
Oseas	
Joel	SABIDURÍA
Amós	Job
Abdías	Salmos
Jonás	Proverbios
Miqueas	Eclesiastés
Nahum	Cantar de los Cantares
Habacuc	*Sabiduría*
Sofonías	*Eclesiástico*
Hageo	
Zacarías	PROFETAS
Malaquías	Isaías
	Jeremías
ESCRITOS DE SABIDURÍA	Lamentaciones
	Baruc
Salmos	Ezequiel
Proverbios	Daniel
Job	Oseas
	Joel
CINCO ROLLOS	Amos
Cantar de los Cantares	Abdías
Rut	Jonás
Lamentaciones	Miqueas
Eclesiastés	Nahum
Ester	Habacuc
Daniel	Sofonías
Esdras-Nehemías	Hageo
1 y 2 de Crónicas	Zacarías
	Malaquías

*Los títulos en cursivo no forman parte del Antiguo Testamento en las versiones protestantes de la Biblia. Se les conoce como libros apócrifos o deuterocanónicos, y se encuentran en versiones católicas.

AUTORIDAD

El canon hebreo fue primeramente la Torá, la Ley, los primeros cinco libros de la Biblia en el Antiguo Testamento (el Pentateuco). La Ley no era sólo el documento central de la fe judía sino también la ley fundamental del pueblo judío. El canon de la Ley se estableció entre los siglos sexto y cuarto antes de Cristo. La Ley se convirtió en autoridad para todo el pueblo judío y después para el pueblo cristiano.

Para el siglo I de la era cristiana, la mayoría de los judíos aceptaban junto a la Ley un segundo grupo de libros de menor autoridad llamado los Profetas. Esta colección incluía los libros desde Josué a 2 de Reyes (excluyendo Rut), además de los libros de los profetas. Hay otro grupo de libros que se conocen como los Escritos. El canon hebreo que incluye la Ley, los Profetas y los Escritos fue finalizado cerca del año 90 de la era cristiana.

Las Escrituras hebreas, conocidas después entre los cristianos como Antiguo Testamento, fueron escritas originalmente en hebreo, pero en el siglo III antes de Cristo fueron traducidas al griego. La traducción es conocida como la Septuaginta. Los cristianos de los primeros siglos recibieron esta traducción como herencia, al igual que otras traducciones (de los mismos escritos) en lengua griega. La Septuaginta difiere de la Biblia hebrea en su lenguaje, en el orden de los libros, y por incluir los libros conocidos como apócrifos.

No fue sino hasta entrado el siglo II D.C. que los cristianos seleccionaron escritos cristianos específicos y les dieron una autoridad igual a la de las Escrituras hebreas al usarlos en la adoración. El canon del Nuevo Testamento se fue desarrollando lentamente. La lista más temprana de libros que corresponde al canon del Nuevo Testamento en el presente fue preparada por Atanasio de Alejandría en el año 367 D.C.

Ninguno de los libros apócrifos fue incluido en la Biblia hebrea. Durante la Reforma protestante, Martín Lutero decidió seguir el canon hebreo y no el griego (de la Septuaginta). En el Concilio de Trento (1545–63), la Iglesia Católica Romana afirmó el canon griego, incluyendo los apócrifos, con la excepción de 1 y 2 de Esdras y la Oración de Manasés.

¿Cómo leemos la Biblia?

De la misma manera que el Espíritu de Dios guió a las personas que recordaron, interpretaron, escribieron, editaron y copiaron, Dios guía a la persona que lee la Biblia hoy.

Nuestra meta no es aprender de la Biblia como aprendemos álgebra. Tampoco leemos ningún libro de las Escrituras como leemos una novela. Al leer, escuchamos al Espíritu Santo ayudándonos a entender verdades eternas, universales. Esperamos recibir vislumbres personales, inesperadas, únicamente para nosotros. Saboreamos las promesas, nos regocijamos con una historia que nos recuerda nuestras experiencias, o luchamos al confrontar una ley o principio que puede cambiar nuestras vidas.

NOTAS, REFLEXIONES Y PREGUNTAS

Canon del Nuevo Testamento

LOS EVANGELIOS
  Mateo
  Marcos
  Lucas
  Juan

Los Hechos de los Apóstoles

EPISTOLAS A LAS IGLESIAS
  Romanos
  1 de Corintios
  2 de Corintios
  Gálatas
  Efesios
  Filipenses
  Colosenses
  1 de Tesalonicenses
  2 de Tesalonicenses

EPISTOLAS A INDIVIDUOS
  1 de Timoteo
  2 de Timoteo
  Tito
  Filemón

Epístola a los Hebreos

EPISTOLAS GENERALES
  Santiago
  1 de Pedro
  2 de Pedro
  1 de Juan
  2 de Juan
  3 de Juan
  Judas

Apocalipsis

DISCIPULADO

Segun aumenta nuestra comprensión espiritual, descubrimos nuevas verdades. Así también, a medida que pasamos por experiencias de enfermedad, pecado, prueba y tragedia, vamos comprendiendo enseñanzas que ni siquiera podíamos comenzar a imaginarnos antes.

A menudo podemos sentirnos como el eunuco etíope en el libro de los Hechos de los Apóstoles que iba en su carro, leyendo en voz alta al profeta Isaías. El ápostol Felipe le preguntó: "¿Entiende usted lo que está leyendo? El etíope le contestó: ¿Cómo lo voy a entender, si no hay quien me lo explique?" (Hechos 8:30-31, Versión Popular).

Usted se está iniciando en un peregrinaje fascinante de descubrimiento de la Biblia. La ayuda en el camino vendrá de diversas fuentes: el plan de estudio en el manual; su maestro o maestra y sus compañeros de estudio; así como los predicadores, maestros y eruditos que les instruirán a traves de los videos. Más importante que todo eso, el Espíritu Santo le dirigirá y le guiará mientras estudia. Jesús dijo: "Mas el Consolador, el Espíritu Santo. . . . él os enseñará todas las cosas, y os recordará todo lo que yo os he dicho" (Juan 14:26).

¿Qué formas de literatura hay en la Biblia?

Al decir Escrituras nos referimos a una variedad de formas: poesía, leyes, relatos históricos, liturgias, cánticos, declaraciones proféticas, dichos de sabiduría, historias breves, parábolas, evangelios, epístolas, sermones, apocalipsis.

Por esa razón, el estilo de lectura debe variar. Algunos poemas, tal como los salmos, deben leerse en voz alta. En la poesía hebrea una idea se repite en lo que se llama paralelismo poético.

"Aun el gorrión halla casa,
Y la golondrina nido para sí" (Salmo 84:3).

Las historias y los relatos históricos pueden leerse rápidamente. La Ley debe leerse prestando atención a los detalles. Al leer los profetas debemos estar atentos al mensaje que hay detrás de las palabras. Los proverbios pueden memorizarse. Los evangelios hacen unas presentaciones tan poderosas de la fe en Cristo que nos obligan a tomar la decisión de aceptarle o rechazarle.

¿Por qué estudiar la Biblia?

¿Qué aporta usted al estudio de la Biblia? Su humanidad. La Biblia expresa toda la gama de emociones humanas.

¿Qué le ofrece la Biblia? La dirección y consuelo de Dios. La Biblia tiene que expresar su humanidad para llegar hasta nosotros; tiene que expresar su divinidad para salvarnos.

Una vez usted gane familiaridad con la Biblia y sea tocado por su Espíritu, sentirá hambre y sed por recibir más de la Palabra de Dios. Lo que comienza como obligación se convierte en satisfacción y gozo. El salmista señala que los juicios de Dios son:

"Dulces más que miel, y que la que destila del panal"
(Salmo 19:10).

NOTAS, REFLEXIONES Y PREGUNTAS

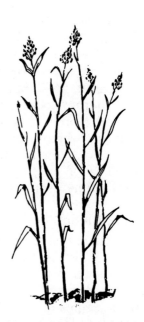

La palabra *canon* viene de la raíz semítica que significa caña o medida. Originalmente se refería a una caña o tallo recto que servía como regla o medida. Su significado evolucionó hasta referirse a algo recto y firme como una caña que puede ser usado como medida o patrón, y se refiere específicamente a una medida de fe y práctica en religión.

Tal vez las Escrituras se definen mejor a sí mismas. Lea nuevamente 2 de Timoteo 3:16-17, los versículos que se encuentran al principio de esta lección.

Las palabras del Evangelio según San Juan son más poderosas aún. Lea Juan 20:31 y copie el versículo en el espacio que sigue.

_____

_____

LAS SEÑALES DEL DISCIPULADO

Los discípulos se colocan bajo el poder y la autoridad de las Escrituras. En esta sección se espera que nos preguntemos de qué manera la Palabra de Dios está dando forma al discipulado cristiano en nuestra vida.

Conteste esta pregunta: ¿Por qué estoy participando en el programa DISCIPULADO? ¿Por qué hago planes de estudiar la Biblia con intensidad, fidelidad y búsqueda seria?

_____

_____

SI DESEA SABER MÁS

La división de la Biblia en capítulos tales como los tenemos hoy en día fue hecha en el siglo XIII. Las Biblias impresas tuvieron dichas divisiones en capítulos desde el principio de su publicación. En 1551 el editor Estienne publicó en Francia en griego y latín el primer Nuevo Testamento en usar la división en versículos. En 1553 se publicó en francés la primera Biblia completa que usó la división en versículos. A partir de ésta se creó un formato editorial, llamado de Ginebra, a partir del cual se publicaron versiones de la Biblia en diferentes idiomas, incluyendo el castellano. La primera traducción completa de la Biblia en castellano fue obra de Casiodoro de Reina, y apareció en Basilea en 1569. Se le ha llamado Biblia del Oso debido a que en la página que contiene el título, había una ilustración de un oso buscando miel en el tronco de un árbol. Cipriano de Valera revisó el texto de Reina y su revisión se publicó en 1602. Otro dato curioso acerca de la Biblia en España es el hecho de que allí se publicó, entre 1514–1517, lo que se considera el mayor triunfo de la erudición bíblica anterior a la Reforma Protestante: la Biblia Políglota Complutense.

Memorice los títulos de los libros del Antiguo Testamento.

Dedique tiempo adicional a hojear su Biblia o a descubrir si en su iglesia o en su comunidad hay otros libros de referencia que puedan ser útiles para su estudio.

NOTAS, REFLEXIONES Y PREGUNTAS

Los discípulos se colocan a sí mismos bajo el poder y la autoridad de la Escritura.

MARAVILLA

"Cuando Dios creó al hombre, lo creó parecido a Dios mismo; hombre y mujer los creó."

—Génesis 1:27, Versión Popular

2 El Dios Creador

NUESTRA CONDICIÓN HUMANA

Me pregunto quién me hizo a mí y al mundo en que vivo. Si hay un Creador, cómo es ese Creador? ¿Para qué fui creado? Los geólogos dicen que hay rocas que tienen miles de millones de años. Los astrónomos hablan de estrellas que están a miles de años luz. En un universo tan inmenso, soy apenas una partícula de polvo.

ASIGNACIÓN

Lea Génesis 1–2 y los salmos en voz alta. La preparación de esta semana es una invitación a la celebración y la alabanza, y es un medio para ir formando el hábito diario de estudio y devoción. Tenga a mano un himnario para leer o cantar los himnos que se sugieren.

Día 1   Génesis 1:1–2:3 (La creación)
        Himno: "Jubilosos, te Adoramos"
Día 2   Génesis 2:4-25 (La segunda historia de la creación); Salmo 8 (Alabanza al Creador);
        Himno: "Tiernas Canciones Alzad al Señor"
Día 3   Salmos 19:1-6; 33 (La gloria y la grandeza de Dios)
        Himno: "Dad a Dios Inmortal Alabanza"
Día 4   Job 38–39 (El misterio y la majestad de Dios); 40:15-41:34 (El poder de Dios)
        Himno: "El Mundo es de Mi Dios"
Día 5   Salmos 104; 150 (Alabanza); Juan 1:1-5 (La Palabra)
        Himno: "Señor, mi Dios"
Día 6   Lea y responda a "El comentario bíblico" y a "Las señales del discipulado".
        Himno: "Nunca, Dios mío"
Día 7   Descanso, reflexión, oración y adoración.

ORACIÓN

Ore diariamente antes de estudiar:
"Tú mismo me hiciste y me formaste;
¡dame inteligencia para aprender tus mandamientos!"
(Salmo 119:73, Versión Popular).

Oraciones de la semana:

MARAVILLA

Día 1 Génesis 1:1–2:3 (La creación)

Día 2 Génesis 2:4-25 (La segunda historia de la creación); Salmo 8 (Alabanza al Creador)

Día 3 Salmos 19:1-6; 33 (La gloria y la grandeza de Dios)

Día 4 Job 38–39 (El misterio y la majestad de Dios); 40:15–41:34 (El poder de Dios)

Día 5 Salmos 104; 150 (Alabanza); Juan 1:1-5 (La Palabra)

Día 6 "El comentario bíblico" y "Las señales del discipulado"

DISCIPULADO

EL COMENTARIO BÍBLICO

El verbo hebreo para *crear* se refiere a la actividad de Dios, no a la de los seres humanos (Génesis 1:1). Hay dos ideas implícitas en el verbo *crear*. Primero, Dios libre e intencionalmente crea orden en medio del caos. Segundo, Dios arregla y diseña la creación.

"Los cielos y la tierra" significa el universo inmenso, todo lo que ha sido, es o será jamás.

"La tierra estaba desordenada y vacía, y las tinieblas estaban sobre la faz del abismo" (1:2) se refiere a un espacio vacío, a una obscuridad sin forma, como un océano subterráneo. Los antiguos creían que la creación se había originado del caos obscuro y líquido, "del abismo". Busque el Salmo 24:1-2. "El Espíritu de Dios se movía sobre la faz de las aguas." La frase "se movía sobre" puede traducirse también como "aleteaba".

Los hebreos no creían que Dios era uno más entre muchos dioses. Tampoco creían que hubiera dos dioses, uno bueno y otro malo, batallando para crear el mundo. Los hebreos creían que el único y soberano Señor del universo, el Unico que los creó para hacerles el pueblo del pacto y que los libertó de la esclavitud, era el Autor y Diseñador de todo lo que existe.

¿Cómo es Dios?

Entonces Dios *dijo*. El universo fue creado por la *palabra* (Génesis 1:3). Ni los judíos ni los cristianos somos panteístas. No creemos que Dios y el universo son lo mismo. No somos parte del gran Espíritu universal, como una gota de agua es parte del océano. No. Hay una separación entre Dios y el orden creado. Dios habló, y el orden se hizo. Dios se mantiene apartado y a la vez involucrado en la acción. Dios se mantiene cerca, en contacto con la creación.

Más tarde, Jesús vino al mundo. Los cristianos entendieron que, en El, la Palabra o Verbo se hizo humano. "La Palabra" o "el Verbo" se convirtió en sinónimo de Jesucristo. El evangelio de Juan tiene a Génesis 1:3 en mente cuando dice: "En el principio ya existía la Palabra; y aquel que es la Palabra estaba con Dios y era Dios. . . . Por medio de él, Dios hizo todas las cosas . . ." (Juan 1:1-2, Versión Popular).

"Aquel que es la Palabra se hizo hombre y vivió entre nosotros" (Juan 1:14, VP). Por la palabra de Dios el universo fue creado. Más tarde esa Palabra caminó entre nosotros.

El apóstol Pablo quería que la gente supiera que la Palabra que Dios pronunció en la creación es la misma que Dios pronunció en la cruz. "Porque en él fueron creadas todas las cosas, las que hay en los cielos y las que hay en la tierra, visibles e invisibles . . . por cuanto agradó al Padre que en él habitase toda plenitud y por medio de él reconciliar consigo todas las cosas . . . haciendo la paz mediante la sangre de su cruz" (Colosenses 1:16-20). Esta ha sido la manera en que los cristianos han interpretado la historia de la creación.

NOTAS, REFLEXIONES Y PREGUNTAS

Maravilla

Maravilla

Desde el principio, los seres humanos han meditado sobre el misterio de la creación. ¿Por qué estoy en este mundo? ¿De dónde surgió el universo? Los pequeños pueden preguntar: ¿Quién hizo a Dios?

Las jirafas y los elefantes nos divierten; las montañas y la Vía Láctea nos maravillan; una criatura recién nacida nos llena de asombro. Junto al salmista decimos:

"¿Qué es el hombre, para que tengas de él memoria,
Y el hijo del hombre, para que lo visites?" (Salmo 8:4).

Tenemos que responder con asombro al escuchar a Dios confrontar a Job (Job 38–41). Esos capítulos colocan ante nuestros ojos el orden, la majestad, y el misterio de la creación. Cantan a la gloria, la bondad y el poder del Creador.

Estamos considerando esta joya bíblica fuera de su contexto en Job sólo para los fines de esta lección de observar el majestuoso drama de la creación. En Job, como podrá comprobar en una lección posterior, el tema es la fe y el sufrimiento, y los capítulos que estamos considerando relatan la respuesta de Dios a las preguntas de Job sobre los propósitos y la soberanía de Dios.

Pero el punto planteado por Job aquí es el siguiente:
que las maravillas de la creación de Dios van más allá de la comprensión de nuestras mentes;
que el entendimiento humano y el entendimiento divino son muy diferentes;
que nuestro poder y el poder de Dios no pueden compararse;
que los valores humanos y los valores de Dios son totalmente diferentes;
sobre todo, que este Creador se preocupa, ama su creación.

¿Qué podemos responder a tal concepto? Sólo podemos maravillarnos. Sólo podemos alabar a Dios.

La Biblia no trata de probar la existencia de Dios. Mas bien, la Biblia se derrama en alabanzas al poder creador de Dios. La Biblia contesta las preguntas íntimas del ser humano celebrando la creatividad de Dios y señalando la posible respuesta humana.

No se trata de un relato científico de la teoría de la "gran explosión", ni de una entrevista periodística a Adán y a Eva. La Biblia nos describe la imagen de una creación llena de vitalidad, y de un Dios lleno de gracia y de amor.

Creación

La palabra *Génesis* proviene del griego y significa "origen", "principio". El relato inicial de la creación (Génesis 1:1–2:3) es un poema de alabanza a Dios, que contiene la fe que el pueblo del pacto ha ido desarrollando.

El segundo relato (2:4-25) es una historia muy antigua, que se narró alrededor del fuego, bajo un cielo estrellado. Se

NOTAS, REFLEXIONES Y PREGUNTAS

DISCIPULADO

recitó generación tras generación por siglos antes de que se escribiera.

Los salmos de la creación son cánticos de adoración conservados a través de los siglos y tan agradables hoy como lo fueron para el antiguo Israel. Estos salmos cantan a la belleza, al orden y a las maravillas de la creación.

En la asignación se ha pedido que lea los pasajes de la creación en voz alta. ¿Por qué? Queremos que oiga los sonidos y escuche la cadencia del relato tan humano, así como su majestuosidad. El significado vendrá a nosotros a través de nuestros oídos y de nuestros ojos.

Los judíos, quienes han vivido con el Génesis por mucho tiempo, se sorprenden de que los cristianos quieran interpretar la poesía en forma literal. Quienes toman el "primer" o "segundo" día como períodos de 24 horas, o buscan los huesos de Adán en Mesopotamia, no comprenden el relato. Aun el intentar interpretar los días como eones o edades, comparándolos con períodos geológicos de tiempo, es querer cambiar una declaración de fe en un texto científico.

El número simbólico de siete días es una declaración de fe. Implica una creación progresiva y un orden cuidadoso. Si queremos entender el "primer día" y el "segundo día" debemos recordar que:

"Mil años delante de tus ojos
Son como el día de ayer, que pasó,
Y como una de las vigilias de la noche" (Salmo 90:4).

Pero más que eso, los siete días son símbolos poéticos que nos señalan la forma y nos recuerdan que debemos ordenar nuestra vida así como Dios ordenó el universo.

Alguna gente tiene problemas relacionando la ciencia y la Biblia. Algunos dicen que la Biblia no es verdad. Otros separan la fe y el estudio de la ciencia, como si Dios no pudiera comprender cómo se formaron las montañas o cómo nacen los bebés. Pero, ¿se ha preguntado alguna vez por qué hay tantos científicos que son hombres y mujeres de fe? Lo son porque saben cuántas preguntas existen para las cuales no hay más respuesta que la fe. Ellos saben que las historias de la creación son declaraciones de fe, no de geología o de biología. Ellos saben que en la creación Dios actuó y continúa actuando para crear y poner orden.

El padre o la madre sabios contestan a la pregunta de sus hijos acerca de quién creo a Dios diciendo: "Nadie. Así es Dios—el Ser que lo inició todo, el Ser que me hizo a mí y a ti y a todo lo creado". Los teólogos no tienen nada mejor que decir. Ellos dicen, como la Biblia, que Dios creó el orden y el sentido y el propósito en medio del caos. Al principio de la creación "dijo Dios: Sea la luz; y fue la luz" (Génesis 1:3).

¿Qué debemos creer acerca de este universo creado? La frase bíblica nos da una clave: "Y vió Dios que era bueno" (1:4, 10, 12, 18, 21, 25).

Algunas religiones como el gnosticismo, han enseñado que el

NOTAS, REFLEXIONES Y PREGUNTAS

MARAVILLA

mundo es malo. Lo espiritual o el alma es bueno; lo físico o el cuerpo es malo. Este no es el concepto cristiano ni el judío. A todo lo que Dios ha creado—las coyunturas y los órganos sexuales, los peces y los monos, la ley de gravedad y los cambios de estaciones—se le llama bueno.

Los relatos de la creación son dramáticos. Al mencionar que "hizo Dios las dos grandes lumbreras," el Sol para alumbrar de día y la Luna para alumbrar de noche, la Biblia nombra las galaxias en una frase sencilla "hizo tambien las estrellas" (1:16). ¡Nuestro Dios es un gran Dios!

Un creyente le preguntó una vez a un rabino: "¿Por qué nos da Dios este tremendo poema de la creación?" ¿Saben cuál fue la respuesta del rabino?: "Para enseñarnos a descansar en sábado." ¿Por qué? Porque Dios descansó en sábado y eso lo hace un día sagrado. Cuando paramos de trabajar, recordamos que somos criaturas de Dios y que Dios cuidará de nosotros aun en el descanso. Nuestro amante Dios quiere que confiemos, que nos relajemos, que disfrutemos. Si descansáramos, nos maravilláramos, y apreciáramos la vida en uno de cada siete días, comprenderíamos las palabras de Jesús: "Considerad los lirios del campo, cómo crecen: no trabajan ni hilan; pero os digo, que ni aun Salomón con toda su gloria se vistió así como uno de ellos" (Mateo 6:28-29). ¡Qué mejor antídoto para nuestro mundo desenfrenado, inmerso en trabajos sin fin!

Este clásico poema de fe no sólo nos dice que pertenecemos a Dios. Nos dice que fuimos creados "a imagen de Dios" (Génesis 1:27). ¿Qué cree usted que significa esa frase?

Mayordomos

"Entonces dijo Dios: Hagamos al hombre a nuestra imagen, conforme a nuestra semejanza; y señoree en los peces del mar, en las aves de los cielos, en las bestias, en toda la tierra, y en todo animal que se arrastra sobre la tierra" (Génesis 1:26).

En Génesis se presenta al hombre y a la mujer como quienes crean juntamente con Dios, y como sus mayordomos. Nuestra sexualidad es parte del amor creador de Dios, que la declaró buena por medio de su palabra. Así que tenemos el encargo: "Fructificad y multiplicaos, llenad la tierra, y sojuzgadla" (1:28). Periódicamente surge en la iglesia una herejía que hace de la sexualidad algo pecaminoso o sucio o maligno. Pero "varón y hembra los creó" (1:27). Cuando una persona es egocéntrica, su egocentrismo afectará todas sus relaciones sexuales así como todo otro aspecto de su vida. Pero la creación de Dios ha sido declarada buena.

NOTAS, REFLEXIONES Y PREGUNTAS

Discipulado

Somos los mayordomos del universo. La palabra bíblica es anterior a los pesticidas y a los contaminantes, pero se puede descubrir su aplicación.

Debemos mantener el aire puro.

Debemos mantener el agua pura.

Debemos salvar la capa pluvial y llenar los bosques y proteger los animales. Se nos ha dado el encargo de mantener el balance de la naturaleza.

Ahora considere el más antiguo de los relatos de la creación (2:4-25). En este relato el orden de la creación es diferente al del primero. Pero al igual que el relato inicial, este relato es una historia de fe. Note los símbolos.

¿Qué cree usted que significa que Dios "formó al hombre del polvo de la tierra" (2:7)?

_____

_____

¿Qué cree usted que la Escritura trata de comunicar al decir: "y sopló en su nariz aliento de vida, y fue el hombre un ser viviente" (2:7)?

_____

_____

Algunas traducciones de 2:23 usan Adán y otras usan el término "el hombre". Averigue qué significa Adán.

_____

_____

¿Qué significa el Edén para usted?

_____

_____

¿Cuál cree usted que es el significado simbólico del "árbol de la ciencia del bien y del mal" (2:9)?

_____

_____

Podríamos preguntarle a un rabino: "¿Por qué nos dió Dios la historia del hombre y la mujer?" (2:18-25). El rabino podría contestar: "Dios nos dio esta historia para demostrarnos que el matrimonio está fundamentado en la creación. El matrimonio es plan de Dios y no debe ser violado." Como Jesús dijo en Mateo 19:6: "lo que Dios juntó, no lo separe el hombre."

NOTAS, REFLEXIONES Y PREGUNTAS

MARAVILLA

LAS SEÑALES DEL DISCIPULADO

Somos criaturas de Dios. Como discípulos cristianos, sabemos que pertenecemos a Dios. Dios nos reclama como suyos. ¿Cómo puede usted demostrar en su vida que pertenece a Dios?

Describa algún momento en el cual se sintió tan maravillado ante la creación que sólo pudo alabar a Dios.

Si Dios creó el mundo para nuestro beneficio, ¿qué nos indica esto acerca del carácter de Dios?

Las historias de la creación nos hacen responsables por el cuidado de la tierra, de las plantas y los animales, las aves y los peces, el aire y el agua. Lea nuevamente el Salmo 8:6-9. ¿Qué está haciendo usted en este momento para ejercer su mayordomía sobre la creación?

Describa su día de descanso. ¿Refleja éste una confianza tranquila en un Dios grande, bueno y amoroso que le ha creado y le sostiene? ¿Cómo podría descansar en forma más creativa en su día de descanso?

SI DESEA SABER MÁS

Estudie con mayor detenimiento el término *Palabra* o *Verbo* que aparece en Juan 1:1-5. ¿Qué relación existe entre esta Palabra y la acción creadora de Dios?

Tome un paseo al aire libre. Observe el cielo, los árboles, el agua. Tome tiempo para observar, escuchar y sentir. Trate de poner atención en algo a lo que nunca le haya prestado atención. De vez en cuando, exprese sus alabanzas a Dios.

NOTAS, REFLEXIONES Y PREGUNTAS

Los discípulos saben que pertenecen a Dios, que Dios los ha reclamado para sí.

PECADO

"Porque yo reconozco mis rebeliones,
Y mi pecado está siempre delante de mí.
Contra ti, contra ti solo he pecado."

—Salmo 51:3-4

3 Un pueblo rebelde

NUESTRA CONDICIÓN HUMANA

Debido a que tenemos la capacidad para tomar decisiones, nos vemos a nosotros mismos como autosuficientes. Nos volvemos egocéntricos. Y como no queremos que otras personas nos controlen, nos rebelamos contra nuestro Creador deseando tomar control. Aun así sabemos que hay tensiones en el mundo y dentro de nosotros mismos que no sabemos cómo explicar.

ASIGNACIÓN

Lea con detenimiento los pasajes acerca del pecado. Trate de ser uno de los personajes de los relatos del Génesis. Imagínese a sí mismo en el Edén, en el arca de Noé o ayudando a construir la torre de Babel. Observe que el profeta Jeremías se lamenta por los pecados de toda una sociedad. En 2 de Samuel, el profeta Natán arroja una luz esclarecedora sobre el pecado de David. El Salmo 51 es una confesión de pecado que podría ser el suyo.

Día 1 Génesis 3–4 (La caída, Caín y Abel)
Día 2 Génesis 6:5–9:29 (Noé y el diluvio)
Día 3 Génesis 11:1-9 (La torre de Babel)
Día 4 Jeremías 8:18–9:11 (Un lamento por Judá y Jerusalén)
Día 5 2 de Samuel 11:1–12:7 (El pecado de David y la represión de Natán); Salmo 51 (Confesión)
Día 6 Lea y responda a "El comentario bíblico" y a "Las señales del discipulado".
Día 7 Descanso; reflexión sobre sus actitudes y acciones durante la semana.

ORACIÓN

Ore diariamente antes de estudiar:
"Mírame, y ten compasión de mí,
como haces con los que te aman"
(Salmo 119:132, Versión Popular).

Oraciones de la semana:

PECADO

Día 1   Génesis 3–4 (La caída, Caín y Abel)

Día 2   Génesis 6:5–9:29 (Noé y el diluvio)

Día 3   Génesis 11:1-9 (La torre de Babel)

Día 4   Jeremías 8:18–9:11 (Un lamento por Judá y Jerusalén)

Día 5   2 de Samuel 11:1–12:7 (El pecado de David y la reprensión de Natán); Salmo 51 (Confesión)

Día 6   "El comentario bíblico" y "Las señales del discipulado"

Discipulado

EL COMENTARIO BÍBLICO

¿Cuándo fue la primera vez que se rebeló y quiso salirse con la suya? ¿No recuerda? Pudo haber sido siendo usted muy pequeño. Así sucedió con la raza humana. Cuando los antiguos hebreos se preguntaban: ¿Cómo comenzó el pecado en el mundo?, un anciano narraba la historia del primer hombre, la primera mujer y la serpiente. Cuando la historia terminaba, la gente asentía: por medio del relato habían comprendido algo sobre ellos mismos y sobre la raza humana. Quizás alguien preguntaba: "¿Por qué la gente no puede vivir en paz?" Y el anciano contaría la historia de la construcción de la torre y cómo todo el mundo quería hacerse de fama. Otra vez la audiencia asentiría.

El pecado con sus múltiples manifestaciones aparece a través de toda la Biblia. El tema se estudiará en relación con la libertad, las relaciones, la tentación, la rebeldía, la alienación, la maldad y la gracia. El pecado no es un tema. El pecado es la condición humana.

Libertad

Dios insufló en los hombres y las mujeres el poder para pensar, para decidir. Esta voluntad, esta libertad concedida por Dios, nos hace diferentes a las rocas, las plantas y los animales. Tenemos voluntad para poder hacer decisiones. No nos determinan totalmente fuerzas interiores o exteriores. Dios desea hijos e hijas, no marionetas.

Cuando Dios dijo: "mas del árbol de la ciencia del bien y del mal no comerás" (Génesis 2:17), estaba apelando a la libertad de decisión del hombre y la mujer. Ellos eran responsables de la decisión.

Como Adán y Eva, nosotros tenemos que tomar decisiones y que responder delante de Dios. ¿En qué formas y para qué cree usted que Dios le hace responsable?

Relaciones

El pecado no tiene sentido aparte de las relaciones. Si no hay Dios, no hay pecado. Podríamos violar pautas sociales o romper con el orden natural, pero el pecado es una afrenta contra Alguien. Es como si perdiéramos el paso en relación con nuestro Creador. El pecado cambia nuestras relaciones con otras personas. El pecado altera nuestro ser interior haciéndonos experimentar sentimientos de vergüenza y culpa. El hombre y la mujer desobedecieron a Dios, por lo cual se escondieron. Rompieron su relación de amor y confianza con Dios.

NOTAS, REFLEXIONES Y PREGUNTAS

PECADO

La tentación

Algunas personas dicen: "El diablo me empujó a hacerlo." Esa actitud niega nuestra responsabilidad. Sin embargo, debemos reconocer que somos llevados y traídos por fuerzas siniestras. La experiencia humana da testimonio de que hay una voz interior que nos tienta. La astucia de la serpiente simboliza un poder maligno que nos tienta. Jesús fue tentado (Mateo 4:1-11). ¿Hay alguien entre nosotros que no conozca acerca de los tirones que nos da la tentación?

¿Qué palabras te dice la serpiente cuando eres tentado o tentada?

Rebeldía

La tendencia humana hacia la rebeldía es mucho más profunda que el acto individual de maldad. Desde el principio, la gente ha tratado de romper los límites divinos, tomar control de sus vidas, e ignorar lo que saben que es correcto. Los seres humanos, en búsqueda egoísta, tratan de ser independientes de Dios. Nos molesta sentir que somos limitados. El orgullo nos domina. Los antiguos griegos lo llamaban *hubris*, el orgullo que ofende a los dioses y conduce a la destrucción. La historia de la torre de Babel nos muestra el deseo humano de sentirse autosuficiente. Pablo dice: "ya que cambiaron la verdad de Dios por la mentira, honrando y dando culto a las criaturas [es decir, a sí mismos] antes que al Creador" (Romanos 1:25).

La rebeldía incluye la desobediencia (o transgresión) y el egocentrismo. Le damos la espalda a Dios cada vez que queremos hacer las cosas según nuestra voluntad. Los siete pecados mortales tan afirmados en la Edad Media—orgullo, avaricia, lujuria, ira, glotonería, envidia y la pereza—son llamados fuentes de pecado. Pero detrás de ellos hay una rebeldía egocéntrica, voluntariosa y desobediente. Esta rebeldía es completa y universal:

"No hay justo, ni aun uno;
No hay quien entienda,
No hay quien busque a Dios"
(Romanos 3:10-11; vea el Salmo 14:3; 53:3).

Alienación

El hombre y la mujer vivían en inocencia, confiando y amando a Dios con naturalidad. La tierra era su paraíso. En actitud de niños asombrados, no conocían el mal. Pero con su desobediencia llegó el conocimiento de la maldad, de la vergüenza, de la culpa, de la alienación. Se cubrieron con hojas y se ocultaron.

David trató de ocultar a la nación, y aun a sí mismo, su adulterio y su asesinato, hasta que el profeta Natán arrojó la luz de la verdad sobre su alma.

NOTAS, REFLEXIONES Y PREGUNTAS

La torre de Babel se ilustra generalmente como un *ziggurat*, una especie de templo-torre en forma de pirámide escalonada. Estos *ziggurats* eran construidos por los babilonios y los asirios.

DISCIPULADO

¿Cuáles son algunas señales de la ira, la culpa y la alienación que hay en su vida? ¿De qué manera oculta usted sus pecados?

Una manera de ocultar nuestros pecados es la racionalización. El hombre en el Edén dijo: "La mujer que me diste por compañera me dio del árbol, y yo comí" (Génesis 3:12). Y la mujer rispostó: "La serpiente me engañó, y comí" (3:13).

¿Cuándo se ha encontrado usted usando racionalizaciones y culpando a otras personas?

Maldad

Toda clase de maldad nace del corazón rebelde. Podemos hablar de los Diez Mandamientos, del racismo o de hacer trampas en sus contribuciones sobre ingresos, del tráfico de drogas o de abuso de la niñez o de pornografía o de calumniar y levantar falso testimonio. Del pozo salobre de nuestro egoísmo sale el agua podrida de nuestros pecados personales y colectivos. El asesinato de Abel por parte de Caín fue continuación de la desobediencia de los padres. Los acontecimientos desde entonces sólo fueron de mal en peor, como Lamec afirma lleno de orgullo:

"Que un varón mataré por mi herida,
Y un joven por mi golpe" (Génesis 4:23).

La enfermedad se ha esparcido. Toda la raza humana está infestada.

Gracia

Con el mal tan extendido, con el pecado tan real, nos preguntamos por qué Dios no nos destruye por completo. La Biblia afirma que Dios estuvo tentado de hacerlo (Génesis 6:5-7). Pero siempre hay un grado de control en la acción: A través de Noé y de su familia, Dios le dio a la humanidad la oportunidad de comenzar de nuevo.

Note, especialmente en Génesis 3 y 4, el toque de la gracia de Dios aun en medio de la rebelión de la humanidad. Dios no abandonó al hombre ni a la mujer. Dios vino a ellos, les interrogó, pero no los destruyó. Su castigo fue una forma de gracia: el hombre ganaría el pan con el sudor de su frente; y, sin embargo, el trabajo es una de las bendiciones más grandes de la vida. La mujer pariría sus hijos con dolor; sin embargo, los recién nacidos son generalmente tan bien recibidos que los dolores del parto son prontamente olvidados.

¿Mintió Dios cuando dijo que morirían? ¿Estaba la serpiente diciendo la verdad cuando afirmó que no morirían? Tanto Dios como la serpiente dijeron la verdad desde su

NOTAS, REFLEXIONES Y PREGUNTAS

PECADO

punto de vista. La vida para Dios significaba satisfacción, gozo, una relación de amor sin mancha. La vida para la serpiente significaba comer y dormir y llevar a cabo los movimientos básicos de la vida. Cuando el hombre y la mujer se rebelaron, algo muy hermoso murió. La inocencia fue destruida. Una relación especial se rompió. El amor puro hacia Dios y el de los unos por los otros fue violentado, mezclado para siempre con la culpa y la separación espiritual. Los querubines y la espada encendida guardan el jardín de la inocencia. Nunca podremos volver a nuestro hogar nuevamente.

Aun así Dios no abandonó a su pueblo. Aun cuando Dios hizo salir al hombre y a la mujer fuera de la tierra de la inocencia, Dios tomó tiempo y mostró su ternura al hacerles ropas y vestirlos (3:21). Note también que la "marca de Caín" (4:15) fue hecha para protegerle, no para perseguirlo como a veces se piensa. La gracia de Dios permea toda la Biblia. La misericordia de Dios acompaña a las personas aun en medio de su maldad. Esa gracia culmina en la cruz de Cristo.

LAS SEÑALES DEL DISCIPULADO

Como discípulos, reconocemos nuestra rebeldía humana, aceptamos la responsabilidad personal por el pecado, y nos arrepentimos, colocándonos bajo la autoridad de Dios.

Todos tratamos de esconder nuestra pecaminosidad, aun de nosotros mismos. Recuerde algún momento en el cual una persona o hecho le hizo ver su propia naturaleza pecadora.

___

___

Debido a que tendemos a desafiar a Dios y a tomar el control de nuestra vida en nuestras manos, ¿qué debemos hacer para colocarnos nuevamente bajo la autoridad de Dios? Lea nuevamente el Salmo 51.

___

Somos parte de la maldad colectiva del mundo, Tenemos la capacidad de destruirnos a nosotros mismos. ¿Cuáles, en su opinión, serán los medios y las posibilidades para sobrevivir?

___

___

SI DESEA SABER MÁS

Escriba una autobiografía, con su versión de cómo ha sucedido la historia de "Adán y Eva" o de "la torre de Babel" en su propia vida.

NOTAS, REFLEXIONES Y PREGUNTAS

Los discípulos reconocen su rebeldía, aceptan la responsabilidad por su pecado, y se arrepienten.

PACTO

"Y haré de ti una nación grande, y te bendeciré, y engradeceré tu nombre, y serás bendición . . . y serán benditas en ti todas las familias de la tierra."

—Génesis 12:2-3

4 Un pueblo llamado

NUESTRA CONDICIÓN HUMANA

Nos sentimos perplejos, abrumados. Queremos encontrar el sentido de la vida. No sabemos qué hacer. No sabemos dónde comenzar. Anhelamos recibir una llamada que nos mueva a salir de nosotros mismos.

ASIGNACIÓN

Para prepararse, lea en forma rápida las sagas antiguas de la Biblia: Abraham y Sara; Isaac y Rebeca; Jacob, Raquel, Lea, y los doce hijos de Jacob de los cuales descienden las doce tribus de Israel; y José, el gran proveedor. Lea rápidamente, sin preocuparse por los detalles sino tratando de saborear la historia, entrando en sintonía con un pueblo llamado a una misión especial.

- Día 1 Génesis 12–13; 14:17–17:27 (El llamado de Abram y Sarai, el pacto con Dios)
- Día 2 Génesis 18–23 (El nacimiento de Isaac, la prueba de Abraham)
- Día 3 Génesis 24–27 (Isaac y Rebeca)
- Día 4 Génesis 28–33; 35 (Jacob, Raquel, Lea, y los doce hijos)
- Día 5 Génesis 37; 39–41 (José en Egipto); 42–45 (Los hermanos de José en Egipto); 47–50 (Jacob se muda a Egipto)
- Día 6 Lea y responda a "El comentario bíblico" y a "Las señales del discipulado".
- Día 7 Descanse y reflexione. Piense en las diversas personas que Dios usa para llevar a cabo sus propósitos.

ORACIÓN

Ore diariamente antes de estudiar:
"Señor y Dios mío,
muchas son las maravillas que tú has hecho
y las consideraciones que nos tienes.
¡Nada es comparable a ti!"
(Salmo 40:5, Versión Popular).

Oraciones de la semana:

PACTO

Día 1 Génesis 12–13; 14:17–17:27 (El llamado de Abram y Sarai, el pacto con Dios)

Día 2 Génesis 18–23 (El nacimiento de Isaac, la prueba de Abraham)

Día 3 Génesis 24–27 (Isaac y Rebeca)

Día 4 Génesis 28–33; 35 (Jacob, Raquel, Lea y los doce hijos)

Día 5 Génesis 37; 39–41 (José en Egipto); 42–45 (Los hermanos de José en Egipto); 47–50 (Jacob se muda a Egipto)

Día 6 "El comentario bíblico" y "Las señales del discipulado"

DISCIPULADO

EL COMENTARIO BÍBLICO

Imagínese el Cercano Oriente en el segundo milenio antes de Cristo. En Egipto la gente adoraba al Sol y al faraón. En Canaán, los cananeos adoraban en los lugares altos, celebrando la fertilidad con prostitución ritual y adoración a los dioses de la naturaleza. Los pueblos de Mesopotamia, incluyendo los amorreos, gente con culturas sumamente desarrolladas, servían a muchos dioses.

En este mundo, Dios llamó a un pueblo. El propósito de Dios era revelarse como el único Dios verdadero, creador de todo lo que existe, y mostrar una manera de vivir que fuera compatible con la santidad de Dios y que sirviera de ayuda para la sanidad de toda la humanidad.

Lea Génesis 12:1-3 con cuidado. Dios quiere un pueblo que confíe, un pueblo que deje el ambiente conocido (dioses, cultura, tierra) y vaya en obediencia a un lugar nuevo para ser bendición a todas las familias de la tierra. Como parte de ese llamado, Dios multiplicará a Abram y Sarai hasta convertirlos en una gran nación con tierra propia.

Pacto

Un pacto no es un contrato. Un contrato es un acuerdo desarrollado entre dos partes con igual poder. Un pacto implica una alianza entre Dios y su pueblo. Dios inicia el pacto y estipula todas las partes del mismo. El pueblo tiene la posibilidad de escoger si lo acepta o lo rechaza, pero no de ofrecer planes o condiciones alternos. La bendición viene por medio de la confianza y la obediencia.

El versículo clave es: "Y se fue Abram como Jehová le dijo" (Génesis 12:4). Este versículo sostiene la historia de Israel. No nos debe sorprender que los judíos se refieran a "nuestro padre Abraham". Los musulmanes le llaman "el amigo de Dios" y los cristianos le honran como el padre de todos los fieles.

Abram y Sarai dejaron los ríos Tigris y Eufrates, cuna de la civilización. (Sus nombres fueron luego cambiados a Abraham

NOTAS, REFLEXIONES Y PREGUNTAS

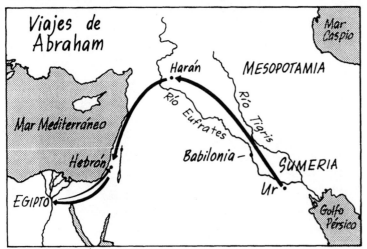

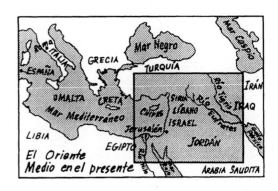

PACTO

NOTAS, REFLEXIONES Y PREGUNTAS

y Sara. Vea 17:5, 15-16.) Las culturas antiguas de Mesopotamia inventaron la escritura y la rueda, diseñaron ciudades, iniciaron gobiernos y establecieron una religión organizada con un dios de la Luna y ritos de fertilidad. Pero Abram y Sarai fueron llamados a ser nómadas en las tierras difíciles y escabrosas de Canaán.

Dios no le revela su voluntad a la persona curiosa sino a la obediente. La fe no es creer sin ninguna prueba; la fe es obediencia sin reserva.

¡Que decisión tonta hizo Dios! Abram tenía setenta y cinco años cuando salió de Harán (12:4). Dios quería procrear un gran pueblo, y Abram era un anciano. Su esposa Sarai era ya incapaz de tener hijos, aparte de ser ésteril. Con razón se echó a reir (18:12). Aquí encontramos una señal de que Dios escoge candidatos inverosímiles para llevar su estandarte: Moisés, el tartamudo, para proclamar la ley; Rahab, la prostituta, para abrir camino en la Tierra Prometida; David, un niño pastor, para ser rey; Jesús, un carpintero judío, para ser el Salvador del mundo. La Biblia dice: "lo necio del mundo escogió Dios, para avergonzar a los sabios" (1 Corintios 1:27).

Piense por un momento en personas sorprendentes (según los patrones del mundo), aun con limitaciones, pero a quienes Dios ha usado en forma poderosa. Escriba sus nombres.

_____

_____

¿Qué debilidades reconoce en usted que Dios puede considerar como fortaleza y usar en su servicio?

_____

_____

Melquisedec, sacerdote del Dios Altísimo, parece caer del cielo, trayendo pan y vino (Génesis 14:18). Los primeros cristianos lo vieron como antecesor de Jesús, el gran sumo sacerdote de Dios (Hebreos 6:19–7:3). Melquisedec vivió siglos antes de que el sacerdocio levítico se formara. Abram tomó el pan y el vino, y le dio el diezmo a Melquisedec.

El diezmo se convirtió en parte esencial de la adoración del pueblo del pacto. El Antiguo y Nuevo Testamentos enfatizaron el diezmo como señal de la adoración fiel. Lea lo que el profeta Malaquías dice sobre el diezmo (Malaquías 3:6-12). Jesús, aunque interesado en el dar generoso y sacrificial y enfatizando la misericordia y la justicia, afirmó la práctica del diezmo (Mateo 23:23). El diezmo enfatiza los primeros frutos, la ofrenda proporcional y regular (diez porciento), y la adoración gozosa. El diezmo es la señal del discipulado para el pueblo de Dios.

DISCIPULADO

La señal del pacto

La circuncisión era señal de que el hombre era parte del pueblo del pacto (Génesis 17:9-14). Nadie puede entender la historia bíblica sin entender que los varones judíos desde el tiempo de Abraham han sido circuncidados como señal de que pertenencen al pueblo del pacto. Más tarde los líderes religiosos llamaron al pueblo y prometieron una circuncisión del corazón (Deuteronomio 10:16; 30:6), reconociendo que el símbolo físico no era suficiente. Pablo afirmó que los cristianos, si su corazón estaba lleno del Espíritu de Jesús, no necesitan la circuncisión física para estar entre los seguidores de Cristo (Gálatas 5:6; 6:15). Pero, entre los judíos, la circuncisión es una señal de pertenecer al pueblo de Dios—al pueblo de Abraham, Isaac y Jacob.

En ciertos momentos en los cuales la continuidad del pacto podía haberse roto, Dios actuó con firmeza. Reflexione en la acción de Dios:

La prueba de Abraham

Dios quiso probar la fe de Abraham. Dios quería que él estuviera dispuesto a sacrificar a Isaac, el hijo de la promesa, el futuro de Abraham. (A veces los adoradores de dioses cananeos ofrecían a sus primogénitos en sacrificio.) Pero Dios intervino, proveyendo a Abraham un carnero como substituto por su hijo. Se reveló de esta manera al mundo que Dios no quiere el sacrificio de los niños. (Vea también Levítico 18:21.) Aún más importante, Abraham estuvo dispuesto a poner su futuro y el sentido de su vida en las manos de Dios—prueba de la verdadera adoración. Abraham pasó la prueba de Dios: probó ser fiel.

¿Cuán dispuesto o dispuesta está usted de entregar su futuro y el sentido de su vida en las manos de Dios?

La confirmación de Isaac

Si Isaac hubiera vuelto a Mesopotamia, o si se hubiera casado con una mujer cananea, todo se hubiera perdido. El arreglo del matrimonio de Isaac era esencial para la continuidad del pacto (Génesis 24). Observe cómo el siervo ve la mano de Dios en todo el asunto.

Más tarde Isaac mantuvo la tradición y la fe de su padre. Vea este poderoso símbolo: "Y volvió a abrir Isaac los pozos de agua que habían abierto en los días de Abraham su padre" (26:18). Entonces cavó su propio pozo, "Pozo del juramento", mostrando su compromiso personal con el llamado de Dios (26:25, 32-33).

NOTAS, REFLEXIONES Y PREGUNTAS

PACTO

¿De qué maneras es su compromiso de fe la continuación de una tradición importante en su vida?

_____

_____

Esaú y Jacob

Dios puede hacer más con un granuja que con un tonto. Jacob era un bribón, engañador y tramposo. Pero se preocupaba por el pacto. Su nombre era literalmente "el que toma por el calcañar". Su hermano gemelo, por ser el primero en nacer, debió ser el continuador del pacto. Pero estaba más preocupado por cazar, pescar y comer. Dios comenzó a trabajar con Jacob, un candidato inesperado.

Mientras Jacob escapaba, Dios vino a su encuentro en un sueño. Al cantar el himno "Paso a Paso, Subiremos", recordamos los ángeles ascendiendo y descendiendo. Jacob dio al lugar el nombre de Bet-el, que quiere decir "casa de Dios". Note que él confirmó su encuentro con el Dios de Abraham e Isaac, comprometiéndose a diezmar (Génesis 28:22).

Sin embargo, el bribón no cambió hasta su regreso a su tierra, la tierra de la promesa. Génesis 32:22–33:20 describe una de las grandes luchas de la historia y una de las reconciliaciones bíblicas más hermosas. Si en algún momento de su vida usted ha luchado con Dios toda la noche y ha recibido una bendición, entonces usted, al igual que Jacob, tiene un nuevo nombre, Israel (que quiere decir el que lucha con Dios), y usted tampoco será igual de allí en adelante.

Los dos hermanos se reconciliaron cuando, cojeando, Jacob subió la loma, se inclinó a tierra, y Esaú vino corriendo a su encuentro, echó sus brazos alrededor de él y lo besó (33:4). La reconciliación se fortaleció a la muerte de su padre. Estas son palabras hermosas: "Y exhaló Isaac el espíritu, y murió, y fue recogido a su pueblo, viejo y lleno de días; y lo sepultaron Esaú y Jacob sus hijos" (35:29).

Piense en su propia familia. ¿Necesita usted también luchar con Dios de modo que pueda regresar a su hogar de origen?

José el proveedor

Cuatro pares de medio hermanos, una familia mezclada concebida en medio de celos entre las madres, un hermano menor mimado por el padre por haber sido concebido en la vejez—no en balde los otros hijos se sintieron enojados contra el preferido. Pero años más tarde, mucho después de que sus hermanos lanzaran a José en el pozo, después de la prisión a causa de Potifar, después de los sueños y los años de

NOTAS, REFLEXIONES Y PREGUNTAS

DISCIPULADO

abundancia y de hambre, José reflexionó acerca de su vida. El expresó su deseo de perdón y de reconciliación al exclamar: "Vosotros pensasteis mal contra mí, mas Dios lo encaminó a bien" (Génesis 50:20). ¡Qué percepción tan profunda acerca de la providencia de Dios!

Al reflexionar sobre su propia vida, ¿dónde ve la providencia de Dios dando forma y guiando su vida?

_____

_____

_____

Recuerde alguna experiencia en su vida en la cual Dios hizo posible que algo bueno surgiera de algo malo.

_____

_____

Así que la comunidad del pacto es llamada, formada, probada, examinada por Dios. Las personas imperfectas—llenas de dudas, tramposas, arrogantes—son formadas por un mensaje: Dios es Dios de toda la creación. Dios debe ser obedecido; la niñez debe ser respetada; los hermanos deben reconciliarse; el alimento debe ser compartido; la ancianidad debe ser respetada; podemos tener confianza en Dios. La luz comienza a brillar para que el mundo entero la vea. Y comenzamos a sospechar que hay sentido en la vida, una dirección que seguir, un pueblo de fe del cual podemos formar parte. Estamos comenzando a conocer qué hacer y en quién confiar.

LAS SEÑALES DEL DISCIPULADO

El discípulo responde al llamado de Dios de formar parte de la comunidad de fe del pacto.

¿Cuáles son algunas de las señales mediante las cuales las personas cristianas podemos mostrar que somos parte de la comunidad de fe?

_____

_____

¿Qué evidencias de obediencia y confianza distinguen su compromiso?

_____

_____

_____

NOTAS, REFLEXIONES Y PREGUNTAS

Los discípulos responden al llamado de Dios de formar parte de la comunidad de fe del pacto y expresan su compromiso al pacto por medio del diezmo.

PACTO

El diezmo es una manera de responder al llamado del Dios que ayuda a que las personas se superen. ¿Diezma usted? ¿Por qué diezma?

Si no lo hace, ¿estaría dispuesto(a) a diezmar durante lo que resta del estudio, uniéndose más firmemente a la comunidad cristiana del pacto?

Se enfatiza mucho el aspecto individualista del cristianismo contemporáneo. ¿Qué le ayuda a usted a sentir que pertenece al pueblo llamado por Dios?

SI DESEA SABER MÁS

El tema del pacto corre a través de la Biblia. En Génesis el patrón del pacto generalmente es un acuerdo impuesto por un poder mayor (Dios) sobre un poder menor (los seres humanos). Dios establece los requerimientos y espera que los seres humanos los acepten. Estos pactos generalmente incluyen una señal o marca para sellar el acuerdo. Busque estas declaraciones de pacto en Génesis, sus señales, y la frase "pacto perpetuo":
• Noé (toda la creación), 9:8-17
• Abraham, 12:2-3; 15:5, 17–21; 17:3-13, 21

Para comprender mejor los diversos tipos de pacto en las Escrituras hebreas, busque la palabra *pacto* o alianza en un diccionario bíblico.

La historia de Lot, el sobrino de Abraham, es fascinante (Génesis 13). Note que al agudizarse la contienda, Abraham hizo una propuesta justa. Lot escogió las tierras bajas de Sodoma y Gomorra. Busque información sobre estas ciudades.

El lugar de sepultura es importante. Busque *Hebrón* en un diccionario bíblico para ver quién está enterrado allí.

¿Dónde está enterrada Raquel?

La geografía de Egipto ha influido mucho en la historia. Escriba un párrafo sobre el río Nilo y su importancia para el pueblo y la tierra.

NOTAS, REFLEXIONES Y PREGUNTAS

Tabla de historia bíblica

2000 A.C.*	Período de los antepasados Abraham y Sara, Isaac, Jacob, José
1700 A.C.	La familia de Jacob entra a Egipto

* El manual de estudio usa los términos A.C. para referirse a la época antes de Cristo y D.C. para la época después de Cristo.

LIBERACIÓN

"Bien he visto la aflicción de mi pueblo que está en Egipto, y he oído su clamor a causa de sus exactores; pues he conocido sus angustias, y he descendido para librarlos de mano de los egipcios."

—Éxodo 3:7-8

5 Dios escucha el clamor

NUESTRA CONDICIÓN HUMANA

Los seres humanos, humillados, explotados o esclavizados claman por su liberación. Ellos esperan un liberador. Ellos claman: "¿Hay acaso quien se preocupe?"

ASIGNACIÓN

Lea Éxodo 1–18 y el Salmo 105. Según vaya leyendo, recuerde que todo el Antiguo Testamento debe verse a través de los "lentes" del éxodo tal como el Nuevo Testamento debe verse bajo los "lentes" de la resurrección. La comprensión que tenían los israelitas acerca de sí mismos, de quién era Dios, y de cómo Dios actuaba en la historia se formó a partir de las experiencias del éxodo. Estas experiencias influyeron y formaron la vida y la fe del pueblo hebreo en la misma forma que la resurrección influyó y formó la vida y la fe del pueblo cristiano.

Día 1   Éxodo 1–4 (la opresión de los hebreos y el llamado de Moisés)
Día 2   Éxodo 5–7 (Moisés confronta al faraón, comienzo de las plagas)
Día 3   Éxodo 8–11 (plagas restantes)
Día 4   Éxodo 12–14 (explicación de la Pascua, muerte de los primogénitos, huida de Egipto)
Día 5   Éxodo 15–18 (cántico de Moisés, experiencias en el desierto); Salmo 105 (acción de gracias por la fidelidad de Dios al pacto con Israel)
Día 6   Lea y responda a "El comentario bíblico" y a "Las señales del discipulado".
Día 7   Descanso, adoración y reflexión.

ORACIÓN

Ore diariamente antes de estudiar:
"Señor, Rey mío y Dios mío,
escucha mis palabras,
atiende a mis gemidos,
oye mis súplicas,
pues a ti elevo mi oración.

De mañana escuchas mi voz;
muy temprano te expongo mi caso,
y quedo esperando tu respuesta"
   (Salmo 5:1-3, Versión Popular).

Oraciones de la semana:

LIBERACIÓN

Día 1	Éxodo 1–4 (la opresión de los hebreos y el llamado de Moisés)
Día 2	Éxodo 5–7 (Moisés confronta a faraón, comienzo de las plagas)
Día 3	Éxodo 8–11 (plagas restantes)
Día 4	Éxodo 12–14 (explicación de la Pascua, muerte de los primogénitos, huida de Egipto)
Día 5	Éxodo 15–18 (cántico de Moisés, experiencias en el desierto); Salmo 105 (acción de gracias por la fidelidad de Dios)
Día 6	"El comentario bíblico" y "Las señales del discipulado"

DISCIPULADO

EL COMENTARIO BÍBLICO

Han pasado cuatrocientos treinta años desde que José almacenó granos para el faraón, el rey de Egipto. Los israelitas han prosperado en la buena tierra de Gosén en el delta del Nilo, al noreste de Egipto. Los descendientes de los doce hijos de Jacob se han convertido en una multitud, según Dios le prometió a Abraham, "multiplicaré tu descendencia . . . como la arena que está a la orilla del mar" (Génesis 22:17). Para la época de Moisés se contaban por millares.

Pero la política de Egipto tomó un giro negativo para los israelitas: "Entretanto, se levantó sobre Egipto un nuevo rey que no conocía a José" (Éxodo 1:8). El pueblo israelita era visto como un pueblo extranjero que vivía en la frontera y que no adoraba a los dioses egipcios. Era visto como una amenaza por ser tan numeroso.

El poderoso gobierno central de la XIX dinastía de Egipto desarrolló poderosos ejércitos y construyó grandes edificios. Los faraones egipcios Seti I y Ramesés II construyeron tumbas gigantescas y templos con estatuas monumentales. En el delta del Nilo, construyeron las grandes ciudades de almacenaje de Pitón y Ramesés. Los hombres israelitas tanto como los campesinos egipcios estaban obligados a servir en trabajos forzados. El trabajo era duro, y las condiciones opresivas. Lentamente los reyes hicieron más y más duras las condiciones económicas. Los israelitas se convirtieron en esclavos, pero eran tan numerosos que los que tenían el poder comenzaron a temerles. La vida humana no tenía valor.

El rey, con una mentalidad paranoica, decidió matar a los varones hebreos recién nacidos. Primero apeló a las parteras Sifra y Fúa; y cuando eso no funcionó, demandó que los varones recién nacidos fueran arrojados al Nilo. Se oyó gran clamor en las calles. La vida diaria se redujo a una existencia infrahumana. La libertad desapareció poco a poco. Los hebreos se sentían intimidados, resignados e inútiles. Las promesas que Dios hizo a Abraham parecían muy lejanas.

Entonces una mujer decidió hacer resistencia. La madre de Moisés, Jocabed, echó a su hijo al río según ordenó el faraón, pero en una arquilla calafateada con brea. La hermana de Moisés, María, observaba a la distancia. La princesa, la hija de faraón, sacó al niño del río, y a sugerencia de María, contrató a una mujer hebrea para criar al niño, sin saber que la mujer era la madre de Moisés. La princesa adoptó a Moisés como su hijo.

El nombre *Moisés* tiene dos sentidos. Es similar a la palabra egipcia para "niño" o "hijo", un hijo para la princesa. Pero Israel entendía *hijo* como representación del pueblo de Dios. "De Egipto llamé a mi hijo" (Oseas 11:1). *Moisés* en hebreo significa "sacado". Fue sacado del agua, pero más tarde sacó al pueblo a través del agua.

El niño fue criado por la madre en la fe hebrea, escuchando las canciones de cuna de Israel. El fue entrenado en las cos-

NOTAS, REFLEXIONES Y PREGUNTAS

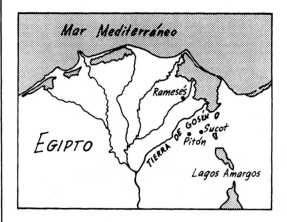

LIBERACIÓN

tumbres de la corte egipcia, educado por los mejores eruditos en el mundo conocido. Cuando Dios le dijo a Moisés: "¿Qué es eso que tienes en tu mano?" Moisés sólo vio una vara que simbolizaba su propio ser—un esclavo hebreo criado como egipcio, un asesino fugitivo, un tartamudo viviendo en el desierto como pastor. Pero Dios vio a un hombre diferente—un hombre compasivo que había bebido en las historias de Abraham y Sara, Isaac y Rebeca, de Jacob y Raquel mientras era amamantado por su madre, y que había agudizado su mente con las matemáticas y la astronomía de las pirámides.

Moisés sentía empatía por los oprimidos. Se puso furioso cuando un egipcio golpeó a un hebreo (Éxodo 2:11-12), se ofendió cuando un hebreo maltrató a otro (2:13), y estuvo dispuesto a defender a las hijas de Jetro de los que las maltrataban (2:17). Moisés pudo haber pasado por egipcio. En vez de ello, decidió solidarizarse con su pueblo hebreo.

Cuando Moisés se quitó el calzado y tiró la vara, estaba listo para escuchar a Dios.

Al principio Moisés no quería aceptar su llamado. Le resultaba clara la imposibilidad de la tarea. De hecho lo que dijo fue: "Permite que suceda, Señor, pero que no sea a través de mi esfuerzo."

"Yo soy el que soy"

Moisés necesitaba saber quién lo llamaba. Al igual que Jacob luchando con el ángel, Moisés quería saber. "¿Cuál es tu nombre?" Se pensaba que conocer el nombre de alguien significaba tener poder sobre esa persona. Por eso los dioses paganos no revelaban sus nombres. La revelación de Dios estuvo envuelta en el misterio. El nombre de Dios fue a la misma vez revelado y escondido. El conocer el nombre de Dios mantuvo a Moisés en temor reverente y bajo autoridad. El nombre puede ser traducido "Yo soy" o "Yo soy el que soy" o "Yo seré el que seré". Dí a la gente que "Yo soy" te ha enviado. No lo habían enviado los dioses de la fertilidad del Nilo o los de los lugares altos de Canaán, ni el dios sol de Egipto o la diosa luna de Mesopotamia, sino el Dios de Israel—el Dios que creó las estrellas y los mares, el que sopló aliento de vida en los hombres y mujeres, el que inspiró a su madre a colocarlo en una arquilla y a una mujer compasiva a sacarlo del agua. Yo soy "el Dios de vuestros padres, el Dios de Abraham, Dios de Isaac y Dios de Jacob". Dios le recordó a Moisés la historia y el carácter del Dios que le hablaba. "Yo soy" te ha enviado.

La confrontación con faraón

Moisés le pidió permiso a faraón para que los israelitas hicieran un viaje de tres días al desierto para ofrecer sacrificios a Dios. El faraón sospechó, con razón, que los israelitas no regresarían, así que les denegó la petición.

NOTAS, REFLEXIONES Y PREGUNTAS

Una estatua de Ramesés II que posiblemente estaba en el templo de Karnak. Muchos eruditos creen que Rameses II era el faraón en la época del éxodo.

DISCIPULADO

Moisés y Aarón, luchando con faraón, llevan a cabo señales y maravillas como una manera de persuadirlo; pero los hechiceros de faraón contrarrestan las maravillas. La batalla comenzó con mucho ardor. La fe luchó contra la incredulidad; la libertad contra la opresión. Ocurrieron diez plagas—plagas que no eran desconocidas para Egipto pero que ocurrieron con severidad y rapidez una vez fueron anunciadas por Moisés: la contaminación del Nilo, la plaga de ranas, la plaga de moscas, la plaga de piojos, las enfermedades del ganado, las úlceras, el granizo con truenos, las langostas, las tinieblas profundas y finalmente la muerte de los primogénitos. Hasta el momento de la última plaga, el faraón se negó a dejar al pueblo de Israel salir.

En Éxodo 4:21 leemos que ya Dios le había advertido a Moisés que el faraón no lo escucharía, que Dios le "endurecería su corazón". ¿Qué significa esto? Significa que la resistencia voluntaria a la voluntad de Dios hace que la persona se endurezca. Dios nos permite resistir su palabra. Al escoger, comienza el corazón a cerrarse a Dios. El corazón de faraón se endureció.

Cientos de años más tarde el profeta Isaías describe la misma actitud en el pueblo de Israel:

"Engruesa el corazón de este pueblo, y agrava sus oídos, y ciega sus ojos, para que no vea con sus ojos, ni oiga con sus oídos, ni su corazón entienda, ni se convierta, y haya para él sanidad" (Isaías 6:10).

Jesús usó este pasaje de Isaías para describir la misma condición en su tiempo (Mateo 13:13-15; Marcos 8:17-18). Un corazón que se resiste una y otra vez a confrontarse con la Palabra de Dios, se endurece cada vez más.

Las primeras señales no impresionaron a los egipcios. Sus magos podían hacer que las varas se convirtieran en serpientes, que el agua se tornara roja y que las ranas subieran sobre la tierra. La plaga de piojos los confundió. "Dedo de Dios es éste", dijeron (Éxodo 8:19). Aun así el faraón no dejó ir al pueblo.

Al leer las narraciones bíblicas acerca de Moisés, recuerde que las historias contienen tradiciones diversas entrelazadas. Es por esta razón que los nombres de personas y de Dios, así como los relatos sobre acontecimientos particulares, pueden variar dependiendo de la tradición oral o escrita de la cual provengan. Por ejemplo, Reuel es también llamado Jetro; Horeb es sinónimo de Sinaí. Hay dos tradiciones que usan diferente nombre para la deidad. Un grupo de escritores hebreos usa el nombre *Elohim* (Dios) y otro usa el nombre *Yahvé* (Señor). La diferencia entre los nombres desaparece al traducirse al español.

Uno de los festivales más importantes celebrado por el pueblo hebreo es la Pascua. El relato del éxodo relaciona la Pascua con la salida de Egipto. Antes de salir, al ocurrir la muerte de los primogénitos, se dio orden a las familias del pueblo de Israel de que marcaran los postes y el dintel de las

NOTAS, REFLEXIONES Y PREGUNTAS

LIBERACIÓN

NOTAS, REFLEXIONES Y PREGUNTAS

casas con la sangre de un cordero. Las familias que obedecieron la orden vieron sus casas libradas de la muerte de sus primogénitos. Estas imágenes ofrecieron más tarde al cristianismo un poderoso simbolismo.

El pueblo judío contemporáneo come pan sin levadura en la cena pascual, recordando que tuvieron que salir de prisa y no les dio el tiempo para dejar que la levadura hiciera su efecto. Comen también un cordero asado recordando la unción con sangre para obtener liberación y para celebrar la libertad, así como hierbas amargas sumergidas en agua de sal para recordar la opresión amarga y las lágrimas de la esclavitud.

La libertad cuesta

La esclavitud tiene su costo, pero también lo tiene la libertad. Mucha gente no se da cuenta del precio de la justicia y de la libertad. Los grandes líderes sí pueden entender el precio. Escriba en las líneas que siguen los nombres de líderes que han guiado a su pueblo a la libertad pagando un gran precio por ello.

La gente no siempre reacciona con gozo al ser librados de la esclavitud. Moisés tuvo grandes dificultades con los israelitas. Ellos tuvieron miedo, otras veces se llenaron de ira, y más de una vez quisieron abandonar sus sueños. Cuando Moisés y Aarón propusieron por primera vez que hicieran un viaje de tres días para hacer un sacrificio, faraón les respondió con la orden de que no tendrían paja para hacer ladrillos. Los capataces israelitas se volvieron contra Moisés y Aarón, acusándoles de hacer la esclavitud aun más dolorosa (Éxodo 5:15-21).

Trate de recordar algún incidente en el cual se necesitaba justicia, los poderosos actuaron con dureza, y el pueblo acusó a sus líderes:

El miedo a lo desconocido y la ansiedad ante su futuro hicieron que los israelitas se quejaran una y otra vez. Después de las plagas, cuando estaban a punto de obtener la libertad, se llenaron de pánico. El mar estaba ante ellos, los carros de los egipcios estaban detrás. Clamaron: "¿No había sepulcros en Egipto, que nos has sacado para que muramos en el desierto?" (14:11). Una vez más Moisés fue voz de esperanza: "No temáis; estad firmes, y ved la salvación que Jehová hará hoy con vosotros" (14:13).

Cuando se quejaron por la comida, Dios les proveyó codornices y después maná (16:13-15). Hasta el día de hoy las codornices emigran a través del Mar Mediterráneo y caen exhaustas en el desierto. El maná era un substancia menuda, redonda y dulce que se recogía temprano en la mañana y se preparaba como un pan. Cada día el pueblo debía recoger

DISCIPULADO

sólo maná suficiente para ese día, excepto el sexto día. El sexto día debían recoger suficiente para guardar para el sábado (16:22-26). Note que el escritor del Exodo afirma constantemente la importancia del día de descanso.

El mensaje del éxodo es que Dios oye, Dios ve, Dios sabe, Dios recuerda, Dios actúa. El tema se celebra litúrgicamente en Deuteronomio 6:21-25; 26:5-10; y Josué 24:2-14. Fue también recordado por los profetas (Oseas 11:1-4). La experiencia del éxodo declara la experiencia de salvación que tuvieron los israelitas.

La acción de Dios en el éxodo tiene implicaciones eternas y universales. Cuando los sistemas sociales se vuelven opresivos, Dios escucha el clamor de los oprimidos y actúa. El pacto de Dios con Abraham y con sus descendientes es aún válido. Dios es fiel al compromiso. En el éxodo, Dios cumplió su promesa de liberación. Esa promesa es para toda persona que está "en Egipto", para cualquiera que esté en esclavitud.

LAS SEÑALES DEL DISCIPULADO

Entrelazado en el relato del éxodo (por momentos levantándose sobre la historia misma) está el mensaje poderoso y consolador de que Dios es fiel a su promesa. El pacto de Dios se mantiene.

Dios escucha el clamor de quienes están en esclavitud y los llama a la libertad. El discípulo fiel escucha y obedece el llamado de Dios a ser proclamador de su mensaje liberador.

Los documentos de la corte y la historia secular de Egipto no contienen información sobre los israelitas, ni siquiera una palabra. Sin embargo, el éxodo es el acontecimiento central de la historia de Israel, y ha ejercido influencia sobre todo aspecto de la fe judía. ¿Cómo se explica este hecho?

Piense en personas que hoy día están atrapadas en opresión política y económica. ¿Está usted o su pueblo en una situación semejante? Considere en qué formas Dios está tratando de liberarlos.

Los israelitas estaban atrapados en un sistema social opresivo. Piense en pueblos que están en sistemas sociales opresivos. ¿Cómo se forman dichos sistemas? ¿De qué manera se pueden cambiar?

NOTAS, REFLEXIONES Y PREGUNTAS

Los discípulos oyen y obedecen el llamado de Dios de ser portadores del mensaje liberador de Dios.

LIBERACIÓN

Quienes han conocido la esclavitud como personas o como pueblo tienen una historia de liberación que contar. Cuente alguna de esas historias de liberación que conozca.

_____

_____

¿Cómo se diferencia la liberación personal de la liberación que recibieron los israelitas de la esclavitud en Egipto?

_____

_____

¿Ha sentido alguna vez que ha tenido demasiado poder sobre otras personas? ¿Ha sentido que otras personas tienen mucho poder sobre usted? Describa la situación.

_____

_____

El llamado de Moisés es central para el éxodo. Describa algún momento en que ha sentido que Dios le habla o le llama para alguna tarea a favor de la libertad.

_____

Describa si ha sentido el deseo de resistir el llamado de Dios a una tarea difícil.

_____

_____

En la liturgia judía para la celebración de la Pascua hay una oración que dice:
"Soy judío porque en cualquier lugar donde el sufrimiento llora, allí llora un judío.
Soy judío porque cada vez que la desesperación levanta su voz, el judío se llena de esperanza."
Los cristianos han sido injertados como pueblo de Abraham (Romanos 11:17-19), y nuestras raíces están con el pueblo de Israel. Así que el éxodo es también nuestra historia. ¿Qué hay en el cristianismo que nos lleva a llorar con los que sufren y a sentir esperanza junto a los que no tienen esperanza?

_____

_____

SI DESEA SABER MÁS

Averigüe lo más posible acerca de los programas de construcción durante los reinados de Seti I y de Ramesés II.

NOTAS, REFLEXIONES Y PREGUNTAS

Tabla de historia bíblica

2000 A.C.	Período de los antepasados Abraham y Sara, Isaac, Jacob, José
1700 A.C.	La familia de Jacob entra a Egipto
1260 A.C.	Moisés dirige la huída de Egipto

ORDEN

"Oye, Israel, los estatutos y decretos que yo pronuncio hoy en vuestros oídos; aprendedlos, y guardadlos, para ponerlos por obra."

—Deuteronomio 5:1

6 Dios envía la Ley

NUESTRA CONDICIÓN HUMANA

No podemos vivir en el caos. Necesitamos orden. Necesitamos parámetros que nos den un sentido de seguridad. Necesitamos orden para sentir que formamos parte de algo.

ASIGNACIÓN

En esta semana estudiaremos la Ley, y con seguridad esto le parecerá un proceso lento. En algunos lugares sentirá el deseo de leer cuidadosamente, palabra por palabra, como si se tratara de un libro de leyes. Más tarde en el estudio encontrará continuas referencias a estas leyes.

Día 1 Éxodo 19–20 (Israel en el Sinaí); Deuteronomio 4:44–5:33 (resumen de la Ley). Compare los textos.

Día 2 Éxodo 21:1–23:19 (leyes sobre la esclavitud, la restitución, el día de descanso y las fiestas anuales); 31:18–32:35 (el becerro de oro)

Día 3 Levítico 11 (animales puros e impuros); 17:10–19:37 (relaciones sexuales, la ley del amor)

Día 4 Números 6 (votos de los nazareos); 13 (los espías enviados a Canaán); Deuteronomio 5–9 (lo que Dios requiere). Lea en voz alta Deuteronomio 6:4–9. Este pasaje se conoce como el Shemá, que significa "Oye". Deuteronomio 13 (advertencia contra la idolatría)

Día 5 Números 18 (deberes de los sacerdotes y los levitas); Deuteronomio 14:22–15:23 (el diezmo, el año sabático); 21–22 (culpa por la sangre inocente, leyes respecto a la castidad); 25 (pesas y medidas honestas); 34 (muerte de Moisés)

Día 6 Lea y responda a "El comentario bíblico" y a "Las señales del discipulado".

Día 7 Descanse, ore y lea en voz alta el Salmo 19:7-14 y el Salmo 1.

ORACIÓN

Ore diariamente antes de estudiar:
"Señor, enséñame el camino de tus leyes,
pues quiero seguirlo hasta el fin.
Dame entendimiento para guardar tu enseñanza;
¡quiero obedecerla de todo corazón!
Llévame por el camino de tus mandamientos,
pues en él está mi felicidad"
(Salmo 119:33-35, Versión Popular).

Oraciones de la semana:

ORDEN

Día 1   Éxodo 19–20 (Israel en el Sinaí); Deuteronomio 4:44–5:33 (resumen de la Ley)

Día 2   Éxodo 21:1–23:19 (leyes concernientes a la esclavitud, la restitución, el día de descanso, y las fiestas anuales); 31:18–32:35 (el becerro de oro)

Día 3   Levítico 11 (animales puros e impuros); 17:10–19:37 (relaciones sexuales, la ley del amor)

Día 4   Números 6 (el voto de los nazareos); 13 (espías a Canaán); Deuteronomio 5–9 (lo que Dios requiere); 13 (advertencias contra la idolatría)

Día 5   Números 18 (sacerdotes y levitas); Deuteronomio 14:22–15:23 (diezmo, año sabático); 21–22 (leyes diversas); 25 (medidas justas); 34 (muerte de Moisés)

Día 6   "El comentario bíblico" y "Las señales del discipulado"

DISCIPULADO

EL COMENTARIO BÍBLICO

La ley hace la vida más tolerable. Sin ley, la sociedad se destruiría. La ley evita que el fuerte destruya al débil. La ley ayuda a mantener la interacción social. La ley nos ayuda a conocer quiénes somos. Nos afirma en el conocimiento de que pertenecemos a un pueblo particular. La Ley ayuda a mantener al pueblo del pacto unido, a despertar su sentido de justicia social, y a proveer principios morales a este mundo.

Moisés es llamado a ser el dador de la Ley. Los primeros cinco libros de la Biblia, llamados también la Torá (Ley) o el Pentateuco (Cinco Rollos), tradicionalmente se han atribuido a Moisés. La Torá es el corazón de la religión judía. Ciertamente Moisés comenzó a dar la ley mientras el pueblo de Israel estaba en el desierto. ¿Puede imaginarse lo que significará la tarea de crear una comunidad del pacto de una multitud de esclavos recién liberados acampando en el desierto? La Torá se conservó en forma oral por siglos, modificada, con añadiduras, y codificada (arregada en forma sistemática), pero probablemente no tomó la forma en que hoy la conocemos hasta alrededor del año 400 A.C. Las tradiciones que reflejan las experiencias duras de la vida en el desierto y de la vida agrícola sedentaria posterior se entretejieron con las tradiciones de la adoración en el Templo.

El ejercicio espiritual más elevado para los judíos es el estudio de la Torá.

"En la ley [Torá] de Jehová está su delicia,
Y en su ley [Torá] medita de día y de noche"
(Salmo 1:2).

Cuando el rollo de la Torá sale del arca sagrada durante el culto en las sinagogas hoy, los adoradores se levantan. Cuando el rollo de la Torá se retira, los más cercanos besan el manto bordado que lo envuelve.

La Ley hizo del pueblo de Israel un pueblo especial. Ese era su propósito. Del mismo modo que las leyes sobre los alimentos en Israel separaban los animales puros de los impuros, así el pueblo de Israel era un pueblo "apartado". "Porque yo soy Jehová, que os hago subir de la tierra de Egipto para ser vuestro Dios: seréis, pues, santos, porque yo soy santo" (Levítico 11:45).

Poco a poco el pueblo del pacto tomó forma e identidad. La circuncisión se convirtió en señal del pacto de Dios con Abraham y del hecho de pertenecer a la comunidad del pacto. El día de descanso, bendecido por Dios en la creación, fue honrado como un día santo de descanso y regocijo. La experiencia de liberación durante el éxodo le dio forma permanente a la comunidad de fe. Entonces Dios le dio al pueblo la fuerza cohesiva más poderosa, le dio la Ley a Moisés.

En la Ley de Israel no se puede distinguir entre ley civil y ley religiosa. Todos los aspectos de la vida y de la sociedad caen bajo su dominio. Además, la justicia significa mucho

NOTAS, REFLEXIONES Y PREGUNTAS

más que la retribución, el castigo y las medidas justas. Significa también la distribución justa de los dones de Dios.

Las leyes sociales

Cuando uno de los padres impone disciplina a uno de sus hijos, ese hijo pregunta por qué. Nuestra preocupación al estudiar la ley mosaica será comprender por qué tenerla.

"Y al extranjero no engañarás ni angustiarás." ¿Por qué? "porque extranjeros fuísteis vosotros en la tierra de Egipto" (Éxodo 22:21).

"A ninguna viuda ni huérfano afligiréis" (22:22). ¿Por qué? Porque "ciertamente oiré yo su clamor" (22:23) del mismo modo que oyó su clamor en Egipto.

"Cuando prestares dinero a uno de mi pueblo, al pobre que está contigo, no te portarás con él como logrero, ni le impondrás usura. Si tomares en prenda el vestido de tu prójimo, a la puesta del sol se lo devolverás. Porque sólo eso es su cubierta, es su vestido para cubrir su cuerpo. ¿En que dormirá?" (22:25-27). Note la razón para la ley, porque ésta va más allá de la simple justicia: "Y cuando él clamare a mí, yo le oiré, porque soy misericordioso" (22:27).

¿Por qué deben ser compasivos? Porque una vez ustedes mismos fueron pobres, estuvieron en la esclavitud, fueron extranjeros y agregados. Una vez clamaron a mí. ¡No lo olviden! El mismo Dios que oye tu clamor, oye el clamor del pobre de hoy y le dice: "soy misericordioso".

Cuando los israelitas se convirtieron en granjeros, a los pobres les pertenecía lo que quedaba tras los segadores. La historia de Rut y Booz, que se encuentra en el libro de Rut, es el relato acerca de una viuda extranjera pobre a quien se le permitió recoger espigas en los sembrados. El resto de los higos y olivas, después de que los trabajadores hubieran terminado, era para los huérfanos y para las viudas. Esta ley hacía posible la supervivencia de los pobres. Escuche la Torá: "Cuando siegues la mies de tu tierra, no segarás hasta el último rincón de ella, ni espigarás tu tierra segada. Y no rebuscarás tu viña, ni recogerás el fruto caído de tu viña; para el pobre y para el extranjero lo dejarás. Yo Jehová vuestro Dios" (Levítico 19:9-10).

En medio de un mundo duro y primitivo, ¡qué compasión tan grande! Abraham y el pueblo del pacto fueron bendecidos para ser bendición. ¿Cómo provee nuestra sociedad hoy día para los pobres, los extranjeros, los huérfanos y las viudas?

Leyes sobre los alimentos

Lea nuevamente las leyes sobre los alimentos en Levítico 11. Note las distinciones siguientes entre limpios e inmundos:

NOTAS, REFLEXIONES Y PREGUNTAS

DISCIPULADO

animales sobre la tierra (11:2-8), animales acuáticos (11:9-12), aves (11:13-19), insectos (11:20-23), y otros asuntos sobre los alimentos (11:24-25). Era igualmente importante no hervir el cabrito en la leche de su madre (Éxodo 23:19; 34:26). Esa preocupación era tan fuerte que aún hoy, en una cocina judía kosher (pura), los alimentos lácteos y las carnes no se cocinan en los mismos envases ni se sirven en los mismos platos. El comer sangre estaba prohibido. Hoy en día en la tradición judía, la sangre debe escurrirse con cuidado de la carne, la carne debe estar en agua por media hora, y permanecer cubierta de sal por una hora. Entre los judíos ortodoxos, el tendón del muslo es removido para recordar que Dios tocó la cadera de Jacob, haciéndole cojear.

¿Por qué estas restricciones alimenticias? Mucha gente ha especulado sobre el impacto en la salud de la cultura primitiva, aún antes del conocimiento moderno sobre las enfermedades. Sin duda alguna, el abstenerse de comer animales contaminados ayudaba a conservar la salud; las leyes sobre las medidas de salud fueron un descubrimiento importante. Ciertamente, la sabiduría de Moisés y de los sacerdotes influyó en las leyes alimenticias, asegurando la salud y el bienestar.

Pero desde un punto de vista bíblico, la salud no era lo esencial. Los israelitas debían vivir separados, bajo restricciones especiales, deliberadamente diferentes a otra gente. Lo importante no era la salud, sino la obediencia. Ellos habían sido llamados a ser el pueblo de Dios, un pueblo diferente. Estas restricciones era leyes santas.

Se ve por qué compartir la mesa con las personas que no eran judías se hizo extremadamente difícil. No pasó mucho tiempo antes de que se entendiera que el judío que comiera con un gentil violaba el pacto, despreciaba la fe, y debía ser considerado pecador.

Este estudio sobre los alimentos puede parecer sin importancia para el cristianismo contemporáneo; pero afecta mucho la forma en que entendemos el Nuevo Testamento, en particular la experiencia del compañerismo de la mesa entre los diferentes pueblos.

Leyes de justicia

La justicia en la época bíblica más primitiva era caprichosa, vengativa, arbitraria. Los gobernantes acostumbraban ordenar el castigo con un simple gesto de la mano. La retribución entre familias y tribus significaba venganza en medida doble. En contraste, la ley de Moisés demandaba uniformidad y justicia. Se requerían testigos; el perjurio era una ofensa grave. Se esperaba que los jueces fuesen imparciales. Los poderosos estaban sujetos a una ley que estaba por encima de ellos. La idea de que no hay nadie por encima de la ley es un concepto bíblico.

Más tarde descubriremos, al leer sobre el rey David o el rey

NOTAS, REFLEXIONES Y PREGUNTAS

ORDEN

Acab, que cuando ellos creyeron que estaban por encima de la ley, los profetas los confrontaron con su responsabilidad.

Hay frases como "ojo por ojo y diente por diente" que nos parecen severas hoy en día. Pero estas leyes evitaron que se destruyera una vida para vengar la pérdida de un ojo, o que alguien matara a un hombre sólo por haber hecho caer un diente. Recuerde que, en Génesis, Lamec se jactaba diciendo:

"Que un varón mataré por mi herida,
Y un joven por mi golpe.
Si siete veces será vengado Caín,
Lamec en verdad setenta veces siete lo será"
   (Génesis 4:23-24).

¿Cree usted que esta cita pudo haber estado en la mente de Jesús cuando le dijo a Pedro que debía perdonar setenta veces siete?

Había otras leyes que insistían en que los pesos y medidas falsas era una ofensa a Dios. "Pesa exacta y justa tendrás; efa cabal y justo tendrás.... Porque abominación es a Jehová tu Dios... cualquiera que hace injusticia" (Deuteronomio 25:15-16).

Más tarde, los profetas de Israel reprendieron al pueblo por engañar, mentir, por usar pesas falsas y medidas injustas. ¿Por qué? Porque Dios es un Dios justo. Dios quiere que haya tratos justos en los negocios.

En sus tratos de negocios, ¿hay algún aspecto en que está usted usando "medidas y pesas falsas", porque está falsificando o engañando a otras personas?

_____

_____

Piense en algunos ejemplos de anuncios falsos o engañosos.

_____

_____

La ley de Moisés contiene un profundo sentido de imparcialidad, de justicia. ¿Por qué? Porque la justicia tiene su fundamento en el carácter de Dios. Dios es un Dios justo.

Vida de familia

La Ley nos pide respeto por los padres. En los Diez Mandamientos, el honrar al padre y a la madre toma precedencia sobre los mandamientos acerca del asesinato y el adulterio. La familia era muy importante para el pueblo hebreo.

"El que hiriere a su padre o a su madre, morirá" (Éxodo 21:15). Esto constituía una ofensa digna de la pena capital.

No podemos menos que pensar si la prohibición "No guisarás el cabrito en la leche de su madre" (23:19; 34:26) no sólo levantaba una protesta acerca de un método cananeo de

NOTAS, REFLEXIONES Y PREGUNTAS

Pesas de piedra de este tipo, que datan del siglo VII A.C., fueron usadas para determinar el valor del oro y la plata. Los caracteres hebreos inscritos en ellas indican su peso y su valor. Generalmente, se cargaban en un bolso pequeño. Las pesas eran alteradas a veces cortando la parte de abajo con un cincel, lo cual hacía posible la deshonestidad a la que se refirieron los profetas y Jesús.

DISCIPULADO

preparar un sacrificio sino que también refleja el sentimiento de ofensa ante un insulto de tipo familiar.

Si se considera el creciente conflicto en las familias, ¿cómo pueden los hijos adultos honrar fielmente a sus padres ancianos?

_____

_____

¿Qué actitudes y acciones ven y oyen de usted sus hijos acerca de sus padres?

_____

_____

Las relaciones sexuales eran estrictamente reguladas en la ley de Moisés. El adulterio conllevaba la pena de muerte. Las relaciones sexuales entre personas del mismo sexo estaban prohibidas. Asimismo lo estaban las relaciones con animales. La seducción de una virgen era un severo delito, y el castigo por la violación era la muerte. Más tarde notará que la lealtad de la iglesia del Nuevo Testamento a muchas de las leyes judías, tales como las leyes sobre los alimentos, no fue requerida por el Concilio de Jerusalén (Hechos 15:19-20). Pero los requerimientos de la moral sexual se mantuvieron.

En medio de una sociedad en la cual la promiscuidad sexual y el adulterio son rampantes, ¿qué puede usted hacer para promover la fidelidad en el matrimonio?

_____

_____

¿Qué puede hacer la iglesia?

_____

_____

LAS SEÑALES DEL DISCIPULADO

Para el discípulo, todas las palabras de la Ley se resumen en el mandamiento "Y amarás a Jehová tu Dios de todo tu corazón, y de toda tu alma, y con todas tus fuerzas" (Deuteronomio 6:5). El tener estas palabras en el corazón (6:6) significa hacerlas.

Identifique algunas de las palabras de la Ley que, a causa de su obediencia, ponen orden en su vida:

_____

_____

NOTAS, REFLEXIONES Y PREGUNTAS

Los discípulos mantienen la ley de Dios al cumplirla.

ORDEN

dan seguridad a su familia:

___

___

le dan un sentido de pertenencia:

___

___

Trate de recordar momentos en su vida en que la desobediencia a la ley de Dios resultó en caos:

___

___

Describa cómo es el discípulo o discípula según la Escritura que leyó en esta lección.

___

___

SI DESEA SABER MÁS

Memorice los Diez Mandamientos.

La Ley confiere dignidad a cada ser humano—a los pobres, a las personas extranjeras, a quienes estan en esclavitud. Lea Deuteronomio 24:10-13. Busque otros pasajes en los cuales se afirma la dignidad de las personas marginadas de la sociedad.

Busque el relato de la ocasión en que Jesús sanó al leproso y le dijo: "Muéstrate al sacerdote, y ofrece por tu purificación lo que Moisés mandó" (Marcos 1:40-44). Entonces lea la ley sobre la lepra que se encuentra en Levítico 13–14.

En este estudio hemos visto muy poco del libro de Números. Tome algun tiempo para hojearlo y familiarizarse con su contenido. Lea al menos el relato de las muertes de María y Aarón y la historia del agua saliendo de la roca (Números 20). Lea también la historia de Balaam y el asna (22–24).

NOTAS, REFLEXIONES Y PREGUNTAS

El becerro de oro en Exodo 32 pudo haber sido como éste, descubierto en Ascalón. Data del 1600 A.C., cuando los cananeos lo adoraban como una imagen de Baal o de El. Posiblemente era exhibido tal como aparece aquí, saliendo de la urna.

Expiación

"Porque la vida de la carne en la sangre está, y yo os la he dado para hacer expiación sobre el altar por vuestras almas; y la misma sangre hará expiación de la persona."

—Levítico 17:11

7 Cuando Dios se acerca

NUESTRA CONDICIÓN HUMANA

Cuando Dios se acerca a nosotros, nos sentimos culpables y avergonzados a causa de nuestro pecado. Cuando estamos ante la presencia de Dios, nos sentimos abrumados por la necesidad de perdón. ¿Qué podemos hacer?

ASIGNACIÓN

Estaremos estudiando formas de adoración del antiguo Israel. Preste atención especial a cómo el pueblo hebreo recordaba su liberación de la esclavitud, cómo se reconciliaban con Dios y unos con otros, y cómo daban gracias a Dios por lo que había hecho.

Algunos elementos en la adoración cristiana, incluyendo el lenguaje y el ritual, tiene sus raíces en prácticas hebreas antiguas. Al leer, observe dichas raíces.

Día 1   Éxodo 24–27 (el pacto ratificado, el arca del pacto, el tabernáculo)
Día 2   Éxodo 34:29–36:1 (nuevas tablas, ofrendas para el tabernáculo); 40 (la gloria del Señor); Salmo 81 (liturgia de la fiesta)
Día 3   Levítico 1–5 (ofrenda quemada, ofrendas de paz, por el pecado y expiatorias)
Día 4   Levítico 6–7 (ritual de las ofrendas, porción para el sacerdote); Deuteronomio 18 (levitas)
Día 5   Levítico 16–17 (dia de la expiación); Deuteronomio 16 (fiestas solemnes); compare con Levítico 23 (fiestas solemnes)
Día 6   Lea y responda a "El comentario bíblico" y a "Las señales del discipulado".
Día 7   Descanse. Alabe a Dios. Lea en voz alta el Salmo 100. Cante la Doxología como oración antes de las comidas.

ORACIÓN

Ore diariamente antes de estudiar:
"Las promesas que te hice, oh Dios,
te las cumpliré con alabanzas"
(Salmo 56:12, Versión Popular).

Oraciones de la semana:

Expiación

Día 1	Éxodo 24–27 (la ratificación del pacto, el arca del pacto, el tabernáculo)
Día 2	Éxodo 34:29–36:1 (nuevas tablas, ofrendas para el tabernáculo); 40 (la gloria del Señor); Salmo 81 (liturgia de la fiesta)
Día 3	Levítico 1–5 (Las ofrendas quemadas, de paz, por el pecado y de expiación)
Día 4	Levítico 6–7 (ritual de las ofrendas, la porción de los levitas); Deuteronomio 18 (levitas)
Día 5	Levítico 16–17 (día de la expiación); Deuteronomio 16; Levítico 23 (fiestas solemnes)
Día 6	"El comentario bíblico" y "Las señales del discipulado"

DISCIPULADO

EL COMENTARIO BÍBLICO

Por qué eran tan elaboradas y específicas las reglas sobre la adoración? A nosotros nos pueden parecer ridículas. Pero en esa época, muchas prácticas de adoración de otros grupos eran ofensivas para Dios. Estas prácticas incluían brujería, astrología y magia, protitución ritual y culto a Baal en los lugares altos. Algunas personas adoraban la Luna, el Sol o las imágenes esculpidas. Estas prácticas estaban absolutamente prohibidas para el pueblo israelita, porque Israel le pertenecía a Dios, total y completamente.

El pueblo de Israel estaba tratando de ser un pueblo unido, que vivía bajo la soberanía de Dios. Por ello, las reglas acerca de la adoración y de otros aspectos de la vida estaban entrelazadas. El pueblo estaba ligado a la tierra; los animales y las cosechas formaban su vida. Su adoración surgía con naturalidad de su existencia diaria. El trabajo de sus manos se representaba por medio de los sacrificios y de la adoración.

Vamos a concentrarnos en el estudio de tres aspectos de la adoración hebrea antigua.

El recuerdo

El pueblo liberado no puede olvidar su liberación. La pascua simboliza cada experiencia de salvación, tanto histórica como personal. La celebración de la pascua hoy es una celebración en familia, un recuerdo para ser disfrutado en la intimidad. Es por ello que tanto los parientes como las amistades íntimas son incluidas. La pascua está especialmente diseñada para enseñar a la niñez. Así lo leemos en la Torá: "Y lo contarás en aquel día a tu hijo" (Éxodo 13:8). Los judíos llaman a la ceremonia de la fiesta el *Seder*, que quiere decir orden (de la comida o de la liturgia). Es una celebración a la misma vez seria y alegre. "Esa noche fue diferente a cualquier otra noche."

La noche de pascua es una noche para recordar
- la liberación milagrosa del pueblo de Israel a pesar de lo imposible de su situación;
- la provisión divina (maná y codornices);
- la sabiduría divina (la Ley en el monte Sinaí);
- la libertad y la tierra prometida.

El servicio termina no sólo con gozo sino con clarificación: los adoradores comprenden lo que no conocían o han olvidado, lo que han malentendido o relegado.

Jesús transformó la fiesta de la pascua para el pueblo cristiano. Si la Ultima Cena fue una cena pascual, según una interpretación tradicional, el pan usado por Jesús fue sin levadura. En muchas denominaciones cristianas el pan usado para la Santa Comunión es sin levadura. Los primeros cristianos, quienes eran judíos, relacionaron la muerte de Jesús con el sacrificio del cordero pascual. El sacrificio de Jesús, que libertó a la humanidad de la esclavitud del pecado, dio un nuevo significado a la celebración de la liberación de la

NOTAS, REFLEXIONES Y PREGUNTAS

Este calendario de piedra del siglo X A.C., encontrado en las excavaciones en Gezer, pudo haber sido una tabla de ejercicios estudiantiles. Se trata de una lista de tareas agrícolas para diferentes estaciones del año.

Los hogares judíos se preparan durante siete días para la pascua eliminando la levadura en la casa y horneando pan sin levadura. Una de las actividades divertidas para la niñez es la búsqueda de levadura a través de toda la casa. En la mesa se sirve una pierna de cordero asado-chamuscado, para representar el antiguo sacrificio; un huevo asado, representativo de la ofrenda que acompañaba al sacrificio; perejil, representando la primavera y el renacimiento; rábanos, representando la amargura, la porción de todos los seres humanos que han experimentado la esclavitud; una mezcla de manzanas, nueces, canela y vino, representando la masa que usaban los hebreos para hacer los ladrillos para el faraón; cuatro copas de vino, representando diferentes hechos de redención o liberación. En la mesa se coloca también una copa de vino para Elías, anunciador de la llegada del Mesías. La copa representa la esperanza en el cumplimiento de la promesa en la era mesiánica.

Expiación

esclavitud. El recuerdo de la liberación de Egipto se convirtió en el recuerdo de la liberación del pecado. La celebración de la pascua cristiana tiene sus raíces en la pascua hebrea. A veces se le llama "eucaristía" a la comunión. "Eucaristía" significa fiesta de acción de gracias.

¿Cuáles son algunos de los recuerdos que usted tiene al comer del pan y beber de la copa de comunión?

_____

_____

La expiación

¿Recuerda lo que hemos dicho sobre el pecado? Más que actos de maldad, el pecado es el rompimiento de relaciones. Dios se ofende. Las barreras se erigen. La culpabilidad y la vergüenza nos sobrecogen. Un vecino se aparta del otro. El alma humana comienza a tener una guerra civil dentro de sí misma. En el relato de la creación, Adán y Eva se esconden de Dios. Hoy en día tratamos de reprimir la culpa, lo cual resulta en enfermedad emocional, mental y social.

Los israelitas expresaban su culpa en experiencias rituales cuidadosamente elaboradas. Confesaban su pecado y expresaban su culpa y su vergüenza como comunidad de fe. Reparaban su culpa en trato directo con Aquel que estaba ofendido—su Dios Creador y Redentor.

Levítico 16 nos ayuda a entender el día de la expiación (Yom Kipur) y los sacrificios de expiación. Una vez al año, el sacerdote (Aarón) se purificaba a sí mismo, se ponía sus vestiduras sagradas y mataba un becerro como ofrenda. El sacrificio de sangre era una ofrenda por el pecado suyo y el de su casa. Entonces Aarón escogía dos machos cabríos para llevar simbólicamente los pecados del pueblo. Ofrecía uno como sacrificio de sangre para la expiación. Aarón colocaba sus manos sobre la cabeza del segundo macho cabrío, confesando "sobre él todas las iniquidades de los hijos de Israel, todas sus rebeliones y todos sus pecados". Colocaba los pecados sobre la cabeza del macho cabrío y lo enviaba al desierto (Levítico 16:21). El macho cabrío alejaba en forma vicaria los pecados, liberando al pueblo de culpa y vergüenza. Por ello se le llama chivo expiatorio.

Mediante la expiación somos reconciliados con Dios, unidos a Dios. Somos liberados para tener compañerismo. No necesitamos llevar la carga de la culpa.

Comente si su iglesia tiene rituales (y qué rituales) que le ayuden a sentirse libre de culpa y vergüenza:

_____

que le ayuden a sentirse reconciliado con Dios y con su prójimo:

NOTAS, REFLEXIONES Y PREGUNTAS

Según la tradición, un cordón de hilo de lana rojo se amarraba alrededor de los cuernos del macho cabrío para representar los pecados del pueblo.

DISCIPULADO

El agradecimiento

Un elemento significativo de la adoración judía era el ofrecer regalos a Dios y la aceptación que Dios hacía de dichos regalos. A través de los días señalados en la Ley, los hebreos revivían la historia de cómo sus ancestros se unieron a Dios mediante un pacto y expresaban su agradecimiento a Dios por medio de ofrendas de acción de gracias. Estos eran:

- El año nuevo, también llamado fiesta de las trompetas, en septiembre–octubre, marca el comienzo del calendario religioso judío;
- El día de la expiación, diez días más tarde, es el más solemne de los días santos judíos, un día de penitencia, ayuno y purificación en el santuario;
- La fiesta de los tabernáculos, dos semanas después del año nuevo y cinco después del día de la expiación. En Levítico 23:33-43 y en Deuteronomio 16:13-15 se describe claramente el período: siete días de fiesta y adoración al terminar la cosecha de otoño; un período de gozo, de acción de gracias y de celebracion; no habría trabajo; y se invitaría al "levita, el extranjero, el huérfano y la viuda que estuvieren en medio de ti" (16:14).
- La pascua, que conmemoraba la liberación de los israelitas de la esclavitud de Egipto, ocho días en la primavera que comenzaban con la fiesta de los panes sin levadura y concluían con la ofrenda de los primeros frutos de la cosecha de cebada;
- El Pentecostés, también llamado fiesta de las semanas porque el día de la fiesta caía en el quincuagésimo día después de la pascua (han pasado siete semanas), una celebración de la ofrenda de los primeros frutos de la cosecha del trigo, el día de la experiencia del Espíritu Santo que se relata en Hechos 2.

Hoy día la mayoría de la gente tiene trabajos no relacionados con la agricultura. ¿Cómo podemos ofrecer el fruto de nuestras manos en adoración y acción de gracias?

LAS SEÑALES DEL DISCIPULADO

Cuando Dios se acerca, parece como si alguien hubiera encendido una luz en medio de los rincones sucios y obscuros de nuestros corazones. En la obscuridad, nos engañamos pretendiendo que estamos limpios. Al exponerse a la luz, nuestros fracasos se muestran más claramente. Por eso tratamos de escondernos de Dios, queriendo evitar que la verdad y el amor puro nos encuentren.

En la adoración no sólo descubrimos al Dios que se acerca a nosotros, sino también lo inadecuado de nuestras vidas. Cerca de Dios, reconocemos nuestra necesidad de oración. Nuestras necesidades levantan su clamor. Nuestra culpa clama por perdón.

NOTAS, REFLEXIONES Y PREGUNTAS

El tabernáculo era una lugar portátil para la adoración que simbolizaba la presencia de Dios en medio de su pueblo. Se usó en el desierto para guardar el arca del pacto y fue el modelo para el templo que Salomón construyó.

EXPIACIÓN

Las características más extraordinarias de la adoración hebrea eran las siguientes:
• La adoración es comunitaria.
• La adoración es obligatoria.
• La adoración es prescriptiva.

Hay tantas personas cristianas que toman la adoración en forma ligera, adorando de vez en cuando según sientan el deseo de hacerlo. Otras personas consideran la fe un asunto privado, como si su religión fuera sólo entre ellos y Dios. Hay quienes encuentran que la forma, la tradición y el ritual son muy restrictivos para sus espíritus libres. Pero los hábitos y patrones de adoración bíblica son comunitarios. No se les permite a los sentimientos, preferencias e influencias individuales destruir las tradiciones sagradas. La adoración comunitaria enseña a la niñez, la juventud y las personas adultas:
   a recordar,
   a pedir perdón, y
   a dar gracias.

Los cristianos se comprometen a adorar en la comunidad por las mismas razones. La Epístola a los Hebreos en el Nuevo Testamento usa abundantemente imágenes de expiación: "Así que, hermanos, teniendo libertad para entrar en el Lugar Santísimo por la sangre de Jesucristo . . . y teniendo un gran sacerdote sobre la casa de Dios, acerquémonos con corazón sincero, en plena certidumbre de fe, purificados los corazones de mala conciencia, y lavados los cuerpos con agua pura. . . . Y considerémonos unos a otros para estimularnos al amor y a las buenas obras; no dejando de congregarnos, como algunos tienen por costumbre, sino exhortándonos; y tanto más, cuanto veis que aquel día se acerca" (Hebreos 10:19-25).

Los discípulos de Jesús deben sentirse llamados a la adoración comunitaria en entusiasmo y gozo.

Describa su reacción a las siguientes palabras: "Yo me alegré con los que me decían: A la casa de Jehová iremos" (Salmo 122:1). ¿Se aplican estas palabras a usted? ¿Por qué?

En términos de adoración, ¿qué elemento encuentra más significativo: el recuerdo, la expiación o la acción de gracias? ¿Por qué?

SI DESEA SABER MÁS

Investigue más sobre el tema del sacerdocio levítico y escriba algunos párrafos sobre el mismo.

Trate de descubrir cuándo se terminó la práctica del sacrificio de animales en la historia de Israel, y por qué.

NOTAS, REFLEXIONES Y PREGUNTAS

Los discípulos se comprometen a participar en la adoración comunitaria.

LIDERATO

"Y Jehová levantó jueces que los librasen (a Israel) de manos de los que les despojaban."

—Jueces 2:16

8 Un pueblo sin rey

NUESTRA CONDICIÓN HUMANA

No podemos tolerar el desorden y la confusión política. Nos movemos entre el deseo de una unidad nacida de la fidelidad y el deseo de hacer "lo que nos venga en gana". Necesitamos personas que sean nuestros líderes. Por favor, ¿nos puede dar alguien un sentido de dirección?

ASIGNACIÓN

El libro de Josué recalca lo que ocurre cuando el pueblo confía y obedece, cuando los líderes son fieles y el pueblo está unido.

El libro de Jueces recalca lo que ocurre cuando el pueblo no confía ni obedece, cuando cada quien actúa para beneficio propio en vez de ser una comunidad unida.

Día 1   Josué 1–3 (la entrada a la tierra, Rahab y los espías)
Día 2   Josué 4–6 (las piedras conmemorativas, la caída de Jericó); 7 (el pecado de Acán); 8 (la batalla de Hai); 24 (el pacto en Siquem, la muerte de Josué)
Día 3   Jueces 1–2 (una conquista incompleta, apostasía); 4–5 (Débora)
Día 4   Jueces 6–8 (Gedeón); 10:6–12:7 (Jefté)
Día 5   Jueces 13–16 (Sansón)
Día 6   Lea y responda a "El comentario bíblico" y a "Las señales del discipulado".
Día 7   Descanse. Lea en voz alta el Salmo 24.

ORACIÓN

Ore diariamente antes de estudiar:
"¡Oh Dios, dispónte a juzgar la tierra,
pues tú eres el dueño de todas las naciones!"
(Salmo 82:8, Versión Popular).

Oraciones de la semana:

LIDERATO

Día 1 Josué 1–3 (la entrada a la tierra, Rahab y los espías)

Día 2 Josué 4–6 (las piedras conmemorativas, la caída de Jericó); 7 (el pecado de Acán); 8 (la batalla de Hai); 24 (el pacto en Siquem, la muerte de Josué)

Día 3 Jueces 1–2 (una conquista incompleta, apostasía); 4–5 (Débora)

Día 4 Jueces 6–8 (Gedeón); 10:6–12:7 (Jefté)

Día 5 Jueces 13–16 (Sansón)

Día 6 "El comentario bíblico" y "Las señales del discipulado"

DISCIPULADO

EL COMENTARIO BÍBLICO

El libro de Josué es de transición. Con el regreso a Canaán, Dios cumple la promesa de la tierra hecha a Abraham y Sara. Josué, sucesor de Moisés, completa la saga de fe: confía en las promesas de Dios y Dios te dará la victoria.

En cierta forma el libro está unido al Pentateuco (la Ley). El libro tiene el estilo de Deuteronomio: recalca la obediencia al pacto. Pero los eruditos judíos que formaron el canon (los libros oficiales de las Escrituras hebreas) colocaron a Josué con los jueces, los reyes y los profetas. Sin embargo, Josué no era un juez exactamente, al menos no al estilo de Gedeón o de Débora. Así que usamos el término "de transición" porque Josué vino entre el período de Moisés y el período de los jueces, entre el período del éxodo y el período del gobierno tribal bajo los jueces.

Josué completó la liberación iniciada por Moisés. Fiel a Dios, guió al pueblo a la tierra prometida. El nombre *Josué* significa "Yahveh salva" y tiene la misma raíz hebrea que el nombre *Jesús*.

¿Recuerda a los doce espías? Josué y Caleb vieron la tierra que "fluye leche y miel" y quisieron subir a conquistarla (Números 13:25–14:38), pero perdieron. Ahora, después de merodear por el desierto durante cuarenta años, la generación de pesimistas ha muerto, el pueblo ha tomado forma por medio de la disciplina del desierto, y Moisés está enterrado. Josué, el líder fiel de Dios, toma el manto de Moisés y cruza el Jordán. Note los paralelos entre Moisés y Josué:

Moisés	Josué
Espías en Hebrón (Números 13)	Espías en Jericó (Josué 12)
Cruce del Mar Rojo (Éxodo 14)	Cruce del río Jordán (Josué 3)
Circuncisión (Éxodo 4:24-26)	Circuncisión (Josué 5:2-7)
Pascua (Éxodo 12:1-36)	Pascua (Josué 5:10)
"Quita tu calzado", zarza ardiente (Éxodo 3:1-5)	"Quita el calzado", varón con espada (Josué 5:13-15)
Gesto de poder: "Alzaba Moisés su mano" (Éxodo 17:8-13)	"Extiende la lanza que tienes en tu mano" (Josué 8:18-21)
La Ley dada en el monte Sinaí (Éxodo 24)	La Ley escrita en Siquem (Josué 8:30-35)
Ciudades de refugio, anticipadas por Moisés (Números 35:9-15)	Ciudades de refugio señaladas (Josué 20)
Pacto en Sinaí (Éxodo 24:7-8)	Pacto en Siquem (Josué 24:15, 24-25)

NOTAS, REFLEXIONES Y PREGUNTAS

El fascinante relato sobre la distribución de la tierra entre las tribus de Israel se encuentra en Josué 13–21. Léalo en su Biblia con un atlas o un mapa a la mano.

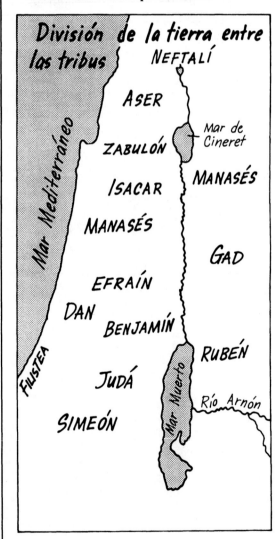

LIDERATO

Los escritores de la historia bíblica usaron los elementos de la conquista para afirmar la fe de Israel. Del mismo modo que Dios liberó a Israel de la esclavitud, así Dios guió a su pueblo a la tierra prometida.

Al dar una mirada atrás a la época de Josué, Israel entendió el significado oculto en los dramáticos y a menudo sangrientos hechos: Dios peleó por Israel. El tema constante fue "fuera de Egipto . . . a la tierra prometida". La suposición constante, usando varios relatos y líneas históricas, era que *violar el pacto significaba caos en la vida del pueblo; guardar el pacto era cumplir el propósito de Israel con orden y sentido.* Las palabras de Josué resuenan con claridad: "Y si mal os parece servir a Jehová, escogeos hoy a quién sirváis . . . pero yo y mi casa serviremos a Jehová" (Josué 24:15).

Jueces

Muchos de los jueces no fueron lo que hoy llamamos "jueces". Quizás la mejor manera de describirlos es "líderes carismáticos". Todos fueron líderes tribales—hombres y mujeres a quienes Dios levantaba en tiempos de crisis y confusión para llamar a Israel a la obediencia, para unificar al pueblo, y guiarlos en batalla contra una variedad de enemigos. "Y Jehová levantó jueces que los librasen de mano de los que les despojaban" (Jueces 2:16).

Débora, Gedeón y Sansón fueron tres de los que llamó Dios a ser jueces. Ellos sirvieron por un tiempo, y cuando cumplieron con su tarea, desaparecieron. No se destacaron por sus grandes capacidades espirituales sino por su disposición a escuchar y responder al llamado de Dios. No fueron héroes tanto como instrumentos del Señor.

Los israelitas, bajo el liderato de Moisés y de Josué, eran una teocracia, gobernados por la autoridad directa de Dios. Al establecerse en Canaán, funcionaron como tribus en una confederación. Ningun presidente, faraón o rey los gobernaba. Los líderes espirituales querían que Dios fuera su rey. Gedeón dijo: "No seré señor sobre vosotros, ni mi hijo os señoreará: Jehová señoreará sobre vosotros" (Josué 8:23). Hasta el período de los reyes, los líderes eran caudillos religiosos y militares que servían por un período corto de tiempo.

El Salmo 24 identifica a Dios como el rey de Israel:
"Alzad, oh puertas, vuestras cabezas,
Y alzaos vosotras, puertas eternas,
Y entrará el Rey de gloria.
¿Quién es este Rey de gloria?
Jehová el fuerte y valiente,
Jehová el poderoso en batalla" (Salmo 24:7-8).

Más tarde, Israel reclamó que quería tener un rey. Le parecía que sus enemigos estaban mejor organizados, más unidos, con mejor armamento para la guerra. Samuel titubea, advierte al pueblo sobre los impuestos, sobre la obligación de servir en la milicia y en la construcción de palacios, sobre la

NOTAS, REFLEXIONES Y PREGUNTAS

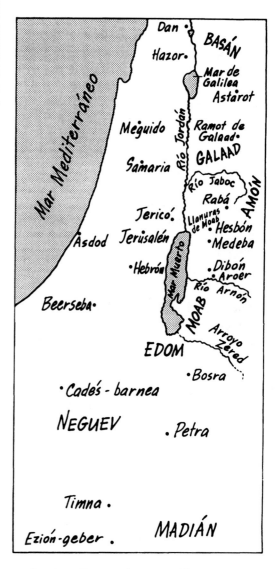

Los israelitas estaba en conflicto con los pueblos en los reinos más allá del Jordán desde el período en que se movieron a Canaán. Las tribus a las que se les asignaron tierras en esa área nunca las llegaron a controlar.

DISCIPULADO

pompa y el orgullo político, y sobre la autoridad militar. Pero, finalmente, se rinde a los deseos del pueblo.

Durante los doscientos años que duró el período de los jueces, desde la muerte de Josué hasta el inicio de la monarquía (el rey Saúl), varios jueces insistieron en que el Señor era el verdadero gobernante de Israel. Trate de imaginarse a los granjeros y pastores, gente sometida a ataques y conflictos periódicos, tratando de mantener sus tierras, ganado, familia y vida tribal sin la ayuda de un gobierno central.

Durante este período ellos recibieron la influencia constante de las prácticas religiosas paganas de los cananeos. Leemos en el libro de los Jueces acerca de la frecuente apostasía (abandono de la fe), la desaprobación divina, los clamores a Dios en tiempo de crisis, y cómo se levantaban líderes para arrojar a los opresores. Después de tener victorias, regresaban nuevamente a sus tierras y a la paz. Pero el caos volvía en algun momento. El patrón que se repetía en el período de los jueces era: *apostasía, castigo, arrepentimiento y paz.*

Estudiemos acerca de algunos de estos jueces:

Débora

La historia de Débora se relata en dos versiones: una en prosa y otra en verso. El cántico de Débora (Jueces 5) se cree que es contemporáneo al evento que narra y puede ser el poema más antiguo que sobrevive de la literatura hebrea antigua.

Imagine la situación: Jabín "había oprimido con crueldad a los hijos de Israel por veinte años" (Jueces 4:3). Su general Sísara era el comandante de novecientos carros de hierro. Los cananeos tenían una tremenda ventaja militar porque sus armas de hierro eran extraordinariamente superiores a las armas de los israelitas. Los israelitas estaban asustados, incapaces de una acción unida, y carecían del valor para enfrentarse al enemigo.

Dos mujeres entran en escena: Débora (el nombre significa "abeja") y Jael (el nombre significa "cabra montés"). Débora era una profetisa y juez, y Jael era una quenita. Barac, el general israelita, pidió a Débora: "Si tu fueres conmigo, yo iré pero si no fueres conmigo, no iré" (4:8). Ella respondió: "No será tuya la gloria de la jornada que emprendes, porque en mano de mujer venderá Jehová a Sísara" (4:9).

Con una gran fe, Débora le dijo a Barac: "Ya el Señor va al frente de tus soldados" (4:14, Versión Popular). Ella escogió para la batalla el valle de Jezreel, aparentemente perfecto para las maniobras de los carros enemigos. Los israelitas esperaron en el monte Tabor. Entonces "los cielos destilaron" (5:4). El arroyo de Cisón inundó la llanura, y los carros se atascaron en el barro. (¿Recuerda los carros egipcios que se atascaron también en el barro?) Israel logró una gran victoria.

NOTAS, REFLEXIONES Y PREGUNTAS

Esta estela cananea o pedestal, encontrada en una excavación en Hazor y que data del siglo XIII A.C., muestra dos manos que se levantan en súplica al dios de la luna, pintado como una luna en cuarto creciente con dos borlas suspendidas y un disco en ella.

Este dibujo en una placa de bronce encontrada en Hazor y que data del siglo XV A.C. muestra a un dignatario cananeo, representado aquí con un escudo y ropas cananeas típicas, y con su brazo levantado en un saludo.

LIDERATO

El derrotado general Sísara encontró refugio en la tienda de Jael, una mujer que no era israelita. Mientras Sísara dormía, Jael le enterró una estaca en la cabeza. Los poderosos carros de hierro fueron derrotados por una "abeja", una "cabra montés", algún barro y Dios. Hubo un período de cuarenta años de paz.

Gedeón

Nuevamente "los hijos de Israel hicieron lo malo ante los ojos de Jehová" (Jueces 6:1). Israel vivía en caos. Los madianitas los atacaban constantemente. A su alrededor el pueblo cananeo practicaba la adoración a Baal. *Los baales* eran dioses de la fertilidad, cuya adoración en los lugares altos (santuarios en las colinas) la Biblia condena. Los israelitas mezclaban su adoración con las religiones de fertilidad de sus vecinos. Los profetas y los jueces condenaron la adoración a Baal porque involucraba orgías sexuales, incluyendo prostitución sagrada masculina y femenina; sacrificios humanos; borracheras; adoración a imágenes de animales, a órganos sexuales, a árboles, y a otros ídolos.

El Señor llama a Gedeón.

¿Dónde estaba Gedeón? En un lagar, sacudiendo el trigo. ¿Por qué no estaba al descubierto permitiendo que el viento separara el grano de la paja? Porque estaba escondiéndose de los madianitas; estaba asustado. Note la ironía del ángel del Señor cuando le dijo a Gedeón: "Jehová está contigo, varón esforzado y valiente" (6:12). ¡Verdaderamente valiente! Estaba escondido.

¿Por qué Gedeón? En una sociedad donde el hijo mayor era el más importante y en un sistema tribal donde las tribus mayores proveían el mayor número de soldados, Gedeón era el hijo más joven ("menor") de una insignificante familia ("pobre") de una tribu sin importancia. Como Moisés, trató de escaparse del compromiso. ¿Por qué escogería Dios a un insignificante y asustado soldado-granjero?

¿Cuánta fe tenía Gedeón? No mucha. Después de su dramática experiencia religiosa (6:11-24), todavía busca señales. Alguna gente piensa que colocar un vellón de lana es una señal de fe (6:36-40). De hecho, muestra falta de fe. Recuerde que Jesús, cuando Satanás lo invitó a saltar del pináculo del templo, dijo: "No tentarás al Señor tu Dios" (Mateo 4:7).

Una vez más Dios escogió a un candidato inesperado.

La selección de trescientos hombres (Jueces 7:4-8) siempre ha intrigado a lectores y eruditos. Algunos interpretan esos trescientos que lamen el agua, llevando el agua con las manos a su boca, como fuertes montañeses con ojos llameantes, siempre alertas. Pero el punto es que Dios quería a un grupo pequeño para mostrar que la victoria pertenecía a Dios y no a los seres humanos. Sin duda que es la alianza humana-divina el modo en que más a menudo Dios actúa.

NOTAS, REFLEXIONES Y PREGUNTAS

Baal del rayo en una representación ugarítica antigua. *Baal* significa "señor" y se refiere al más importante de los dioses cananeos, el dios del tiempo, el que controlaba la lluvia, el rocío y la llovizna.

DISCIPULADO

Sansón

Sansón apenas puede considerarse un juez. No llamó a su pueblo a la lucha. Más bien, pasó a través de las fuerzas enemigas, entreteniendo a sus amigos y confundiendo a sus enemigos. Más como un Hércules que como un profeta o líder militar, Sansón captura nuestra imaginación con su fuerza extraordinaria, sus aventuras amorosas y sus travesuras.

¿Por qué nos dio Dios la historia de un Sansón? Tal vez para ayudarnos a entender a padres devotos que separan a sus hijos para que sean personas especiales, en este caso un nazareo que ni se cortaba el pelo ni bebía vino. Tal vez para hacernos reir, ya que toda la Biblia es tan seria. ¿Quién puede resistir la risa al oir las adivinanzas sobre los leones y la miel? Tal vez para enseñarnos, en forma triste, cómo las personas poderosas pueden ser humilladas por vender ese compromiso santo que los hace especiales.

Pero es posible que Sansón esté en la Biblia porque simboliza en forma dramática al pueblo de Dios—tan humano, tan pronto para actuar sin pensar, tan dado a la tontería. Somos separados para ser un pueblo santo, capaces de gran fortaleza contra enemigos formidables, a la vez que débiles a causa del pecado, ciegos ante el enemigo, pero capaces por el poder de Dios de experimentar perdón y de levantarse de las cenizas a luchar por la libertad una vez más.

LAS SEÑALES DEL DISCIPULADO

Dios llama líderes para dar a su pueblo un sentido de dirección y de propósito. Cuando los líderes son personas justas, pueden dar consejo sabio; cuando son desobedientes o ambivalentes, descarrían al pueblo.

¿Qué quiere decir hoy en día hacer lo malo a los ojos de Dios?

_____

_____

¿De qué manera levanta Dios buenos líderes hoy en día? ¿en el gobierno? ¿en la iglesia?

_____

_____

¿Qué clase de personas cree usted que Dios escoge como líderes?

_____

_____

NOTAS, REFLEXIONES Y PREGUNTAS

Los discípulos proveen dirección y propósito a través de su liderato devoto y obediente.

LIDERATO

¿Qué le hace pensar que un líder particular ha sido escogido por Dios?

¿Qué significa colocarse bajo la autoridad de sus líderes religiosos?

Describa alguna ocasión en la cual Dios le llamó a ser líder.

Algunos hogares tienen placas que dicen "Cristo es el jefe de este hogar". ¿Cómo se cumple este lema en la vida diaria?

Describa lo que sucedería si en su país o en su iglesia o en su casa cada persona hiciera lo que le viene en gana (Jueces 21:25).

SI DESEA SABER MÁS

Una de las historias más hermosas que existen es la del libro de Rut, una historia de amor acerca de la tatarabuela de David durante el período de los jueces, pero muy distinta al libro de Jueces. Quizás en el séptimo día pueda leer y disfrutar la historia de Rut.

NOTAS, REFLEXIONES Y PREGUNTAS

Tabla de historia bíblica

2000 A.C.	Período de los antepasados Abraham y Sara, Isaac, Jacob, José
1700 A.C.	La familia de Jacob entra a Egipto
1260 A.C.	Moisés dirige la huída de Egipto
1220 A.C.	Josué dirige al pueblo en Canaán Período de los jueces

SEGURIDAD

"Si temiereis a Jehová y le sirviereis, y oyereis su voz, y no fuereis rebeldes a la palabra de Jehová, y si tanto vosotros como el rey que reina sobre vosotros servís a Jehová vuestro Dios, haréis bien. Mas si no oyereis la voz de Jehová, y si fuereis rebeldes a las palabras de Johová, la mano de Jehová estará contra vosotros como estuvo contra vuestros padres."

—1 de Samuel 12:14-15

9 El pueblo tiene rey

NUESTRA CONDICIÓN HUMANA

Exigimos tener líderes, esperando que ellos nos brinden seguridad y paz. Queremos que nuestros líderes hagan decisiones por nosotros, que nos digan lo que debemos hacer de modo que no tengamos que asumir responsabilidad por nosotros y nuestras acciones. Pero el poder tiende a corromper; descubrimos que nuestros líderes tienen, al igual que nosotros, pies de barro.

ASIGNACIÓN

Esta semana leemos narraciones fascinantes acerca de emociones intensas, y de interacciones humanas y divinas. Estos personajes están entre los más pintorescos de las Escrituras—personajes como Ana, Elí, Samuel, Saúl, Jonatán, David, Betsabé, Absalón, Salomón y la reina de Saba. Va a tener que leer rápidamente para poder cubrir todo el material.

Día 1   1 de Samuel 1–7 (Samuel)
Día 2   1 de Samuel 8–10; 12–13; 14:47–20:42; 31 (Saúl)
Día 3   2 de Samuel 11:1–19:8; 21–24 (David)
Día 4   1 de Reyes 1–3; 4:20–8:66 (Salomón)
Día 5   1 de Reyes 9–12 (la apostasía de Salomón, la división del reino)
Día 6   Lea y responda a "El comentario bíblico" y a "Las señales del discipulado".
Día 7   Descanso.

ORACIÓN

Ore diariamente antes de estudiar:
"Te alabaré con himnos, Señor,
en medio de pueblos y naciones.
Pues tu amor es grande hasta los cielos;
tu lealtad alcanza al cielo azul.
Dios mío, tú estás por encima del cielo.
¡Tu gloria llena toda la tierra!"
(Salmo 57:9-11, Versión Popular).

Oraciones de la semana:

SEGURIDAD

Día 1   1 de Samuel 1–7 (Samuel)

Día 2   1 de Samuel 8–10; 12–13; 14:47–20:42; 31 (Saúl)

Día 3   2 de Samuel 11:1–19:8; 21–24 (David)

Día 4   1 de Reyes 1–3; 4:20–8:66 (Salomón)

Día 5   1 de Reyes 9–12 (la apostasía de Salomón, la división del reino)

Día 6   "El comentario bíblico" y "Las señales del discipulado"

DISCIPULADO

EL COMENTARIO BÍBLICO

¿Quería el pueblo de Dios un rey? Sí y no. Samuel se sentía ambivalente. De hecho ungió tanto a Saúl como a David y, sin embargo, argumentó contra la idea de una monarquía. 1 y 2 de Samuel, originalmente un sólo libro, contienen diferentes tradiciones. Algunas tradiciones afirman el reino; otras declaran que el reino fue un gran error.

La Biblia no se acobarda ante la ambivalencia. La confusión forma parte de la experiencia humana. La Biblia conserva testimonios de esta confusión. Por un lado, un rey puede traer cohesión y seguridad. Por otro lado, como Samuel aclara (1 de Samuel 8:10-18), un rey puede aumentar los impuestos, llamar al servicio militar y restringir la libertad personal. Un rey fiel puede guiar a la gente por camino recto, pero un rey desobediente puede llevarles a finales trágicos.

Lo más importante es la relación del pueblo con Dios. El ideal religioso del pueblo era obedecer a Dios y vivir juntos en armonía. Líderes como Moisés, Josué y Samuel confiaron que Dios iba a ser el Rey de los israelitas. Su seguridad estaba en descansar en Dios.

Pero el pueblo era como Adán y Eva—desobediente, asustado, vulnerable y enajenado. Era como Caín—hostil y celoso. Era como los que construyeron la torre de Babel—deseando garantizar orgullosamente su futuro. Iba buscando en todas direcciones: "En estos días no había rey en Israel; cada uno hacía lo que bien le parecía" (Jueces 21:25).

El pueblo clamó a Samuel: "Constitúyenos ahora un rey que nos juzgue, como tienen todas las naciones" (1 de Samuel 8:5). Samuel oró y Dios le dijo: "No te han desechado a ti, sino a mí me han desechado, para que no reine sobre ellos.... Ahora, pues, oye su voz; mas protesta solemnemente contra ellos, muéstrales cómo les tratara el rey que reinará sobre ellos" (8:7, 9).

La presión por tener unidad se intensificó con la llegada de los filisteos. La confederación de tribus hebreas había batallado bien contra los cananeos y contra grupos vecinos como los amorreos, los moabitas y los madianitas. Pero cerca del 1200 A.C. un grupo poderoso, los filisteos, se estableció en la llanura costera. Usaban tecnología avanzada, incluyendo armas y carros de hierro. Tenían un liderato fuerte y vivían en cinco ciudades poderosamente unidas (Ascalón, Asdod, Gat, Ecrón y Gaza). Los filisteos atacaban prácticamente a su gusto al pueblo de Israel. En sus templos adoraban dioses de la fertilidad—el dios Dagón (dios principal de las ciudades estados filisteas) en Asdod y Gaza, la diosa Astarot en Ascalón, y Baal-zebub en Ecrón. Israel se enfrentaba con un enemigo poderoso y unificado.

Samuel

La historia comienza con un matrimonio sin hijos, Elcana y Ana. Ana oró tan fervientemente por un hijo que el sacerdote

NOTAS, REFLEXIONES Y PREGUNTAS

Este bajorrelieve muestra a un soldado filisteo del tiempo de los jueces usando un casco emplumado característico con una tira bajo la barbilla.

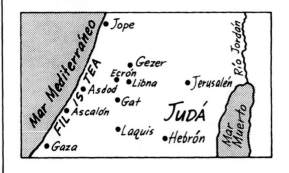

SEGURIDAD

NOTAS, REFLEXIONES Y PREGUNTAS

...reyó que estaba borracha. El Señor contestó las oraciones de ...na, y ella dio a luz a Samuel.

Identifique el lugar de adoración (1 de Samuel 1:3), que ...onstituía el más importante centro religioso de Israel hasta ...ue David movió la capital a Jerusalén.

Lea la oración de Ana en voz alta (1 de Samuel 2:1-10). ...ompare su oración con el *Magnificat* de María (Lucas ...:46-55). Escriba dos o tres semejanzas entre las oraciones de ...s dos mujeres.

Samuel creció para convertirse en un hombre de Dios. Fue ...l último de los grandes jueces y el primero de los grandes ...rofetas. Como Moisés, fue amamantado en la fe de su ...nadre, pero criado por otra persona. Samuel fue criado por el ...acerdote Elí, quien, tras fallar en la educación de sus propios ...ijos, Ofni y Finees, trató arduamente de inspirar dedicación ...n el muchacho puesto a su cuidado. Ana dio a su hijo el ...ombre de Samuel, que posiblemente significa "su nombre es ...)ios", aunque Ana explica su significado como "lo pedí a ...)ios" (1 Samuel 1:20). Samuel se convirtió en el profeta que ...ngiría a los dos primeros reyes de Israel.

;aúl

Saúl sobrepasaba a otros hombres en estatura (1 de Samuel ...:2). Experimentó el éxtasis religioso (19:18-24). Se ganó el ...espeto y el amor de hombres valientes, incluyendo a David ...2 de Samuel 1:19-24).

Samuel ungió a Saúl para ser rey pero le dio una andanada ...le órdenes divinas. No había lugar para que Saúl cometiera ...n error. Samuel le dio un apoyo ambivalente en 1 de Samuel ...2. En 1 de Samuel 13, Samuel puso a Saul a prueba en Gil- ...;al. Nos parece una prueba injusta, porque Saúl esperó los ...iete días acordados, pero Samuel no llegó. Con el ejército ...ueriendo desbandarse, Saúl tomó la iniciativa de celebrar los ...acrificios por sí mismo. Samuel llegó entonces y acusó al ...ey: "No guardaste el mandamiento de Jehová tu Dios . . . ...hora tu reino no será duradero" (13:13-14). Por una parte, ...amuel parecía hablar claramente la palabra de Dios; por otra ...arte, parecía portarse como un anciano que no está dispuesto ... rendir su autoridad.

Saúl se pasó luchando durante todo su reinado por mante- ...er su autoridad intacta. Al perdonar al rey Agag y lo mejor ...e las ovejas y del ganado mayor ganados en la batalla contra ...os amalecitas, Saúl desobedeció la orden divina (1 de Samuel ...5). Se volvió cada vez más ansioso acerca de su poder, cayó ...n depresión y, finalmente, descendió a la paranoia.

La alfarería filistea se puede identificar con facilidad por sus colores y diseños característicos. Pintada a menudo de rojo y de blanco sobre un fondo blanco, utilizaba formas geométricas y lineales. El motivo de ave, que se muestra aquí en dos versiones diferentes, era un diseño popular.

DISCIPULADO

Cuando David dijo: "¡Cómo han caído los valientes!" (2 de Samuel 1:19-27), pudo estar refiriéndose a la personalidad de Saúl tanto como a su derrota y muerte en batalla.

David

En abril, Jerusalén rebosa belleza. Hay perfume en el aire en el atardecer primaveral. El poema de amor atribuido tradicionalmente a Salomón expresa esta atmósfera en forma romántica:

"Levántate, oh amiga mía, hermosa mía, y ven.
Porque he aquí ha pasado el invierno,
Se ha mudado, la lluvia se fue;
Se han mostrado las flores en la tierra,
El tiempo de la canción ha venido,
Y en nuestro país se ha oído la voz de la tórtola.
La higuera ha echado sus higos,
Y las vides en ciernes dieron olor;
Levántate, oh amiga mía, hermosa mía, y ven"
(Cantar de los Cantares 2:10-13).

Abril es también tiempo para la guerra, después de que el frío del invierno y las lluvias de la primavera han terminado (2 de Samuel 11:1). Las tropas de Israel estaban en el campo. Pero David, comandante en jefe, decidió no ir con las tropas sino dirigir la guerra desde la comodidad de la capital.

El rey David, en este momento de mediana edad, estaba caminando por la azotea del palacio real y vio a una extraordinariamente hermosa mujer, esposa de uno de sus soldados principales, bañándose bajo el sol de la tarde.

El resto de la historia parece una novela. Un romance en la tarde, un embarazo inesperado, una conversación ansiosa, y la búsqueda desesperada de un plan para ocultar la situación.

El plan pareció tener éxito. Entonces, en uno de los encuentros más dramáticos de la Biblia, David escucha al profeta Natán contar una sencilla historia acerca de una gran injusticia. El profeta señaló con su dedo acusador al rey y le dijo: "Tú eres aquel hombre" (12:7).

David tenía mucho que ofrecer. Líder natural, atleta y soldado, se convirtió en un hábil político que unificó a Israel.

David fue el hombre de Dios. Su fe era grande, su lealtad a Dios era firme, y su ambición personal armonizaba con las necesidades de la nación.

Pero pecó. Violó los mandamientos de Moisés tanto como si hubiera destrozado la tablas en fragmentos:

No codiciarás la mujer de tu prójimo.
No cometerás adulterio con Betsabé.
No matarás a tu fiel compañero de milicia.
No levantarás falso testimonio en la nación.

En una acto de rebelión apasionada contra Dios, David traicionó su liderato divinamente ungido. Lea nuevamente la ferviente oración de arrepentimiento (Salmo 51) que ha sido llamada la oración de David.

NOTAS, REFLEXIONES Y PREGUNTAS

SEGURIDAD

El decir "Lo siento" quita la culpa, pero no borra las consecuencias. El reino se tambaleó por la infidelidad. Dios consideró a David indigno de construir el templo. La línea de descendencia que conduce a Salomón estaba deforme.

Aún así, en su pecado y su arrepentimiento, David era el hombre de Dios, e Israel siempre recordaría al "reino de David" como una época dorada de unidad y poder.

Salomón

Salomón nació rico. Le fascinaban los carros, como a cualquier joven de dieciséis años. Compraba sus carros en Egipto, sus caballos en Arabia. Sus establos contenían cuarenta mil cuadras. Salomón mantenía una imagen de hombre rico—piscinas, casas de verano, palacios de invierno. Aun la reina de Saba vino a visitar y a observar la opulencia de la corte de Salomón. Las esposas eran un símbolo de status, y Salomón tenía setecientas esposas y trescientas concubinas. Muchos matrimonios eran acuerdos políticos, con el propósito de establecer alianzas con pueblos extranjeros. La familia de Salomón y su corte eran tan grandes que necesitaba diariamente cien ovejas y treinta toros para alimentarlos.

Durante el reinado de Salomón, Israel era un hervidero de actividad. El comercio floreció. La construcción proliferó. La economía creció. Se estableció una escuela de sabiduría con sabios de todo el reino. Después que Salomón construyó el templo, se entusiasmó con el desarrollo de programas de construcción gubernamental. Obligó a los hombres a trabajos forzados. Subió los impuestos (Samuel ya lo había advertido). El rey Salomón aumentó el ejército. Incluso desarrolló una marina nacional. Despojó al Líbano de sus árboles de tal modo que el cedro fue tan común en Jerusalén como los sicómoros.

Antes de que la burbuja explotara, el esplendor del reino de Salomón dio que hablar al mundo entero. Más tarde, Jesús hablaría de "Salomón con toda su gloria" (Mateo 6:29). Pero cuando el país se derrumbó, la caída fue más rápida que la subida. Los hombres estaban cansados del reclutamiento forzoso, cansados de la burocracia enorme, enojados por la arrogancia de la capital. El majestuoso palacio de Salomón era más grande que el templo.

El problema de Salomón, según las Escrituras, era con Dios. El oró para recibir sabiduría (1 de Reyes 3:6-9), y Dios se la concedió. Salomón era sabio, pero se olvidó de que su vida formaba parte de la descendencia de Abraham y José, Moisés y Samuel, Saúl y David. Se olvidó de que él y su pueblo habían sido esclavos que Dios libertó de Egipto. En su ancianidad adoró a los dioses de sus esposas extranjeras, y la integridad del pueblo del pacto se vio comprometida. El pecado de Salomón fue la apostasía. Se le olvidó quién era. Olvidó quién era Dios.

Al morir Salomón, el reino se derrumbó. Se dividió en los reinos del norte y del sur; su unidad espiritual y política fue

NOTAS, REFLEXIONES Y PREGUNTAS

La reina de Saba (1 de Reyes 10:1-13) probablemente vino de algún lugar de Arabia, posiblemente de Saba (Seba) al suroeste del moderno Yemen. Pero una tradición dice que vino de Etiopía, cruzando el Mar Muerto, y que llevó la adoración del Dios de Israel a los etíopes.

El rey Hiram de Tiro suplió a Salomón con cedro del Líbano para construir el templo.

DISCIPULADO

destruida, y un día sería humillado por los grandes ejércitos del mundo.

Moisés había advertido: "Cuídate de no olvidarte de Jehová tu Dios . . . no suceda que comas y te sacies, y edifiques buenas casas en que habites, y tus vacas y tus ovejas se aumenten, y la plata y el oro se te multipliquen . . . y digas en tu corazón: Mi poder y la fuerza de mi mano me han traído esta riqueza" (Deuteronomio 8:11-17). Salomón se olvidó.

Los reyes de Israel repitieron los pecados descritos en Génesis. Saúl, al igual que Adán y Eva, desobedeció, y perdió el reino. David se rebeló, igual que Caín mató a su hermano Abel, y la sangre de Urías clamó: "Tú eres aquel hombre."

Salomón, al igual que los constructores de la torre de Babel, trató arrogantemente de construir una ciudad y un nombre para sí. Fue un apóstata, y el reino se vino abajo.

La fortuna de la gente fue de mal en peor. Roboam amenazó con aumentar sobre su pueblo la pesada carga impuesta por su padre Salomón. Las tribus del norte se separaron e hicieron rey a Jeroboam. Bajo su liderato la apostasía floreció en el reino del norte.

LAS SEÑALES DEL DISCIPULADO

El discípulo mantiene una perspectiva apropiada acerca del liderato humano, mostrando respeto y apoyo a los buenos líderes, pero lealtad total sólo a Dios.

¿Por qué el pueblo coloca tantas esperanzas en sus líderes?

_____

_____

A veces los gobernados contribuyen inconscientemente a la vulnerabilidad del líder ante el poder. ¿Puede identificar algunas ocasiones y formas en las cuales esto podría suceder?

_____

_____

_____

¿Qué responsabilidad tiene el pueblo de ayudar a sus líderes a prevenir su vulnerabilidad al poder?

_____

_____

_____

En este momento, ¿en qué roles de liderato están otras personas contando con usted? ¿en su familia?

_____

NOTAS, REFLEXIONES Y PREGUNTAS

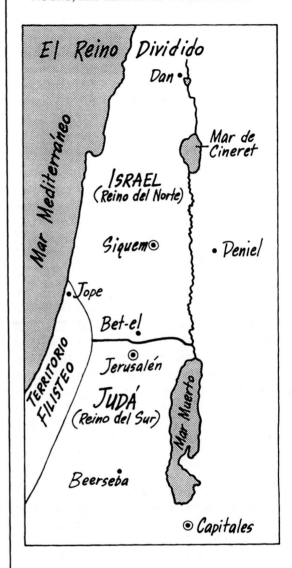

Los discípulos tienen una perspectiva del liderato que sostiene y respeta a los líderes justos pero que le da su fidelidad última sólo a Dios.

¿en su iglesia?

¿en su comunidad?

¿en su trabajo?

¿Qué tipo de acciones y actitudes de los líderes cree usted que Dios bendice? ¿Qué tipo de acciones y actitudes demuestran fidelidad a la voluntad de Dios?

Haga una lista de modos de mostrar apoyo y estímulo a los líderes cívicos y religosos de hoy, ayudándoles a evitar tragedias.

Al principio de la lección vimos la ambigüedad de la situación de Israel, que se debate entre si Dios aprueba o no la monarquía. ¿Ha tenido usted alguna experiencia en que ha sido difícil definir la dirección de Dios y ha tenido que aceptar la ambigüedad?

SI DESEA SABER MÁS

No pierda la oportunidad de estudiar el relato de cómo Dios rechaza la oferta de David de construirle una casa (2 de Samuel 7 y 1 de Crónicas 17). Investigue los diferentes significados del término *casa* en este pasaje.

En este estudio hacemos poca referencia a 1 y 2 de Crónicas. Pero usted puede desear leer rápidamente y estudiar su propósito y contenido con la ayuda de un diccionario bíblico o comentario.

La tradición bíblica pone énfasis considerable en la construcción y dedicación del templo de Salomón (1 de Reyes 6–8). Los diccionarios y manuales bíblicos tienen a menudo dibujos de cómo podría ser el templo y su mobiliario. Prepare un informe para el grupo usando el texto bíblico y otras ayudas visuales que pueda conseguir.

SEGURIDAD

NOTAS, REFLEXIONES Y PREGUNTAS

Tabla de historia bíblica

2000 A.C.	Período de los antepasados Abraham y Sara, Isaac, Jacob, José
1700 A.C.	La familia de Jacob entra a Egipto
1260 A.C.	Moisés dirige la huída de Egipto
1220 A.C.	Josué dirige al pueblo en Canaán
	Período de los jueces
1020 A.C.	Comienzo de la monarquía Saúl, David, Salomón
922 A.C.	División de los reinos del norte y del sur después de la muerte de Salomón

ADVERTENCIA

"He aquí, yo pongo plomada de albañil en medio de mi pueblo Israel; no lo toleraré más."

—Amós 7:8

10 Dios hace advertencias a su pueblo

NUESTRA CONDICIÓN HUMANA

Generalmente no damos oído a las advertencias hasta que es demasiado tarde. Odiamos que alguien nos diga que estamos cometiendo algún error. No creemos que realmente vayamos a recibir un castigo severo. Déjennos tranquilos. Todo va a salir bien. Les pediremos consejo cuando nos haga falta.

ASIGNACIÓN

Los profetas proclamaron la palabra de Dios al pueblo. Muy a menudo su palabra fue de advertencia. Diferentes profetas, diferentes tiempos, diferentes pecados; sin embargo, el mismo tema: Debido a su desobediencia y a su infidelidad al Dios del pacto, el castigo vendrá a Israel.

A medida que lea, tenga tres períodos de tiempo en mente:
- Elías y Eliseo (Siglo IX A.C.),
- Amós e Isaías 1–39 (Siglo VIII A.C.)
- Jeremías (Siglos VII al VI A.C.)

Dentro de lo posible, lea Amós de una sola sentada.

Día 1 1 de Reyes 16:29–19:18 (Elías y Acab)
Día 2 1 de Reyes 19:19–22:40 (Acab, la viña de Nabot); 2 de Reyes 2:1-18 (Eliseo, sucesor de Elías); 9 (Eliseo y Jehú)
Día 3 Amós 1–4 (advertencias repetidas)
Día 4 Amós 5–9 (visiones de Amós, la plomada en Samaria)
Día 5 Isaías 1–7 (la rebelde Judá, el llamado de Isaías); Jeremías 2 (la apostasía de Israel)
Día 6 Lea y respondar a "El comentario bíblico" y a "Las señales del discipulado".
Día 7 Descanso y oración.

ORACIÓN

Ore diariamente antes de estudiar:
"¿No volverás a darnos vida,
para que tu pueblo se alegre por ti?
Oh Señor,
¡muéstranos tu amor, y sálvanos!"
(Salmo 85:6-7, Versión Popular).

Oraciones de la semana:

ADVERTENCIA

Día 1   1 de Reyes 16:29–19:18 (Elías y Acab)

Día 2   1 de Reyes 19:19–22:40 (Acab, la viña de Nabot); 2 de Reyes 2:1-18 (Eliseo, sucesor de Elías); 9 (Eliseo y Jehú)

Día 3   Amós 1–4 (advertencias repetidas)

Día 4   Amós 5–9 (visiones de Amós, la plomada en Samaria)

Día 5   Isaias 1–7 (la rebelde Judá, el llamado de Isaías); Jeremías 2 (la apostasía de Israel)

Día 6   "El comentario bíblico" y "Las señales del discipulado"

DISCIPULADO

EL COMENTARIO BÍBLICO

Los profetas entendían la tensión que existía entre la religión de Israel y las prácticas paganas de las naciones vecinas. Además, los profetas discernían claramente la diferencia entre un pueblo justo y fiel, y una religiosidad popular y cómoda. En sus mejores momentos, los profetas llamaron al pueblo de Dios a recordar sus raíces:

"Y qué pide Jehová de ti: solamente hacer justicia,
y amar misericordia, y humillarte ante tu Dios"
(Miqueas 6:8).

La palabra hebrea para "profeta" es "nabí", un nombre común usado más de 300 veces en el Antiguo Testamento. Significa "alguien que es llamado" o "alguien que anuncia". Los profetas más antiguos eran "extáticos" o personas con "visiones" que recibían sus mensajes de Dios a través de visiones o sueños, y que daban señales, advertencias y predicciones. En el período temprano, la experiencia religiosa extática caracterizaba a los grupos o escuelas de profetas (vea 1 de Samuel 10:10-12). Más tarde, otra dimensión de la experiencia profética se desarrolló. Los profetas vieron a Dios actuando en medio de la historia. El profeta creía que Dios entraba decisivamente en la historia humana. El profeta "ve", "oye" o "comprende" lo que Dios hace o va a hacer y, a veces con gran riesgo personal, anuncia esa realidad al pueblo.

El fuego que arde en sus huesos (Jeremías 20:9) los mueve a proclamar el mensaje tal como Dios se lo ha dado. Pueden estar hablándole a reyes, tal como Natán habló a David sobre Urías (2 de Samuel 12) y tal como Elías le habló a Acab acerca de la viña de Nabot (1 de Reyes 21), o a pueblos y naciones tal como Amós le habló al pueblo del reino del norte. Sin embargo, sentían que habían *sido llamados a anunciar las palabras de Dios y sus obras*.

Antes del período de los reyes de Israel, algunos líderes políticos y militares fueron llamados profetas. María y Débora (Éxodo 15:20-21; Jueces 4:4) fueron llamadas profetisas porque desempeñaron elocuentes roles en la celebración de la relación de Dios con el pueblo de Israel. Moisés fue llamado profeta, no sólo porque conoció a Dios "cara a cara", sino también porque informó al pueblo acerca de lo que Dios le dijo. "Pondré mis palabras en [la] boca [del profeta], y les hablará todo lo que yo le mandare" (Deuteronomio 18:18).

Paganismo

Los profetas se oponían a dos cosas: al *paganismo* y a *la injusticia*. El paganismo significaba *no poner a Dios en primer lugar en sus vidas*. Significaba coquetear con los dioses de otras tribus y naciones, olvidándose de su particular comunidad del pacto. Si comía alimentos inmundos, si menospreciaba el día de descanso, si se casaba con gente extranjera, si adoraba en los lugares altos (una práctica de la adoración a Baal), estaba portándose como una ramera

NOTAS, REFLEXIONES Y PREGUNTAS

Los árboles sagrados (Asera, Astoret) se asociaban con los santuarios y lugares paganos de adoración a través del cercano oriente. Esta placa de Sumeria en la antigua Mesopotamia data del tercer milenio antes de Cristo y muestra dos machos cabríos a ambos lados del árbol.

ADVERTENCIA

(Jeremías 2:20). Si Israel iba a ser el pueblo escogido de Dios, debía ser un pueblo especial. Si Israel iba a ser "luz de las naciones", debía ser un pueblo obediente.

El rey Acab (869–850) gobernó el reino del norte, llamado Israel. El profeta Elías estaba furioso porque Acab se casó con Jezabel, una princesa extranjera, y permitió que ella estableciera el culto a Baal como una práctica aceptable en Israel (1 de Reyes 16:29-33).

Note que el rey Acab acusa a Elías de ser un perturbador de la paz. La gente siempre acusa a los profetas de perturbar la paz porque señalan lo que está mal. Elías respondió: "Yo no he turbado a Israel, sino tú y la casa de tu padre, dejando los mandamientos de Jehová, y siguiendo a los baales" (1 de Reyes 18:18).

Entonces sucedió el gran encuentro entre Elías y los profetas de Baal en el monte Carmelo. La competencia representó una crisis nacional. ¿Iba Israel a ser el pueblo de Dios o no? Todo estaba en la balanza, según Elías. Los profetas de Baal fueron degollados, y la reina Jezabel juró vengarse.

La reina amenazó matar al profeta. ¿Por qué no hizo el rey Acab la amenaza? Porque el pueblo de Israel tenía la más increíble voluntad de permitir la palabra del profeta en sus medios. ¿Podría usted imaginarse alguna otra cultura en que se permitiera una corrección como la que le dio Natan a David acerca de Urías o como la que Elías le dio a Acab acerca de la viña de Nabot?

Elías le advierte a Israel acerca de su paganismo.

Injusticia

La segunda preocupación de los profetas es *la injusticia*. Ni Israel ni Judá pusieron a Dios en primer lugar en sus vidas, se colocaron ellos mismos primero. (Nosotros hacemos lo mismo.) Como resultado, carecían de consideración por sus vecinos y de compasión por los débiles. Los profetas, presintiendo que la destrucción se acercaba, primero a través de Asiria y después de Babilonia, anunciaron estos desastres como castigo. El pueblo de Israel, sería destruido y exiliado a causa de su negativa a tomar en serio la responsabilidad de tener compasión y hacer justicia según establecía el pacto.

Las responsabilidades religiosas, políticas y económicas—toda la vida estaba incluida en la perspectiva divina. La visión de Dios era la creación de una nueva comunidad social en la cual todo el mundo tendría parte. Un Dios radicalmente libre estaba tratando de formar un pueblo radicalmente justo y amoroso. Dios quería un pueblo del pacto que modelara la justicia ante el mundo.

"Para que así no haya en medio de ti mendigo . . . si escuchares fielmente la voz de Jehová tu Dios. . . . Abrirás tu mano a tu hermano, al pobre y al menesteroso en tu tierra" (Deuteronomio 15:4-5, 11).

Pero Israel falló. Prevaleció lo que era para su propio bene-

NOTAS, REFLEXIONES Y PREGUNTAS

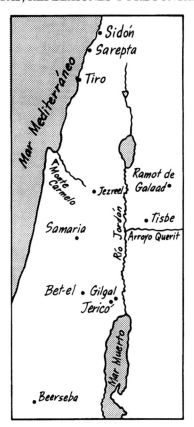

La extensión de la actividad del profeta Elías según 1 de Reyes 17–21.

DISCIPULADO

ficio. El amor a Dios menguó, y asimismo el amor al prójimo. Vea la descripción de los pecados sociales que describe Amós. Recuerde que el pecar una y otra vez no es sólo fallar u olvidar. Es rebelión agresiva contra la autoridad del Dios todopoderoso.

Escriba en sus propias palabras los pecados contra el vecino descritos en Amós 2:6-8 y 4:1-3.

_____

_____

Haga lo mismo con Amós 5:10-13 y 6:4-7. Note que la insensibilidad y la indiferencia ante el sufrimiento humano eran consideradas violaciones al pacto.

_____

_____

En la visión de Amós, el Señor puso una plomada en medio de Israel (7:8). Israel no tenía un buen balance en relación a la voluntad de Dios. Vea la avaricia, la fiebre materialista descrita en 8:4-6. Describa en sus propias palabras su deseo ardiente de dinero. ¿Cómo podría compararse esta situación con nuestras actitudes acerca de los asuntos económicos? (Cuidado en este punto: los empleos son importantes, el dinero es necesario; pero el desenfrenado deseo de dinero viola la ley de Dios.)

_____

_____

En especial, Amós, al igual que otros profetas, condena las ceremonias religiosas cuando se llevan a cabo con indiferencia hacia la justicia social. El expresó esto con un sentimiento intenso:

"Aborrecí, abominé vuestras solemnidades" (5:21) (prescritas en Levítico).

"Quita de mí la multitud de tus cantares" (5:23) (salmos y cultos de adoración).

"Pero corra el juicio como las aguas, y la justicia como impetuoso arroyo" (5:24).

Se proclaman las advertencias. No vienen de los seres humanos. Vienen de Dios como rugido, a través de "alguien que anuncia": a través de Amós, un pastor de la pequeña villa de Tecoa en Judá (Amós 1:1); a través de Jeremías, un muchacho (Jeremías 1:4-9); a través de Isaías, un sofisticado consejero de la corte del rey (Isaías 6:1-8).

Ellos predicaron, a menudo con gran dramatismo. Isaías caminó desnudo a través de las calles como una advertencia acerca de la decisión de Judá de unirse a Egipto para enfrentarse a Asiria (Isaías 20). A veces les dieron nombres

NOTAS, REFLEXIONES Y PREGUNTAS

La plomada se usaba para asegurarse de que la pared o el edificio estuvieran verticales (hoy decimos "a plomo"). El instrumento consiste en un cordón y un cono de plomo en un extremo y una pieza de madera del mismo diámetro en el otro extremo. Si la pared está derecha, el cono de plomo escasamente toca la pared cuando la pieza de madera se coloca en la parte superior de la pared. La plomada se llegó a convertir en el símbolo de cómo Dios toma las medidas de una nación o pueblo.

ADVERTENCIA

simbólicos a sus hijos (Isaías 8:1-4). Oseas llamó a un hijo "No mi pueblo" para mostrar la apostasía de la nación (Oseas 1:4-9). A veces llevaron a cabo acciones simbólicas. Jeremías rompió un jarro de barro cerca de la puerta de Jerusalén para simbolizar la destrucción que se avecinaba (Jeremías 19). Pero la nación no quería oir. Algunas de las palabras más duras le fueron dadas a Isaías:

"Anda, y dí a este pueblo: Oíd bien, y no entendáis; ved por cierto, mas no comprendáis . . . .
Y yo dije: ¿Hasta cuándo, Señor? Y respondió él:
Hasta que las ciudades estén asoladas y sin morador . . .
hasta que Jehová haya echado lejos a los hombres"
(Isaías 6:9, 11-12).

El pueblo fue reprendido por su injusticia, pero no quiso escuchar.

LAS SEÑALES DEL DISCIPULADO

Todavía hay profetas que nos advierten, pero en diferentes formas.

Los doctores nos advierten sobre los riesgos a nuestra salud si no cambiamos nuestros hábitos de vida.

Los evangelistas nos muestran el camino al cielo y el camino al infierno y nos llaman a tomar una decisión.

Los profetas sociales apuntan a las injusticias sociales y se les dice que estan alterando la paz. Cuando señalan a los contaminantes del ambiente, se dice que están en contra de los negocios. Cuando condenan el abuso de poder, son considerados como faltos de patriotismo.

¿Habrá alguien dando un mensaje profético, en el sentido bíblico, a usted, a su comunidad, a su país o al mundo? ¿Está escuchando la advertencia?

_____

_____

Describa alguna experiencia en la cual sintió que el Espíritu de Dios le dio un mensaje de advertencia que usted debía dar a otras personas.

_____

_____

SI DESEA SABER MÁS

No leímos en la lección al profeta Oseas. La esposa de Oseas, Gomer, lo abandonó por seguir a otros hombres, y Oseas la compró de nuevo como señal de que así también Dios compraría a su pueblo infiel. Si tiene tiempo, lea el dramático testimonio social de Oseas.

NOTAS, REFLEXIONES Y PREGUNTAS

Una vasija del tiempo de Jeremías sería como ésta (Jeremías 19).

Los discípulos reconocen y escuchan las voces proféticas que se levantan para plantear asuntos de la comunidad, la nación y el mundo y, a veces, son ellos mismos una voz profética.

CONSECUENCIAS

"¿No te acarreó esto el haber dejado a Jehová tu Dios, cuando te conducía por el camino?"

—Jeremías 2:17

11 Dios castiga al pueblo

NUESTRA CONDICIÓN HUMANA

Creemos que podemos evitar las consecuencias de nuestras acciones, pero no es posible. Nos engañamos a nosotros mismos. Creemos que las prácticas religiosas nos salvarán. Pero tenemos que dar cuenta de nuestra vida. Generalmente respondemos al castigo con negación, culpando a otras personas, con ira, depresión o desesperación.

ASIGNACIÓN

Las Escrituras que leerá durante esta semana están llenas de acción. Los personajes principales son los reyes, los profetas y Dios. Israel y Judá están bajo juicio. Sin embargo, hay que prestar atención a la presencia y la acción de Dios. Observe como Dios juzga, y, a la vez, tiene en su mano la oferta y la esperanza de redención.

Día 1   2 de Reyes 17–20 (caída de Samaria)
Día 2   2 de Reyes 21–25 (la reforma de Josías, la caída de Jerusalén)
Día 3   Jeremías 8; 19; 24; 27 (advertencias y juicio a Judá)
Día 4   Jeremías 37–39 (Jeremías en prisión)
Día 5   Isaías 28:1–30:18 (advertencias a Jerusalén, la gracia de Dios); Lamentaciones 1–5 (lamentos por Jerusalén)
Día 6   Lea y responda a "El comentario bíblico" y a "Las señales del discipulado".
Día 7   Descanso y oración.

ORACIÓN

Ore diariamente antes de estudiar:
"Señor, es grande mi maldad; perdóname, haz honor a tu nombre"
(Salmo 25:11, Versión Popular).

Oraciones de la semana:

Consecuencias

Día 1 2 de Reyes 17–20 (caída de Samaria)

Día 2 2 de Reyes 21–25 (la reforma de Josías, la caída de Jerusalén)

Día 3 Jeremías 8; 19; 24; 27 (advertencias y juicio a Judá)

Día 4 Jeremías 37–39 (Jeremías en prisión)

Día 5 Isaías 28:1–30:18 (advertencias a Jerusalén, la gracia de Dios); Lamentaciones 1–5 (lamentos por Jerusalén)

Día 6 "El comentario bíblico" y "Las señales del discipulado"

DISCIPULADO

EL COMENTARIO BÍBLICO

NOTAS, REFLEXIONES Y PREGUNTAS

La destrucción llegó después de todo—al reino del norte (Israel, con su capital en Samaria) por manos de los asirios en el 722/721 A.C. y al reino del sur (Judá, con su capital en Jerusalén) en el 587/586 A.C. por medio de los babilonios. Lo que sucedió a Acab y a Jezabel en forma personal, le llegó a la nación entera.

La exhortación de Moisés a la obediencia en Deuteronomio ahora suena muy real: "Cuando hayáis engendrado hijos y nietos, y hayáis envejecido en la tierra, si os corrompiereis e hiciereis escultura o imagen de cualquier cosa, e hiciereis lo malo ante los ojos de Jehová vuestro Dios, para enojarlo; yo pongo hoy por testigos al cielo y a la tierra, que pronto pereceréis totalmente de la tierra hacia la cual pasáis el Jordán para tomar posesión de ella; no estaréis en ella largos días sin que seáis destruidos. Y Jehová os esparcirá entre los pueblos, y quedaréis pocos en número entre las naciones a las cuales os llevará Jehová" (Deuteronomio 4:25-27).

La historia de este período aparece en forma duplicada en 1 y 2 de Reyes y en 1 y 2 de Crónicas. Las interpretaciones y reinterpretaciones están entretejidas en estos libros. Al leer 2 de Reyes 17–25, usted lee primero acerca de la destrucción del reino del norte y después acerca de la destrucción del reino del sur, en particular acerca de la destrucción del templo y la caída de Jerusalén.

Los profetas plantean dos puntos al interpretar estos acontecimientos:

Primero, el pueblo de Dios se buscó todo esto. Habían recibido advertencias de un Dios "lento para la ira." No podían culpar a nadie más. Ni podían culpar a los dioses extranjeros más poderosos que su Dios. El único Dios verdadero del universo los llamó a cuentas.

Cerca del final, el pueblo hizo algunos esfuerzos de última hora, sin éxito. La enfermedad era muy profunda.

"Toda cabeza está enferma, y todo corazón doliente.
Desde la planta del pie hasta la cabeza
no hay en él cosa sana" (Isaías 1:5-6).

Las oraciones y las fiestas solemnes se hicieron tarde. No podía substituirse la responsabilidad social con el ritual.

"No me traigáis más vana ofrenda; el incienso me es abominación. . . .
Vuestras lunas nuevas y vuestras fiestas solemnes
las tiene aborrecidas mi alma; me son gravosas"
   (1:13-14).

Segundo, la búsqueda de salvación tomó la forma de un desesperado deseo de formar alianzas con otras naciones.

Al ver los ejércitos bajando del norte, los líderes decidieron poner su confianza en los egipcios. Los profetas como Isaías advirtieron a los líderes. Egipto era una caña frágil, y un peligro apoyarse en ella. El pueblo debe confiar en Dios solamente y no en alianzas con extranjeros. Tenían más oportu-

CONSECUENCIAS

nidad de sobrevivir como nación independiente con integridad que como un aliado vacilante del enemigo de Asiria y Babilonia.

El profeta Isaías denuncia las alianzas como una nueva forma de apostasía.

"¡Ay de los hijos que se apartan, dice Jehová, para tomar consejo, y no de mí; para cobijarse con cubierta, y no de mi espíritu, añadiendo pecado a pecado! Que se apartan para descender a Egipto, y no han preguntado de mi boca, para fortalecerse con la fuerza de Faraón" (30:1-2)

Ese plan, no traería ni socorro ni provecho (30:5).

Las lágrimas de los profetas por Israel y por Judá

No crea que los profetas estaban contentos de anunciar la desgracia. El mensaje les destrozaba el corazón. Amaban al Señor, al pacto, al templo, al pueblo y a su patria.

"A causa de mi fuerte dolor, mi corazón desfallece en mí...
Quebrantado estoy por el quebrantamiento de la hija de mi pueblo; entenebrecido estoy, espanto me ha arrebatado" (Jeremías 8:18, 21).

Nada, ni siquiera las lágrimas de los profetas, pudo detener las consecuencias de la apostasía y la rebelión, la infidelidad y la justicia social. Las instituciones se vendrían abajo. Los reyes y las princesas saldrían del país en cadenas. Los personas más brillantes y mejores serían amarradas a los carruajes y llevadas como animales en cautiverio. El gobierno, establecido por Dios, se vendría abajo en ruinas. La tierra de promisión, tierra que fluye leche y miel, sería quemada y se convertiría en desolación. La economía se vería destruida. El templo, construido por Salomón en el lugar escogido por David, sería destrozado. Todo se perdería.

La toma del reino del norte (Israel)

Llegó al fin, en el siglo octavo antes de Cristo, después de la predicación y la profecía de Amós, Oseas, Miqueas e Isaías, la marcha de los asirios hacia la costa. Desde su capital Nínive, los asirios ambiciosamente se propusieron gobernar el mundo. Tiglat-pileser III subió al trono en el 745 A.C. y creó rápidamente un imperio que unificó buena parte del antiguo Cercano Oriente. Para el año 722/721 A.C., cuando el reino del norte (Israel) cayó ante el poder asirio, la independencia política de los pequeños estados vecinos era imposible.

En Israel, tal como fue predicho, muchos ciudadanos principales y personas talentosas fueron llevados en cautiverio a diferentes regiones del imperio asirio. A cambio, varios miles de personas de todo el imperio fueron llevadas a Israel. Esa maniobra política se llevó a cabo con la intención de quebrantar el orgullo nacional y de ayudar a unificar el imperio asirio. En su momento los pueblos conquistados que fueron llevados a Israel se casaron con los israelitas que quedaron, y sus descendientes fueron el pueblo conocido como samaritano.

NOTAS, REFLEXIONES Y PREGUNTAS

Los cautivos israelitas son llevados a Asiria.

DISCIPULADO

¿Qué usa Dios como instrumento de castigo? Dios es Señor de las naciones, tal como los profetas entendieron con claridad. Israel es especial, un pueblo del pacto, bendecido para ser bendición; pero todas las naciones están bajo el poder de Dios también. Por tanto, Dios puede usar a un rey extranjero, a un pueblo "secular" para llevar a cabo el castigo. Escuche:

"Oh Asiria, vara y báculo de mi furor, en su mano he puesto mi ira. Le mandaré contra una nación pérfida, y sobre el pueblo de mi ira le enviaré" (Isaías 10:5-6).

Asiria no lo sabe, pero su ejército es instrumento del Señor.

"Aunque él no lo pensará así, ni su corazón lo imaginará de esta manera" (10:7).

Aún así, Dios está usando al rey de Asiria para llevar a cabo el castigo. Más tarde Asiria será castigada por su arrogancia (10:12-16). Después de todo, "¿Se gloriará el hacha contra el que con ella corta?" (10:15).

Piense por un momento. ¿En qué momento ha tenido la experiencia de ver como instrumentos del castigo de Dios a instrumentos seculares, extraños?

___

El poderoso imperio asirio (extendido hasta lo que llamaríamos Mesopotamia) existió por más de doscientos años pero comenzó su poder a deteriorarse a mediados del siglo VII A.C. Los medos del este, los escitas del norte, y los caldeos del sur fueron penetrando el imperio poco a poco. La lenta agonía de Asiria terminó con la derrota militar definitiva a manos de los caldeos en el año 614 A.C. y en el 612 A.C.

La conquista del reino del sur (Judá)

El pequeño reino del sur (Judá), sobreviviendo apenas mediante el pago de rescate, tiene ahora un período de reposo. Con menos presión política del exterior, el rey Josías de Judá (640–609 A.C.) instituyó una reforma significativa. Josías se conmovió al oír las palabras del recién descubierto libro de la Ley (la forma más antigua del Deuteronomio) que restauró la pureza en la adoración, mantuvo la integridad en el gobierno, y estableció legislación social (2 de Reyes 22–23). Josías abolió la prostitución cúltica y las prácticas asirias y babilónicas de adoración a los astros y a los animales. Reestableció la Pascua y rearticuló la ley de Moisés.

Pero el período de gracia fue breve. Los babilonios llenaron el vacío político exterior, y con la muerte de Josías en el 609 A.C., el espíritu interno de Judá se desintegró. Judá cayó en los viejos estilos de vida. Los esfuerzos de Josías no fueron suficientes para un cambio. El arrepentimiento conlleva mucho más que la reforma en la adoración. El arrepentimiento significa reorientar los estilos de vida, colocando al Señor primero en todos los caminos (Deuteronomio 4:25-40).

NOTAS, REFLEXIONES Y PREGUNTAS

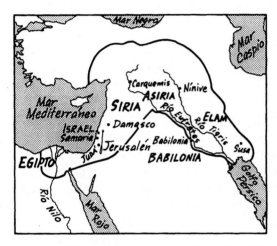

Extensión del imperio asirio alrededor del 722/721 A.C., el período de la caída del reino del norte.

CONSECUENCIAS

Jeremías dijo claramente que Judá estaba sometida a tentación siempre. "Tú, pues, has fornicado con muchos amigos" (Jeremías 3:1). Una vez más Israel coquetea con los aliados extranjeros.

"Ahora, pues, ¿que tienes tú en el camino de Egipto,
para que bebas agua del Nilo? . . .
Tu maldad te castigará, y tus rebeldías te condenarán"
(2:18, 19).

Un pensamiento interesante y terrible se desarrolla en la mente de los profetas. Egipto simboliza la esclavitud durante el tiempo de Moisés. Ahora, las alianzas políticas que podrían significar ruina son hechas con Egipto. Pero a un nivel más profundo, Israel está practicando *la apostasía espiritual* que la llevaría a la esclavitud, una esclavitud en la cual sus rasgos distintivos serían destruidos, su unidad fragmentada.

Siglos antes, en el desierto, los israelitas deseaban volver a las ollas de Egipto antes que enfrentar las rigores de la libertad (Exodo 16:3; 17:3). Ahora, como castigo, Dios les permite correr tras las "ollas" y recibir su recompensa—la esclavitud.

Los babilonios destruyeron Jerusalén, arrasaron con el templo, mataron a los hijos del rey Sedequías ante sus propios ojos y se lo llevaron junto con otros miles a la esclavitud babilónica (2 Reyes 25:6-7; Jeremías 39:6-9).

La esperanza

Sin embargo . . . El pueblo sería como un arbol cortado. El tronco sería quemado, pero la "simiente santa" permanecerá (Isaías 6:13).

El propósito de Dios no es destruir sino castigar, no destruir sino purificar y redimir. No se puede leer a los profetas como si proclamaran una sentencia sin remedio. Aun cuando el castigo se cumplió, hay un rayo de esperanza. Porque Dios no es lo mismo que el templo. Aunque el templo ha sido destrozado, Dios no está muerto. Aunque la tierra prometida está destruida, el Dios de la promesa vive y reina. Aunque la mayoría del pueblo está disperso o muerto, un remanente sobrevive.

"He aquí que yo he puesto en Sion por fundamento una piedra, piedra probada, angular, preciosa, de cimiento estable" (Isaías 28:16).

Pero la mayoría de nosotros no puede ver ese rayo de esperanza cuando el mundo se nos viene encima. Somos como los exiliados que se lamentan, pensando en vengarse en vez de en arrepentirse.

"Junto a los ríos de Babilonia,
allí nos sentábamos, y aun llorábamos,
Acordándonos de Sion. . . .
¿Cómo cantaremos cántico de Jehová
En tierra de extraños? . . .
Hija de Babilonia la desolada . . .

NOTAS, REFLEXIONES Y PREGUNTAS

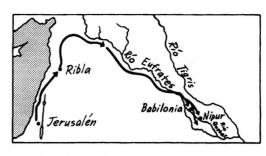

El pueblo de Judá fue llevado al exilio en Babilonia por etapas, no todo al mismo tiempo. En el año 597 A.C. el rey Joaquín, su familia y "los poderosos de la tierra" (2 de Reyes 24:15) fueron llevados cautivos a Babilonia. En el año 587/586 A.C. la ciudad de Jerusalén y su templo fueron destruidos y todo el pueblo, a excepción de "los pobres de la tierra" (25:12) fueron deportados.

DISCIPULADO

Dichoso el que tomare y estrellare tus niños
Contra la peña" (Salmo 137:1, 4, 8-9).
No hay manera de volverse atrás. El juicio de Dios ha llegado.

LAS SEÑALES DEL DISCIPULADO

Algo dentro de nosotros nos hace creer que nunca seremos castigados. No nos atraparán. Escaparemos sin problemas. Recibiremos una nueva oportunidad.

A veces esto es cierto. Haga una lista de las ocasiones en las cuales no tuvo que dar cuentas estrictas, en las cuales recibió una señal de gracia o una segunda oportunidad.

_____

_____

Pero las oportunidades se terminan, aun para los discípulos. El período de gracia se nos acaba. El discípulo o discípula acepta las consecuencias, pide perdón, procura la sanidad y nuevas oportunidades de mostrar fidelidad.

Haga una lista de ocasiones en las que se le pidió cuentas estrictas y sufrió las consecuencias de sus acciones.

_____

_____

¿De qué manera puede una organización sufrir las consecuencias de sus acciones? ¿Cómo puede un negocio experimentar juicio?

_____

_____

De acuerdo a lo que ha observado, ¿podría describir ocasiones en las que piensa que nuestra nación u otras naciones han sido puestas en la balanza y halladas faltas?

_____

_____

SI DESEA SABER MÁS

Podemos aprender mucho de los judíos en el exilio. Busque en un diccionario bíblico tópicos como el imperio asirio, el imperio babilónico, el exilio, la cautividad, la destrucción de Jerusalén, y prepare un informe breve para compartir con el grupo. Si tiene tiempo para leer algo más, lea el Salmo 137.

NOTAS, REFLEXIONES Y PREGUNTAS

Los discípulos aceptan las consecuencias de su pecado, procuran ser perdonados, buscan la sanidad así como nuevas oportunidades de fidelidad.

Tabla de historia bíblica

2000 A.C.	Período de los antepasados Abraham y Sara, Isaac, Jacob, José
1700 A.C.	La familia de Jacob entra a Egipto
1260 A.C.	Moisés dirige la huída de Egipto
1220 A.C.	Josué dirige al pueblo en Canaán
	Período de los jueces
1020 A.C.	Comienzo de la monarquía Saúl, David, Salomón
922 A.C.	División de los reinos del norte y del sur después de la muerte de Salomón
722/721 A.C.	Caída de Samaria ante Asiria
587/586 A.C.	Caída de Jerusalén ante Babilonia
	El templo destruido
	Exilio en Babilonia

CONSECUENCIAS

Reyes y profetas (selección) del reino del norte—Israel (fechas aproximadas A.C.)

REYES	PROFETAS
Jeroboam I (922–901)	Ahías
Omri (876–869)	Jehú
Acab (869–850)	Elías
Ocozías (850–849)	Elías
Joram (849–842)	Eliseo
Jehú (842–815)	Eliseo
Joás (801–786)	Eliseo
Jeroboam II (786–746)	Oseas
	Amós
Pekaía (738–737)	Miqueas
Peka (737–732)	Miqueas
Oseas (732–721)	Miqueas
	Oseas

Caída de Samaria ante los asirios (722/721)

Reyes y profetas (selección) del reino del sur—Judá (fechas aproximadas A.C.)

REYES	PROFETAS
Roboam (922–915)	Semaías
Josafat (873–849)	Jehú
Joram (849–842)	Elías
Ocozías (solo 842)	Jehú
Joás (837–800)	Joiada
	Joel
	Zacarías
Amasías (800–783)	(sin nombre)
Azarías (783–742)	Zacarías
	Amós
	Isaías
	Oseas
Jotam (742–735)	Isaías
	Miqueas
	Oseas
Acaz (735–715)	Isaías
	Miqueas
Ezequías (715–687)	Nahum
	Isaías
	Miqueas
	Oseas
Manasés (687–642)	(sin nombre)
Josías (640–609)	Hulda
	Sofonías
	Jeremias
Joacim (609–597)	Jeremias
Sedequias (597–587)	Jeremias
Caída de Jerusalén ante Babilonia (587/586)	

NOTAS, REFLEXIONES Y PREGUNTAS

CONSUELO

"El Dios de ustedes dice:
Consuelen, consuelen a mi pueblo;
hablen con cariño a Jerusalén
y díganle que su esclavitud ha terminado,
que ya ha pagado por sus faltas,
que ya ha recibido de mi mano
el doble del castigo por todos sus pecados."
—Isaías 40:1-2, Versión Popular

12 Dios restaura a su pueblo

NUESTRA CONDICIÓN HUMANA

En nuestra hora más oscura de miseria, culpabilidad y dolor, cuando experimentamos las consecuencias de nuestros pecados y de los pecados de otras personas, culpamos a otros con ira, rehusamos consuelo, y negamos cualquier posibilidad creativa nueva. Pensamos que todo está perdido.

ASIGNACIÓN

Encontramos consuelo en muchos lugares en la Biblia, pero especialmente en los profetas y en los salmos. En esta lección estudiaremos Isaías 40–66 como modelo de la obra consoladora de Dios. Se añadirán pasajes de otros profetas para complementar nuestra comprensión de este Dios y de su obra redentora, consoladora. Isaías 40–66, muchas veces llamado el Segundo Isaías, fue escrito por un profeta del exilio babilónico.

Mantenga en mente mientras lee Isaías que la mayor parte de los capítulos 1–39 se desarrollan en el período antes del exilio, cuando Judá vive bajo la amenaza de Asiria. Los capítulos 40–66 están relacionados con el período del exilio y del regreso a Jerusalén.

Día 1   Isaías 40–43 (palabras de consuelo)
Día 2   Isaías 44–46 (idolatría, Ciro, juicio a Babilonia); 49–50 (una luz a las naciones, la fidelidad del Señor)
Día 3   Isaías 51–53 (la esperanza sobre Sion, el siervo del Señor)
Día 4   Jeremías 30–33 (restauración y consuelo, el nuevo pacto)
Día 5   Ezequiel 1–5 (el llamado de Ezequiel, actos simbólicos); 37 (el valle de los huesos secos)
Día 6   Isaías 55; 61; 65 (la misericordia del Señor hacia la humanidad, esperanza futura). Lea y responda a "El comentario bíblico" y a "Las señales del discipulado".
Día 7   Salmo 40 (una nueva canción). Descanso y oración.

ORACIÓN

Ore diariamente antes de estudiar:
"Has cambiado en danzas mis lamentos;
me has quitado el luto
y me has vestido de fiesta.
Por eso, Señor y Dios,
no puedo quedarme en silencio:
¡te cantaré himnos de alabanza
y siempre te daré gracias!"
(Salmo 30:11-12, Versión Popular).

Oraciones de la semana:

Consuelo

Día 1   Isaías 40–43 (palabras de consuelo)

Día 2   Isaías 44–46 (idolatría, Ciro, juicio a Babilonia); 49–50 (una luz a las naciones, la fidelidad del Señor)

Día 3   Isaías 51–53 (la esperanza sobre Sion, el siervo del Señor)

Día 4   Jeremías 30–33 (restauración y consuelo, el nuevo pacto)

Día 5   Ezequiel 1–5 (el llamado de Ezequiel, actos simbólicos); 37 (el valle de los huesos secos)

Día 6   Isaías 55; 61; 65 (la misericordia del Señor hacia la humanidad, esperanza futura); "El comentario bíblico" y "Las señales del discipulado"

DISCIPULADO

EL COMENTARIO BÍBLICO

Desde el principio el castigo de Dios no fue con la intención de una total destrucción. La gracia de Dios obra aun en medio de la retribución. Recuerde que Dios vistió a Adán y a Eva mientras los echaba del jardín de la inocencia. Caín fue marcado con una señal de protección. Noé y su familia se libraron del diluvio, y el Señor salvó a Lot y a su familia de Sodoma y Gomorra.

Al recibir su llamado a ser profeta, Isaías de Jerusalén, cuyo trabajo se encuentra en Isaías 1–39, (Isaías 6:1-8), sabía que el pueblo no escucharía. Dios dejaría la tierra desolada a pesar de las advertencias de Isaías de que se arrepintieran. A pesar de eso, Dios permitiría a Israel vivir. Aunque el árbol sea cortado, quedará el tronco, "la simiente santa" (6:13). Quedaría un remanente.

Jeremías, cuando los ejércitos de Babilonia estaban a sólo unas millas de Jerusalén y los precios de las propiedades se habían venido abajo, compró una heredad y realizó los procedimientos de registro correspondientes como señal de su fe en el futuro (Jeremías 32:6-15).

Ezequiel, mientras aún estaba en el exilio, fue levantado en visión y vio, en un valle de huesos secos, la esperanza de que Israel sería un pueblo que viviría nuevamente (Ezequiel 37).

En la hora más oscura para Israel, Dios habló una palabra de consolación:

"Consuelen, consuelen a mi pueblo;
hablen con cariño a Jerusalén"
(Isaías 40:1-2, Versión Popular).

¿Por qué? Porque "su tiempo es ya cumplido"; esto es, su exilio, su castigo ha terminado. Recuerde que el profeta está escribiendo hacia el final del exilio.

"He aquí he quitado de tu mano el cáliz de aturdimiento, los sedimentos del cáliz de mi ira; nunca más lo beberás" (51:22).

La destrucción ha sido muy severa; todos han sufrido, aun el inocente. El castigo ha sido doble (40:2). Es tiempo de ternura. "En su brazo llevará los corderos" (40:11).

Algunos están sugiriendo que los dioses extranjeros han vencido. Isaías se ríe de semejante idea. El ridiculiza a los dioses hechos de oro o de plata o de madera (40:18-20; 44:9-17). No, esta obra viene de Dios:

"¿No sabéis? ¿No habéis oído? . . .
El está sentado sobre el círculo de la tierra,
cuyos moradores son como langostas . . .
El convierte en nada a los poderosos, y a los
que gobiernan la tierra hace como cosa vana"
(40:21-23).

El consuelo tanto como el castigo vienen de Dios. Los ídolos son solo motivo de risa. Aún hay que responder al Dios todopoderoso.

NOTAS, REFLEXIONES Y PREGUNTAS

Aunque la mayoría de los eruditos considera Isaías 1–39 e Isaías 40–66 como obra de diferentes autores, hay otros que lo consideran como una unidad y como obra de un solo autor.

CONSUELO

NOTAS, REFLEXIONES Y PREGUNTAS

Dios reafirma el pacto con su siervo Israel. La justicia ha sido restablecida (42:1-4). El precio ha sido pagado. En una hermosa imagen que nos recuerda el paso de Moisés a través del mar y de Josué cruzando el Jordán, Dios dice:

"No temas, porque yo te redimí; te puse nombre, mío eres tú. Cuando pases por las aguas, yo estaré contigo; y si por los ríos, no te anegarán" (43:1-2).

Ha ocurrido la reconciliación.

"Acuérdate de estas cosas, oh Jacob, e Israel, porque mi siervo eres. Yo te formé, siervo mío eres tú" (44:21).

Se ha hecho una limpieza.

"Yo deshice como una nube tus rebeliones, y como niebla tus pecados" (44:22).

Dios no olvidará al pueblo escogido de Abraham y Sara.

"Pero Sion dijo: Me dejó Jehová, y el Señor se olvidó de mí" (49:14).

Mientras el templo yacía en ruinas y el pueblo estaba muerto o en el exilio, seguramente que muchos judíos clamarían con el salmista, "Dios mío, Dios mío, ¿por qué me has desamparado?" (Salmo 22:1).

Pero Dios reclama un parentesco eterno:

"¿Se olvidará la mujer de lo que dio a luz, para dejar de compadecerse del hijo de su vientre? Aunque olvide ella, yo nunca me olvidaré de ti. He aquí que en las palmas de las manos te tengo esculpida" (Isaías 49:15-16).

Es un anticipo de los clavos de nuestro Señor Jesucristo.

Una luz para las naciones

El rey Ciro de Persia dio permiso al pueblo para regresar a Jerusalén y reconstruir el templo. Se podría pensar que esto era suficiente para que Israel regresara a su patria con regocijo. Dios tenía más para su siervo Israel. No han terminado su misión. ¿No fueron llamados y bendecidos en Abraham y Sara para ser bendición (Génesis 12:2-3)? Dios quiere que tomen su testimonio, su sentido de justicia, su entendimiento de Dios, y ahora también su castigo y su experiencia de disciplina, como señal de testimonio a la humanidad.

Al tratar a la nación como si fuera un individuo—un siervo—Dios dijo que era muy sencillo sólo regresar a casa.

"Poco es para mí que tú seas mi siervo para levantar las tribus de Jacob, y para que restaures el remanente de Israel; también te di por luz de las naciones, para que seas mi salvación hasta lo postrero de la tierra" (Isaías 49:6).

¿Pero de qué manera se haría? En una forma sorprendente: siendo un siervo, un siervo sufriente. Los reyes quedarán asombrados de ver a un siervo tan poco atractivo, tan maltratado (52:14-15). El remanente de Israel sufrió vicariamente por los pecados de todo el mundo. "Habiendo él llevado el pecado de muchos" (53:12). No en balde este pasaje del siervo sufriente sorprendió a Israel. No en balde los evangelistas

DISCIPULADO

y la iglesia primitiva vieron éste como uno de los mensajes proféticos acerca de la crucifixión de Jesús.

Dios tiene propósito en todo esto, dice Isaías. Bienvenidos, exiliados sedientos; vengan y beban.

Dios está en todas partes

No podemos entender el castigo y la restauración de Dios. Se trata de un misterio. Ezequiel, sin embargo, aprendió algo importante acerca del Dios de Israel en una de sus visiones. Un día Ezequiel estaba sentado al lado del río Quebar en Babilonia. El había sido uno de los hombres fuertes e inteligentes que fueron amarrados a los carruajes de Nabucodonosor en el primer grupo exiliado (597 A.C.) antes de la caída final de Jerusalén. Ezequiel se sentía apartado de Dios y con nostalgia por su patria. ¿No residía el Dios de Abraham en Jerusalén? ¿No estaba el Dios de Moisés en el arca de la alianza en el templo?

De momento los cielos se abrieron, y Ezequiel vio cuatro caras vueltas hacia los cuatro rincones del mundo (Ezequiel 1). Las caras eran como un buey, un león, un águila y un hombre—los símbolos de Dios: poderoso como un buey, valiente como un león, que se levanta como un águila y toca el corazón de los seres humanos. Son querubines, guardianes del trono de Dios. Al verlos, Ezequiel supo que Dios está en todas partes, en los cuatro rincones del mundo.

Cada criatura caminaba derecho hacia adelante. Iban a dónde el Espíritu les decía que fueran, sin volverse mientras caminaban. "Claro," pensó Ezequiel, "sin volverse, sin desviación del propósito de Dios. ¡Dios llevará a cabo lo que su voluntad decida!"

"Mientras yo miraba los seres vivientes, he aquí una rueda sobre la tierra junto a los seres vivientes, a los cuatro lados. . . . Cuando andaban, se movían hacia sus cuatro costados. . . . Y cuando los seres vivientes andaban, las ruedas andaban junto a ellos" (1:15-19).

"¡Ahora entiendo!" gritó Ezequiel. ¡Estas ruedas, que ruedan fuera de Jerusalén, no ruedan alejándose de Dios! Dios estaba en las ruedas. Dios se movía con el movimiento. El Dios del universo estaba en todas partes. ¡Ahora el pueblo de Israel podía cantar el cántico del Señor en tierra extraña, en cualquier país del mundo (Salmo 137:4)!

Esta manera de entender a Dios tuvo un tremendo impacto en el judaísmo. Los judíos comenzaron a reunirse junto al río Quebar y al lado de ríos en muchas otras ciudades, a cantar los cánticos de Sión. Estudiaron la ley de Moisés, la debatieron y la discutieron. Trataron de guardar ciertas leyes sobre el sábado y los alimentos. Oraron juntos.

A través de estas reuniones nació la institución de la sinagoga. Lejos del templo, dispersos por todo el mundo antiguo, el pueblo de Israel encontró fortaleza, paz y solaz en su tradición antigua, la cual preservaron para cuando el templo

NOTAS, REFLEXIONES Y PREGUNTAS

La puerta de Istar, entrada principal de la antigua ciudad de Babilonia.

En el Antiguo Testamento Sion se usa como sinónimo de Jerusalén o de la ciudad de David. A menudo, especialmente en los salmos, el término se refiere al monte en que está el templo: "Sobre Sion, mi santo monte" (Salmo 2:6). En el Nuevo Testamento Sion se usa para referirse a la iglesia, al evangelio o el lugar en que Dios habita.

CONSUELO

pudiera ser restaurado y el suave aroma de sus oraciones pudiera ascender a Dios junto al humo de sus ofrendas sacrificiales. Aun en el exilio, aun en el castigo, aun en Babilonia, Dios estaba con su pueblo.

A través de la visión de Ezequiel, comprendemos una una gran verdad espiritual: Dios está con nosotros no importa cuán lejos estemos geográficamente, no importa cuánto nos alejemos de Dios espiritualmente, no importa cuán profunda la tragedia, no importa la amargura de las lágrimas.

Como decía el salmista:
"¿A dónde me iré de tu Espíritu?
¿Y a dónde huiré de tu presencia?" (Salmo 139:7).

LAS SEÑALES DEL DISCIPULADO

El discípulo acepta el consuelo de Dios y busca los nuevos comienzos, las posibilidades frescas, las nuevas opciones. En medio del sufrimiento escogemos entre la desesperanza o el servicio creativo.

Anote algun período en el cual se sintió que fue disciplinado por Dios para ser consolado después. Describa sus sentimientos durante la experiencia. ¿Salió de esa experiencia sintiéndose como una persona herida? ¿purificada? ¿consolada? ¿Le brindó algo positivo a usted? ¿a otras personas? Usted debe decidir si quiere o no compartir sus anotaciones con el resto del grupo.

_____

_____

_____

Mientras considera la visión de Ezequiel de un Dios que va adonde va el pueblo, ¿puede pensar en personas que relacionan a Dios tan profundamente en un lugar o iglesia que cuando se mueven, pierden su contacto con Dios? ¿Ha tenido usted esta experiencia? ¿Cómo puede superar esto? ¿Habrá personas que usted debe visitar para animarlas a regresar a Dios y a su iglesia?

_____

_____

SI DESEA SABER MÁS

El estudio de la palabra "consuelo" es muy interesante. Usando una concordancia, busque los lugares en que la palabra se encuentra en la Biblia. Use un diccionario y un diccionario bíblico para estudiar sus diversos sentidos.

NOTAS, REFLEXIONES Y PREGUNTAS

Los discípulos escogen servir en vez de desesperarse cuando sufren las consecuencias de su pecado.

ADORACIÓN

"Oh Jehová, tú me has examinado y conocido.
Tú has conocido mi sentarme y mi levantarme;
Has entendido desde lejos mis pensamientos."

—Salmo 139:1-2

13 Cánticos del corazón

NUESTRA CONDICIÓN HUMANA

Escondemos ciertas dimensiones de nuestro ser—sentimientos y pensamientos—de Dios, de nosotros mismos y de los demás. Como señal de nuestra madurez, necesitamos expresar nuestro verdadero ser ante Dios y en la comunidad de fe en la cual adoramos.

ASIGNACIÓN

Los salmos reflejan las emociones humanas. Los salmos son cánticos, oraciones y otras expresiones litúrgicas. Se esperaba que fueran usados mayormente en la adoración comunitaria. Son poesía. Para saborear los sentimientos, la profundidad de emociones, las frases ingeniosas, lea cada salmo en voz alta. Recuerde que la poesía hebrea usa frases paralelas, repeticiones y responsos. Vea la oración diaria antes de estudiar, para observar un ejemplo de paralelismo. Cada idea se expresa dos veces.

¿Por qué se han escogido estos salmos de entre el total de 150? Para que usted pueda saborear diferentes tipos de salmos y reflexionar sobre una variedad de condiciones espirituales.

Día 1   Salmos 136; 78 (historia de salvación); introducción y Día 1 de "El comentario bíblico"
Día 2   Salmos 90; 137 (lamento comunitario); 42; 43; 22 (lamento individual); Día 2 de "El comentario bíblico"
Día 3   Salmos 130; 38 (penitencia); 51 (una oración de confesión); Día 3 de "El comentario bíblico"
Día 4   Salmos 65 (acción de gracias comunitaria); 116 (acción de gracias personal); Día 4 de "El comentario bíblico"
Día 5   Salmos 104; 100; 145 (himnos de alabanza a Dios); Día 5 de "El comentario bíblico"
Día 6   Salmos 73; 127; 133 (sabiduría y meditación); 23 (confianza y meditación); Día 6 de "El comentario bíblico" y "Las señales del discipulado"
Día 7   Descanso. Lea el salmo 139 sencillamente para disfrutarlo.

ORACIÓN

Ore diariamente antes de estudiar:
"Señor, siempre diré en mi canto
que tú eres bondadoso;
constantemente contaré
que tú eres fiel.
Proclamaré que tu amor es eterno;
que tu fidelidad es invariable,
invariable como el mismo cielo"
(Salmo 89:1-2, Versión Popular).

Oraciones de la semana:

ADORACIÓN

Día 1   Salmos 136; 78 (historia de salvación)

Día 2   Salmos 90; 137 (lamento comunitario); 42; 43; 22 (lamento individual)

Día 3   Salmos 130; 38 (penitencia); 51 (una oración de confesión)

Día 4   Salmos 65 (acción de gracias comunitaria); 116 (acción de gracias personal)

Día 5   Salmos 104; 100; 145 (himnos de alabanza a Dios)

Día 6   Salmos 73; 127; 133 (sabiduría y meditación); 23 (confianza y meditación)

DISCIPULADO

EL COMENTARIO BÍBLICO

Tanto judíos como cristianos de todas las tendencias y edades reclaman el salterio para sí. Cada persona se deleita con los salmos por diversas razones y los considera desde diferentes perspectivas. La forma y el arreglo de los salmos reflejan el judaísmo clásico. El salmo 1 ensalza la virtud de meditar en la ley (Torá), y el salmo 2 se refiere al ungido de Dios, literalmente, al "Mesías". Dos creencias fundamentales del pueblo judío son afirmadas inmediatamente: la revelación de la voluntad de Dios en la ley (Torá) y el concepto del Mesías, el ungido que llevará a cabo los propósitos de Dios.

El Salterio se divide en cinco "libros", siguiendo un patrón semejante a los cinco libros del Pentateuco (Torá). El Salterio fue formándose desde los comienzos del pueblo de Israel. Algunos salmos fueron escritos antes del exilio, algunos durante el exilio, y otros después del mismo. La forma presente de los salmos ocurre en el período llamado del segundo templo o post-exílico.

El Salterio puede llamarse el libro de oración de la sinagoga. Según fueron desarrollándose las sinagogas en los lugares donde estaban las comunidades judías diseminadas en el mundo, las oraciones ayudaron a los judíos a mantener viva su fe y su tradición.

Los primeros cristianos tomaron todas las Escrituras hebreas como suyas, pero los salmos fueron especialmente amados. Jesús tomó citas de tres fuentes: Deuteronomio (Moisés y la ley), Isaías y los Salmos. Los escritores del Nuevo Testamento citaron los Salmos e Isaías principalmente.

Los primeros discípulos cristianos se reunían en las sinagogas, a cantar salmos. Cantaban salmos en la prisión, sintiéndose unidos a la comunidad de fe: "Pero a medianoche, orando Pablo y Silas, cantaban himnos a Dios; y los presos los oían" (Hechos 16:25). El escritor de Efesios animaba los creyentes a ser "llenos del Espíritu, hablando entre vosotros con salmos, con himnos y cánticos espirituales, cantando y alabando al Señor en vuestros corazones" (Efesios 5:18-19).

El estudio de esta semana espera no sólo enseñarle *acerca* de los salmos sino también *guiarle al interior* de los mismos. Si usted les permite expresar sus pensamientos y sentimientos más inexpresables, estos se convertirán en sus oraciones. Atanasio, un líder cristiano del siglo IV D.C., dijo que la mayor parte de las Escrituras nos hablaban *a* nosotros, pero los salmos hablan *por* nosotros. Son "cantos del corazón", que reflejan la totalidad de nuestras experiencias humanas.

Los cánticos son de naturaleza comunitaria, aun aquellos que se expresan como una agonía solitaria. La persona en oración o en cántico está siempre consciente de la comunidad histórica del pacto, de la hermandad de adoradores fieles y de los brazos del Altísimo rodeando a su pueblo. Aprendemos a alabar a Dios, no sólo en los momentos en que experimenta-

NOTAS, REFLEXIONES Y PREGUNTAS

"Entonad canción, y tañed el pandero" (Salmo 81:2). El pandero era un tambor de mano, una piel de animal que cubría un marco de madera curvado. Era usado generalmente por las mujeres y se asociaba con los himnos religiosos y ocasiones de regocijo.

Adoración

NOTAS, REFLEXIONES Y PREGUNTAS

...mos la Presencia de Dios, sino también en tiempos en que sentimos que Dios está ausente. Cantamos mientras pasamos por las más severas pruebas, cuando estamos separados del sostén visible de la comunidad cristiana, pero nunca estamos solos.

Día 1: Historia de salvación

El salmo 136 hace un recuento de la historia de la salvación de los judíos. Note la experiencia comunitaria, el lenguaje pluralista, el sentido de unidad en Israel. Sienta el ritmo de la respuesta: "Porque para siempre es su misericordia." ¿Nos sentimos con temor, preocupados, ansiosos, oprimidos? Recuerde que "para siempre es su misericordia". Dios nos amó desde la creación (136:4-9), en medio de la historia (136:10-22), y con su cuidado providencial (136:23-25).

El salmo 78 es largo, sobrecogedor. Pero en vez de tratar la historia en forma romántica, enfatiza los fracasos, los pecados, las limitaciones del pueblo. ¡Es un espejo de las fragilidades humanas!

Debido a que estos poemas de "la historia de salvación" fueron compuestos hace más de dos mil años, trate de aplicarlos a los acontecimientos de su propio tiempo y lugar. Haga una lista de victorias y fracasos del peregrinaje personal, de su familia, de su iglesia o de su nación a los cuales usted podría describir como señales de que "para siempre es su misericordia".

_____

_____

_____

Día 2: Lamento

Lea con cuidado el salmo 90. Pregúntese a sí mismo qué siente al meditar en los siguientes versículos de este lamento:

90:1-2 _____

_____

90:4-6, 9 _____

_____

En nuestra sociedad tratamos de disimular o negar la muerte; pero cuando usamos este salmo en el culto funeral, afirmamos nuestra humanidad. ¿De qué manera nos ayuda el salmo 90 a enfrentar la muerte en forma más apropiada?

90:12 _____

_____

DISCIPULADO

En el salmo 137, ¿le sorprendió el versículo 9? ¿Por qué puede el salmista estar tan enojado?

_____
_____

Día 3: Penitencia

El salmo 38 es un lamento individual, un grito de dolor, de arrepentimiento, de penitencia. Considere sus cambios de humor. La enfermedad parece ligada al pecado. Describa sus recuerdos de dolor, de soledad o de culpa a medida que lea los siguientes versículos:

38:3 _____
_____

38:9 _____
_____

38:11 _____
_____

38:18 _____
_____

38:21-22 _____
_____

Día 4: Acción de gracias

El salmo 65 expresa el agradecimiento de la comunidad de fe. ¿Por qué quiere el pueblo agradecer a Dios?

_____

¿Por qué puede su congregación dar gracias a Dios?

_____

Día 5: Adoración

El salmo 100 es pura adoración. Trate de memorizar este salmo. (Escoja su versión preferida.) Si lo memoriza, úselo como oración antes de las comidas o si visita una persona enferma. Se le quedará en la mente y en el corazón.

Día 6: Sabiduría

El salmo 73 es un salmo de sabiduría para meditar.
Según el salmo 73:2-3, ¿cómo se siente cuando el impío prospera?

_____
_____

NOTAS, REFLEXIONES Y PREGUNTAS

Esta reconstrucción muestra como luciría el arpa que David pudo haber tocado. Estaba hecha de madera con cuerdas que salían de la base y se anudaban en la parte superior. El mar de Galilea, el cual tiene una forma parecida al arpa, se llamaba en tiempos antiguos "el mar de Cineret," nombre derivado de la palabra hebrea *kinnor* que significa arpa.

ADORACIÓN

Según el salmo 73:16-18, ¿qué pudo comprender el salmista?

_____

¿Está de acuerdo con la interpretación del salmista?

_____

Según el salmo 73:25-26, finalmente, ¿qué importa en realidad?

_____

LAS SEÑALES DEL DISCIPULADO

Los discípulos, buscando una relación constante y una apertura a Dios, confían en Dios con todos sus pensamientos y sus sentimientos. Los salmos y los salmistas nos dan un ejemplo al expresar en forma definida toda la gama de emociones humanas—del amor al odio, del gozo a la desesperación, de la bendición a la maldición. A veces nos sobrecogemos al leer ciertos salmos que claman a Dios para que maldiga y destruya a otras personas. A veces los evitamos. Es mejor leerlos por lo que son, reconociendo que nosotros tenemos sentimientos y deseos similares.

El crecer en disposición y habilidad para expresar firmemente a Dios cualquier pensamiento o sentimiento puede ayudarnos a empezar a expresar en confianza a otras personas nuestros pensamientos más profundos.

Identifique algunos salmos que sirvan como modelos para usted y que hablen por usted en su oración y en su crecimiento personal.

_____

_____

Nuestro Señor, en la cruz, dijo estas palabras: "Dios mío, Dios mío, ¿por qué me has desamparado?" (Mateo 27:46). En su agonía aparentemente estaba orando el salmo 22. Ninguna otra parte de las Escrituras podía estar más en armonía con el dolor de la experiencia de la crucifixión. Es una experiencia sublime tener un salmo en nuestros labios al morir.

SI DESEA SABER MÁS

Hay innumerables himnos inspirados por los salmos. La mayoría de los himnarios contienen himnos que se derivan de salmos específicos. Busque algunos himnos y compárelos con los salmos.

"Los Cielos Proclaman"   Salmo 8
"Jehová Mi Pastor Es"   Salmo 23
"Ama el Pastor las Ovejas"   Salmo 23

NOTAS, REFLEXIONES Y PREGUNTAS

Los discípulos confían en Dios con toda su mente y su corazón.

VIDA RECTA

"En la ley de Jehová está su delicia,
Y en su ley medita de día y de noche.
Será como árbol plantado junto a corrientes de aguas,
Que da su fruto en su tiempo,
Y su hoja no cae;
Y todo lo que hace, prosperará."

—Salmo 1:2-3

14 La persona justa es como un árbol

NUESTRA CONDICIÓN HUMANA

Queremos ser saludables y vivir felices, pero siempre según con nuestros términos. Generalmente no estamos dispuestos a pagar el precio que exige una vida recta.

ASIGNACIÓN

Al leer, queremos que observe lo que se dice sobre la vida buena, sobre la vida recta que nos brinda bienestar emocional, físico y espiritual. Observe lo que se menciona sobre la vida personal recta, pero también sobre lo que puede crear familias sanas, iglesias llenas de vida, naciones en armonía, y un mundo justo y pacífico.

Día 1   Salmos 1; 19:7-14; 37; 112; 128 (rectitud, felicidad)
Día 2   Complete las páginas 100–103 en el manual de estudio durante los tres días en que esté leyendo el libro de Proverbios. Proverbios 1–6 (recompensas de la sabiduría; advertencias contra la impureza, la holgazanería y la mentira)
Día 3   Proverbios 10–17 (sabios y necios, justos e impíos)
Día 4   Proverbios 20–25; 31 (vida y conducta, advertencias, lecciones de moral)
Día 5   Esdras 1; 3; 4:1-5; 5–7 (regreso de los exiliados a Jerusalén, reconstrucción del templo)
Día 6   Nehemías 8:1–9:5; 10:28-39 (lectura de la ley, renovación del pacto). Complete las lecturas y responda a "El comentario bíblico" y a "Las señales del discipulado".
Día 7   Descanso.

ORACIÓN

Ore diariamente antes de estudiar:
"Tú, Señor, eres todo lo que tengo;
he prometido poner en práctica tus palabras.
De todo corazón he procurado agradarte;
trátame bien, conforme a tu promesa.
Me puse a pensar en mi conducta,
y volví a obedecer tus mandatos.
Me he dado prisa, no he tardado
en poner en práctica tus mandamientos"
(Salmo 119:57-60, Versión Popular).

Oraciones de la semana:

VIDA RECTA

Día 1 Salmos 1; 19:7-14; 37; 112; 128 (rectitud, felicidad)

Día 2 Proverbios 1–6 (recompensas de la sabiduría; advertencias contra la impureza, la holgazanería y la mentira)

Día 3 Proverbios 10–17 (sabios y necios, justos e impíos)

Día 4 Proverbios 20–25; 31 (vida y conducta, advertencias, lecciones de moral)

Día 5 Esdras 1; 3; 4:1-5; 5–7 (regreso de los exilados a Jerusalén, reconstrucción del templo)

Día 6 Nehemías 8:1–9:5; 10:28-39 (lectura de la ley, renovación del pacto); "El comentario bíblico" y "Las señales del discipulado"

DISCIPULADO

EL COMENTARIO BÍBLICO

Esta lección enseña dos cosas. *Primero*, que los caminos de Dios le hacen bien a nuestra vida, y que seguirlos nos conduce a una vida sana y armoniosa. Los caminos de maldad causan gran infelicidad, resultando a menudo en enfermedad, pobreza, relaciones rotas, heridas, incapacidad, y muerte temprana. Debido a que vivimos en familias y en comunidad, los pecados personales y la maldad a menudo se transforman en catástrofe social y en corrupción institucional. Además, el pecado entreteje su poder a través de las generaciones, haciendo que los pecados de los padres visiten a los hijos hasta la tercera y la cuarta generación (Exodo 20:5).

Los Proverbios tratan sobre el orden de Dios que se manifiesta a través de la experiencia. ¿Cómo podemos tratar de caminar el buen camino? La Biblia nos da las directrices.

Considere la integridad. Mientras lee el libro de Proverbios, anote las referencias que encuentre sobre el decir la verdad:

_____

las medidas justas

_____

el robo

_____

Considere la castidad sexual y la fidelidad. Anote brevemente las referencias.

_____

_____

¿Qué le sucede al adúltero o adúltera?

_____

_____

¿Cómo deben tratarse entre sí los esposos?

_____

_____

Considere el enojo, la violencia, la hostilidad familiar y el abuso verbal. Comente y anote las referencias.

_____

_____

NOTAS, REFLEXIONES Y PREGUNTAS

VIDA RECTA

NOTAS, REFLEXIONES Y PREGUNTAS

Considere la preocupación por los pobres.

la generosidad

la hospitalidad a los extraños

el cuidado de las viudas y los huérfanos

Considere la avaricia

el interés exagerado por el dinero

la extravagancia en la manera de vivir

Considere el cuidado de nuestra propia familia.

la preocupación por la enseñanza de la niñez

la disciplina de la niñez

el respeto por los ancianos y por los esposos

la herencia

Considere el trabajo honrado y diligente.

la frugalidad

la ayuda a los vecinos

DISCIPULADO

Considere la fidelidad a Dios. Reflexione sobre la oración.

_____

sobre la adoración

_____

sobre el día de reposo

_____

sobre las primicias como ofrendas

_____

Considere la comida y la bebida. El ejercicio estaba prácticamente garantizado en aquellos tiempos de duro trabajo agrícola; sin embargo, los ricos son a veces amonestados por su obesidad. ¿Encuentra usted algunos principios sobre el comer?

_____

¿sobre las bebidas alcohólicas?

_____

Considere la justicia y la misericordia. ¿Qué referencias específicas encuentra?

_____

_____

¿Qué dice Proverbios 1 acerca de las personas que roban y matan?

_____

_____

Lea nuevamente acerca de la sabiduría que grita en las calles (Proverbios 1:20-33). ¿Qué hará la sabiduría con quienes se desentienden de sus enseñanzas?

_____

_____

La sabiduría hace una promesa en Proverbios 3:1-2. Copie dicha promesa en el espacio en blanco, para referencia futura.

_____

_____

NOTAS, REFLEXIONES Y PREGUNTAS

VIDA RECTA

¿Qué significa "No seas sabio en tu propia opinión" (3:7)?

_____

_____

La sabiduría es ensalzada una y otra vez. ¿Cómo describiría usted esa sabiduría?

_____

_____

¿Cuál es "el principio de la sabiduría" (9:10)?

_____

NOTAS, REFLEXIONES Y PREGUNTAS

Segundo, la lección nos enseña que la idea de que la vida recta traería aprobación divina se convirtió en una obsesión entre la gente religiosa. Los judíos habían experimentado los estragos de la guerra, la cautividad y el exilio y estaban regresando a su patria para comenzar de nuevo. Algunos de los líderes judíos que estaban regresando a Jerusalén querían evitar los pecados del pasado. Querían mantener una obediencia perfecta.

Ellos creían
- ue Dios castigaría el pecado y recompensaría la rectitud;
- que guardar la ley traería gran recompensa;
- que el pueblo del pacto debía ser puro, evitando los matrimonios con los pueblos extranjeros que adoraban otros dioses y comían alimentos impuros;
- que el templo y sus ofrendas sagradas eran un elemento esencial de la fidelidad;
- que las leyes del día de descanso eran esenciales como señal de rectitud;
- que todo lo que hicieran debía tener como fundamento el reestablecimiento de las leyes de la Torá;
- que la enfermedad venía del pecado, y que la prosperidad y la salud provenían de una vida de justicia y rectitud.

El salmo 112 se convirtió, no en un poema general, sino en una teología básica en el siglo V A.C.

> "Bienaventurado el hombre que teme a Jehová,
> Y en sus mandamientos se deleita en gran manera.
> Su descendencia será poderosa en la tierra. . . .
> Bienes y riquezas hay en su casa. . . .
> Reparte, da a los pobres. . . .
> Lo verá el impío y se irritará;
> Crujirá los dientes, y se consumirá"
>   (Salmo 112:1-3, 9-10).

Dios es justo. La vida recta tiene grandes recompensas, Pero según veremos en nuestra próxima lección, esto no es siempre así. A veces la enfermedad no viene a causa del pecado. A veces los buenos son quitados. A veces los impíos prosperan. Job y Eclesiastés plantean este punto. Jesús, tam-

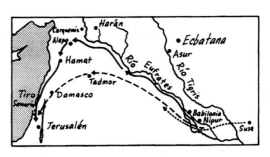

Los libros de Esdras y Nehemías describen al menos cuatro grupos de exiliados que regresan de Babilonia a Jerusalén. Este mapa muestra tres posibles rutas: el primer grupo bajo Sesbasar, el segundo grupo bajo Zorobabel, y otro grupo, incluyendo a Nehemías, de Susa a Jerusalén.

DISCIPULADO

bién lo plantea más tarde. Pero entre los judíos surgió una teología que enfatizaba el templo, los sacrificios, la piedad personal, el guardar la ley con mucho cuidado, la separación de los judíos (particularmente en Jerusalén) de todo lo que no fuese judío, y el guardar los dias sagrados—la teología de que la gente religiosa podía vivir una vida próspera y pura.

Por eso Zorobabel, el gobernador de Judá y descendiente de David, animado por los profetas Ageo y Zacarías, reconstruyó el templo. (Este fue el segundo templo, ya que el templo de Salomón había sido destruido.) Este templo se completó entre los años 520 y 515 A.C.

Dos expresiones del judaísmo se desarrollaron: el templo, con su énfasis en el sacrificio, y la sinagoga, con su énfasis en el estudio. Las sinagogas se diseminaron por todo el mundo, dondequiera que el pueblo judío vivía. Jerusalén y otras grandes ciudades tenían varias sinagogas. Los judíos a través del mundo, aunque separados del templo, continuaron unidos a éste, y el pueblo añoraba el tiempo en que sería posible volver a adorar allí.

Así que el castigo de Israel en manos de Asiria y el exilio de Judá a causa de los babilonios hicieron tornar la fe del pueblo judío hacia una obediencia radical. Sus experiencias fortalecieron la creencia en que los rectos prosperarían pero los impíos perecerían. Pero aun en esa época de fe radical y de obediencia cuidadosa, la rectitud estaba unida al hacer justicia.

LAS SEÑALES DEL DISCIPULADO

Un discípulo o discípula trata de vivir en armonía con las leyes de Dios aun cuando dicha obediencia sea costosa.

¿Es posible hoy esperar que los discípulos de Jesucristo se abstengan de tener relaciones sexuales mientras son solteros y que sean fieles cuando están casados? ¿Cómo puede esa persona llegar a tal decisión? ¿De qué manera Proverbios nos da directrices?

_____
_____
_____

En medio de una sociedad basada en las ganancias y en la iniciativa personal, ¿cómo pueden las personas cristianas evitar la avaricia, el malgasto de los bienes o la tacañería?

_____
_____
_____

NOTAS, REFLEXIONES Y PREGUNTAS

Los discípulos procuran vivir en armonía con la ley de Dios aun cuando dicha obediencia sea costosa.

VIDA RECTA

La salud es importante. Aun así, gastamos billones de dólares para dar tratamiento médico a quienes sufren las consecuencias del uso del tabaco, el alcohol, el abuso de las drogas y la gula. ¿Qué podemos hacer en la comunidad de fe para fortalecer la práctica de la "vida recta"? ¿De qué manera recibiría usted ayuda?

_____

_____

En la Biblia, Dios se preocupa por el bienestar de las viudas y los huérfanos, por los pobres y los desposeídos. ¿Qué podemos hacer en nuestra iglesia, nuestra comunidad y nuestra nación para mostrar mayor preocupación, y por tanto mayor justicia, hacia los pobres?

_____

_____

_____

_____

SI DESEA SABER MÁS

Esdras 5:1 menciona dos profetas que animaron al pueblo a reconstruir el templo en Jerusalen—Ageo y Zacarías. Ellos interpretaron la reconstrucción del templo como el comienzo del retorno al pacto y a la vida recta. Lea una porción de sus visiones y discursos, particularmente Ageo 1 y Zacarías 1–2.

La mayoría de los judíos no pudieron regresar a Israel. Vivían dispersos. De vez en cuando surgían prejuicios en contra de ellos en las ciudades donde vivían. El libro de Ester, que se desarrolla en Persia, es un relato fascinante de una valiente mujer que se convirtió en instrumento de Dios para salvar a su pueblo. El suceso se convirtió en la base para la celebración del festival judío llamado *Purim*. Busque información sobre dicho festival.

Entre los libros apócrifos se incluye la Sabiduría de Salomón. Al igual que en otra literatura sapiencial en el Antiguo Testamento, se promete recompensa a los justos y castigo a los impíos. Usted puede disfrutar con la lectura del capítulo 7, en el cual se personaliza la Sabiduría, y de algunos otros para disfrutar el mensaje de este libro, que no fue incluido en el canon hebreo ni en el nuestro.

NOTAS, REFLEXIONES Y PREGUNTAS

Tabla de historia bíblica

2000 A.C.	Período de los antepasados Abraham y Sara, Isaac, Jacob, José
1700 A.C.	La familia de Jacob entra a Egipto
1260 A.C.	Moisés dirige la huída de Egipto
1220 A.C.	Josué dirige al pueblo en Canaán
	Período de los jueces
1020 A.C.	Comienzo de la monarquía Saúl, David, Salomón
922 A.C.	División de los reinos del norte y del sur después de la muerte de Salomón
722/721 A.C.	Caída de Samaria ante Asiria
587/586 A.C.	Caída de Jerusalén ante Babilonia
	El templo destruido
	Exilio en Babilonia
539 A.C.	Período persa
	Edicto de Ciro
538 A.C.	Regreso de los exiliados
515 A.C.	El templo reconstruido

SUFRIMIENTO

"Pues antes que mi pan viene mi suspiro,
Y mis gemidos corren como aguas.
Porque el temor que me espantaba me ha venido,
Y me ha acontecido lo que yo temía.
No he tenido paz, no me aseguré, ni estuve reposado;
No obstante, me vino turbación."

—Job 3:24-26

15 Cuando llegan los problemas

NUESTRA CONDICIÓN HUMANA

La vida no es justa. A veces las personas impías prosperan y las personas buenas son destruidas. Algunas personas enfermas son sanadas; otras no lo son. El sufrimiento nos confunde. Nos preguntamos: ¿Por qué me suceden estas cosas? Si Dios es justo y bueno, ¿por qué a veces sufrimos tanto? No podemos pensar que sea siempre por nuestro pecado. Es fácil sentirnos amargados.

ASIGNACIÓN

Usted disfrutará leyendo la Biblia en esta semana, pues la historia de Job captura la imaginación. Lea rápidamente para disfrutar el argumento. Si le resulta posible, lea Job en la versión *Dios Habla Hoy* (Versión Popular).

Aun cuando la selección impresa en las páginas 109–111 serán leídas en clase, tome tiempo para leerla y hacer sus anotaciones por anticipado. Mientras lee, vaya identificando los argumentos del relato. Preste atención a las emociones que expresan tanto Job como sus amigos.

Día 1 Lea rápidamente las páginas 108–112 de este manual para tener una idea de lo que debe observar mientras lee la Biblia. Job 1–10 (prólogo, Job, Elifaz y Bildad)
Día 2 Job 11–19 (Job y sus tres amigos)
Día 3 Job 20–31 (Job y sus tres amigos, el poema sobre la sabiduría)
Día 4 Job 32–37 (discursos de Eliú)
Día 5 Job 38–42 (Job y Dios, epílogo)
Día 6 Lea y responda a "El comentario bíblico" y a "Las señales del discipulado".
Día 7 Descanso.

ORACIÓN

Ore diariamente antes de estudiar:
"Señor, ten compasión de mí,
pues estoy en peligro.
El dolor debilita mis ojos,
mi cuerpo, ¡todo mi ser!
¡El dolor y los lamentos
acaban con los años de mi vida!
La tristeza acaba con mis fuerzas;
¡mi cuerpo se está debilitando!"
(Salmo 31:9-10, Versión Popular).

Oraciones de la semana:

SUFRIMIENTO

Día 1   Job 1–10 (prólogo, Job, Elifaz y Bildad)

Día 2   Job 11–19 (Job y sus tres amigos)

Día 3   Job 20–31 (Job y sus tres amigos, el poema sobre la sabiduría)

Día 4   Job 32–37 (discursos de Eliú)

Día 5   Job 38–42 (Job y Dios, epílogo)

Día 6   "El comentario bíblico" y "Las señales del discipulado"

DISCIPULADO

EL COMENTARIO BÍBLICO

Esta semana en su reunión, los miembros de su grupo leerán una selección del relato de Job. Contiene los argumentos centrales que los amigos de Job usaron para defender la creencia comúnmente aceptada en su tiempo: los justos prosperan, los impíos sufren y perecen.

La tarea del grupo será identificar los diferentes consejos que los amigos le dieron a Job, observar cómo las explicaciones se usan todavía, y considerar en qué sentido son ciertas, aunque no sean completamente apropiadas o útiles.

Un poco más de explicación:

El prólogo (Job 1–2) describe una escena idílica—un hombre justo lleno de salud, dinero e hijos. Todas las bendiciones de la vida parecen haber sido derramadas sobre este justo. ¿Recuerda el salmo 127?

> "He aquí, herencia de Jehová son los hijos . . .
> Como saetas en manos del valiente,
> Así son los hijos habidos en la juventud.
> Bienaventurado el hombre que llenó su aljaba de ellos"
> (Salmo 127:3-5).

Era una familia feliz—los hijos ofreciendo por turnos banquetes en sus casas, Job levántandose temprano al día siguiente para ofrecer sacrificios al Señor.

Entonces, Job pierde su increíble riqueza—siete mil ovejas, tres mil camellos, mil bueyes, quinientas asnas—a causa de ataques de los enemigos y de desastres naturales. Peor aún, los hijos y las hijas mueren cuando un viento hizo caer sobre ellos la casa donde estaban.

Finalmente el cuerpo de Job se llena de sarna. Job se sienta en medio de cenizas, rascándose con un pedazo de tiesto. Todas las recompensas prometidas a los piadosos han sido destruidas: salud, riqueza, una familia numerosa, dignidad y honor—todas le son arrebatadas a este hombre justo.

El uso del drama por parte del autor realza el misterio, la confusión, el conflicto en el cual Job se encuentra. Las respuestas simples no sirven para nada. Job necesita algo más que las respuestas de la religiosidad tradicional. El desea encontrarse con Dios cara a cara.

Se usa a Satanás dramáticamente como la causa de todo el problema. (El término *Satanás* es una descripción de un ser celestial que actúa como adversario de la humanidad, no de Dios. Este Satanás no es el diablo de la tradición cristiana.) El prólogo, con su diálogo entre Satanás y Dios, es la forma que el autor usa para establecer el conflicto.

Recuerde que en los tiempos de Job no había un concepto de la vida después de la muerte. Creían que la muerte conducía a un lugar de sombras llamado Seol. El relato de Job señala que la justicia debe probarse en *este* mundo. La justicia, si hay justicia, y la retribución divina, si hay retribución divina, deben ocurrir antes de la muerte.

NOTAS, REFLEXIONES Y PREGUNTAS

La palabra hebrea *sa-tan* significa enemigo, adversario, acusador. En Job se usa con el artículo definido *ha-sa-tan*, que quiere decir *el* adversario, *el* acusador. No es un nombre propio sino la descripción de una función o rol. En la época en que se escribió el libro de Job, posiblemente durante el siglo VI A.C., los israelitas no tenían ningún concepto sobre Satanás, y su manera de entender a Satanás era muy diferente a la idea cristiana del mismo en el presente. En Job, Satanás no es un enemigo de Dios sino una especie de acusador oficial, un miembro del consejo celestial. Su tarea es señalar a Dios las acusaciones específicas.

Durante el exilio (587/586–538 A.C.) los israelitas habían estado en contacto con las ideas persas y babilónicas acerca de dos dioses, uno del bien y otro del mal, que compiten eternamente en los asuntos humanos. Poco a poco se fue agregando esta idea a su idea de la figura de Satanás, el cual para el 200 A.C. se ha convertido en la personificación de todo lo que se opone a Dios.

Para la época en que se escribió el Nuevo Testamento, el pueblo pensaba que Satanás y el diablo eran un mismo personaje—el líder de las fuerzas del mal, "el maligno" al que se refiere Mateo 6:13, tentando a los seres humanos a pecar, y archienemigo de Cristo y de su iglesia.

SUFRIMIENTO

El drama a ser leído en clase

(La siguiente lectura dramática es una selección tomada de Dios Habla Hoy: *La Biblia en Versión Popular. Va desde el capítulo 3 hasta el 42 pero incluye sólo los discursos necesarios para que usted siga la secuencia del drama.)*

JOB: ¡Maldita sea la noche en que fui concebido!
　　¡Maldito sea el día en que nací!
¡Ojalá aquel día se hubiera convertido en noche,
　y Dios lo hubiera pasado por alto
　y no hubiera amanecido! . . .
¡Ojalá aquella mañana no
　hubieran brillado los luceros,
　ni hubiera llegado la luz tan esperada,
　ni se hubiera visto parpadear la aurora!
¡Maldita sea aquella noche, que me dejó nacer
　y no me ahorró ver tanta miseria!
¿Por qué no habré muerto en el
　vientre de mi madre,
　o en el momento mismo de nacer? . . .
Los gemidos son mi alimento;
　mi bebida, las quejas de dolor.
Todo lo que yo temía,
　lo que más miedo me causaba,
　ha caído sobre mí.
No tengo descanso ni sosiego;
　no encuentro paz, sino inquietud.

ELIFAZ: Seguramente, Job, te será molesto
　que alguien se atreva a hablarte,
　pero no es posible quedarse callado.
Tú, que dabas lecciones a muchos
　y fortalecías al débil;
　tú, que animabas a levantarse al que caía
　y sostenías al que estaba por caer,
　¿te acobardas y pierdes el valor
　ahora que te toca sufrir?
Tú, que eres un fiel servidor de Dios,
　un hombre de recta conducta,
　¿cómo es que no tienes plena confianza?
Piensa, a ver si recuerdas un solo caso
　de un inocente que haya sido destruido.
La experiencia me ha enseñado
　que los que siembran crimen y maldad
　cosechan lo que antes sembraron . . .
"¿Puede el hombre ser justo ante Dios?
¿Puede ser puro ante su creador? . . ."
La maldad no brota del suelo;
　la desdicha no nace de la tierra:
　es el hombre el que causa la desdicha,
　así como del fuego salen volando las chispas.
En tu lugar, yo me volvería hacia Dios
　y pondría mi causa en sus manos; . . .
Feliz el hombre a quien Dios reprende;
　no rechaces la represión del Todopoderoso. . . .

JOB: ¡Ojalá Dios me conceda lo que le pido;
　ojalá me cumpla lo que deseo!
¡Ojalá Dios se decida por fin
　a aplastarme y acabar con mi vida!
A pesar de la violencia del dolor,
　eso sería un gran consuelo para mí,
　pues siempre he respetado las leyes del Dios
　　santo. . . .
Denme lecciones, y guardaré silencio:
　muéstrenme el error que he cometido.
Nadie puede rechazar un argumento correcto;
　pero ustedes me acusaron sin razón. . . .
¿Acaso creen que soy un mentiroso
　que no se da cuenta de lo que dice? . . .
Me acuesto y la noche se me hace interminable;
　me canso de dar vueltas hasta el alba,
　y pienso: ¿Cuándo me levantaré? . . .

JOB (*a Dios*): Recuerda, oh Dios, que mi vida es como
　　un suspiro,
　y que nunca más tendré felicidad. . . .
Por eso no puedo quedarme callado.
En mi dolor y mi amargura
　voy a dar rienda suelta a mis quejas . . .
¿Qué es el hombre, que le das tanta importancia? . . .
Si peco, ¿qué perjuicio te causo,
　vigilante de los hombres?
¿Por qué me tomas por blanco de tus flechas?
¿Acaso soy una carga para ti? . . .
Pronto estaré tendido en el polvo:
　me buscarás, y ya no existiré.

BILDAD: ¿Hasta cuándo vas a seguir hablando así,
　hablando como un viento huracanado?
Dios, el Todopoderoso,
　nunca tuerce la justicia ni el derecho.
Seguramente tus hijos pecaron contra Dios,
　y él les dio el castigo merecido.
Busca a Dios, el Todopoderoso,
　y pídele que tenga compasión de ti.
Si tú actúas con pureza y rectitud,
　él velará por ti, y te dará
　el hogar que justamente mereces.
La riqueza que tenías no será nada
　comparada con la que tendrás después. . . .

JOB: Yo sé muy bien que esto es así,
　y que ante Dios el hombre no puede alegar
　　inocencia.
Si alguno quisiera discutir con él,
　de mil argumentos no podría rebatirle uno solo.
Dios es grande en poder y sabiduría,
　¿quién podrá hacerle frente y salir bien
　　librado? . . .
Por muy inocente que yo sea, no puedo responderle;
　él es mi juez, y sólo puedo pedirle compasión. . . .
Yo no puedo encararme con Dios como con otro
　　hombre,
　ni decirle que vayamos los dos a un tribunal.
¡Ojalá entre nosotros hubiera un juez
　que tuviera autoridad sobre los dos. . . .
Ya que mi vida es corta, ¡déjame en paz!
Déjame tener un poco de alegría. . . .

DISCIPULADO

ZOFAR: ¡Ojalá Dios hablara para responderte!
El te enseñaría los secretos de la sabiduría,
que son muy difíciles de entender.
Así verías que Dios no te ha castigado
tanto como mereces. . . .
El sabe quién es mentiroso;
él ve la maldad, ¿o crees que no se da cuenta? . . .
Decídete a actuar con rectitud,
y dirige tus súplicas a Dios.
Si estás cargado de pecado, aléjalo de ti;
no des lugar en tu casa a la maldad.
Así podrás alzar limpia la frente,
y estarás tranquilo y sin temor. . . .
Tendrás esperanza y podrás vivir confiado;
bajo el cuidado de Dios dormirás tranquilo. . . .

JOB: ¡No hay duda de que ustedes son la voz del pueblo,
y de que cuando mueran no habrá más sabiduría!
Pero también yo tengo entendimiento,
y en nada soy inferior a ustedes.
¿Quién no sabe todo esto?
Aunque soy inocente e intachable,
y en otro tiempo Dios oía mis súplicas,
mis amigos se ríen de mí.
El que está seguro desprecia al infeliz;
no le importa empujar al que está a punto
de caer. . . .
Pero prefiero hablar con Dios,
prefiero discutir con el Todopoderoso. . . .
Voy a presentar mi defensa,
y sé que tengo la razón.
Si alguien tiene de qué acusarme,
yo guardaré silencio y moriré.
Concédeme sólo dos cosas, oh Dios,
y no me esconderé de ti:
Deja ya de castigarme
y no me hagas sentir tanto miedo.
Llámame, y yo te responderé;
o yo hablaré primero, y tú me responderás.
Dime, ¿cuáles son mis pecados y delitos?
¿Cuáles son mis crímenes? . . .

ELIFAZ: El que es sabio no responde con palabras huecas
ni se hincha con razones que sólo son viento;
no habla sólo por hablar
ni usa argumentos sin valor.
Pero tú acabas con la reverencia a Dios:
¡destruyes la devoción sincera!
Tu mala conciencia hace que hables así
y que uses palabras engañosas.
No hace falta que yo te acuse,
pues tu propia boca te condena. . . .
Si ni aun los ángeles merecen toda su confianza,
si ni siquiera el cielo es puro a sus ojos,
¡mucho menos el hombre, corrompido y
despreciable,
que hace el mal como quien bebe agua! . . .

JOB: Ya he oído muchas veces cosas parecidas.
Ustedes, en vez de consolarme, me atormentan. . . .
(a Dios) Dios ha acabado con mis fuerzas;
me ha quitado todos mis amigos
y me ha puesto en prisión.
Ha levantado testimonios contra mí;
contra mí ha presentado acusaciones falsas. . . .

BILDAD: ¿Crees tú que por desgarrarte rabiosamente
va a quedar desierta la tierra
o las rocas van a cambiar de lugar?
Al malvado se le apagará la luz,
y su fuego no volverá a dar llama. . . .

JOB: Aun cuando yo fuera culpable,
mi culpa sólo a mí me afectaría.
Ustedes se creen mejores que yo,
y me echan en cara mi desgracia.
Pues sepan bien que Dios me ha derribado. . . .
Tengan compasión de mí, ustedes mis amigos,
porque Dios ha dejado caer su mano sobre mí.
¿Por qué me persiguen ustedes como Dios?
¿No me han mordido ya bastante? . . .
Yo sé que mi defensor vive,
y que él será mi abogado aquí en la tierra.
Y aunque la piel se me caiga a pedazos,
yo, en persona, veré a Dios.
Con mis propios ojos he de verlo,
yo mismo y no un extraño. . . .

ZOFAR: Tú sabes que siempre ha sido así
desde que el hombre existe sobre la tierra:
la alegría del malvado dura poco;
su gozo es sólo por un momento. . . .

JOB: Mi pleito no es con ningún hombre;
por eso estoy tan impaciente.
Si me ponen atención,
se quedarán mudos de miedo.
Si yo mismo pienso en ello, me espanto;
mi cuerpo se estremece.
¿Por qué siguen con vida los malvados,
y llegan a viejos, llenos de poder?
Ven crecer a sus hijos y a sus nietos,
que a su lado gozan de seguridad.
Nada amenaza la paz de sus hogares;
Dios no los castiga. . . .
¡Es absurdo que ustedes quieran consolarme!
¡Es mentira todo lo que dicen! . . .

ELIFAZ: ¿Crees tú que el hombre, por muy sabio que sea,
puede serle a Dios de alguna utilidad?
¿Qué interés o beneficio obtiene el Todopoderoso
de que tú seas recto e intachable?
Si él te corrige y te llama a juicio,
no es porque tú le sirvas con fidelidad,
sino porque tu maldad es mucha
y tus pecados no tienen límite. . . .

JOB: Una vez más mis quejas son amargas
porque Dios ha descargado su mano sobre mí.
¡Ojalá supiera yo dónde encontrarlo,
y cómo llegar a donde vive!
Presentaría ante él mi caso,
pues me sobran argumentos.
¡Ya sabría cómo responder
a lo que él me contestara! . . .
Yo siempre he seguido sin desviarme
el camino que él me ha señalado.
Siempre he cumplido sus leyes y mandatos,
y no mi propia voluntad. . . .

SUFRIMIENTO

Por eso le tengo miedo;
   sólo el pensarlo me llena de terror....
BILDAD: ¿Podrá, pues, un simple hombre
   ser puro e inocente frente a Dios?
   A sus ojos, ni la luna tiene brillo
   ni son puras las estrellas,
   ¡mucho menos el hombre;
   este gusano miserable!...
JOB: ¡Ojalá pudiera yo volver a aquellos tiempos
   en que Dios me protegía!...
   cuando el Todopoderoso estaba a mi lado
   y mis hijos me hacían compañía....
   La justicia y la honradez eran parte de mí mismo:
   eran mi ropa de todos los días.
   ¡Yo era ojos para el ciego
   y pies para el lisiado,
   padre de los necesitados
   y defensor de los extranjeros!
   Yo les rompía la quijada a los malvados
   y les quitaba la presa de los dientes....
   ¿Acaso no he ayudado al pobre
   y lo he salvado de su miseria?
   ¿Acaso no he llorado por el que sufre,
   ni tenido compasión del necesitado?
   Yo esperaba la felicidad, y vino la desdicha;
   aguardaba la luz, y llegó la oscuridad.
   Mi corazón se agita sin descanso;
   sólo me esperan días de aflicción....
   Juro que nunca he procedido con malicia
   ni he intentado engañar a nadie.
   ¡Que Dios me pese con balanza justa,
   y se convencerá de mi inocencia!...
ELIÚ: Como yo soy joven y ustedes ancianos,
   no me atrevía a expresarles mi opinión.
   Y pensé: "Que hable la voz de la experiencia;
   que muestren los muchos años su sabiduría."
   Aunque en realidad todo hombre tiene
      entendimiento,
   pues el Todopoderoso le infundió su espíritu.
   Los muchos años no hacen sabio a nadie,
   ni las barbas traen consigo una recta
      comprensión....
   Me parece que te oí decir
   (tales son las palabras que escuché):
   "Yo soy puro e inocente,
   y no tengo falta ni pecado.
   Pero Dios busca de qué acusarme,
   y me trata como a su enemigo;
   me ha puesto cadenas en los pies,
   y vigila cada uno de mis pasos."
   Pero tal afirmación es incorrecta,
   pues Dios es más grande que los hombres.
   ¿Por qué le echas en cara
   que no conteste a ninguno de tus argumentos?
   Dios habla de muchas maneras,
   pero no nos damos cuenta.
   A veces lo hace en las noches,
   en un sueño o una visión,
   cuando los hombres ya duermen,
   cuando el sueño los domina.

Dios habla al oído de los hombres;
   los reprende y los llena de miedo,
   para apartarlos de sus malas obras
   y prevenirlos contra el orgullo.
   Así los libra de la tumba,
   los salva de la muerte.
   Otras veces Dios corrige al hombre con
      enfermedades,
   con fuertes dolores en todo su cuerpo....
   Así trata Dios al hombre
   una y otra vez;
   lo salva de la muerte,
   lo deja seguir viendo la luz....
   No podemos comprender al Todopoderoso,
   pues él es inmensamente fuerte y justo;
   es recto y no oprime a nadie.
   Por eso los hombres le temen;
   nada significan los sabios para él....
EL SEÑOR *(a Job)*: ¿Quién eres tú para dudar de mi
      providencia
   y mostrar con tus palabras tu ignorancia?
   Muéstrame ahora tu valentía,
   y respóndeme a estas preguntas:
   ¿Dónde estabas cuando yo afirmé la tierra?
   ¡Dímelo, si de veras sabes tanto!
   ¿Sabes quién decidió cuánto habría de medir,
   y quién fue el arquitecto que la hizo?
   ¿Sobre qué descansan los cimientos?
   ¿Quién le puso la piedra principal de apoyo....
   Tú, que querías entablarme juicio
   a mí, al Todopoderoso,
   ¿insistes todavía en responder?
JOB: ¿Qué puedo responder yo, que soy tan poca cosa?
   Prefiero guardar silencio.
   Ya he hablado una y otra vez,
   y no tengo nada que añadir....
EL SEÑOR: Muéstrame ahora tu valentía,
   y respóndeme a estas preguntas:
   ¿Pretendes declararme injusto y culpable,
   a fin de que tú aparezcas inocente?
   ¿Acaso eres tan fuerte como yo?
   ¿Es tu voz de trueno, como la mía?
   Revístete entonces de grandeza y majestad,
   cúbrete de gloria y esplendor....
JOB: Yo sé que tú lo puedes todo
   y que no hay nada que no puedas realizar.
   ¿Quién soy yo para dudar de tu providencia,
   mostrando así mi ignorancia?
   Yo estaba hablando de cosas que no entiendo,
   cosas tan maravillosas que no las puedo
      comprender.
   Tú me dijiste: "Escucha, que quiero hablarte;
   respóndeme a estas preguntas."
   Hasta ahora, sólo de oídas te conocía,
   pero ahora te veo con mis propios ojos.
   Por eso me retracto arrepentido,
   sentado en el polvo y la ceniza.

DISCIPULADO

NOTAS, REFLEXIONES Y PREGUNTAS

Después de la lectura, trate de identificar algunos de los argumentos que contienen los consejos de los amigos de Job.

Nadie es perfecto. _____

Has pecado. _____

Tus hijos han pecado. _____

Alguien pecó. _____

Estás recibiendo corrección. _____

Confía en Dios: Dios te ayudará. _____

No te enojes con Dios. _____

Cállate: no tienes derecho a quejarte. _____

Todo el mundo tiene problemas. _____

Otros argumentos que pueda identificar. _____

¿Qué le ocurrió a Job cuando Dios le habló?

Al final, sin tomar en cuenta el epílogo (42:7-17), el cual probablemente cumplió la función de colocar el relato en el contexto de las creencias judías tradicionales, ¿qué le dio a Job su paz interior?

SUFRIMIENTO

LAS SEÑALES DEL DISCIPULADO

Muy a menudo el misterio va unido al sufrimiento. Los desastres naturales, la enfermedad, las acciones de otras personas pueden causar profundo dolor. Ante lo inexplicable del sufrimiento, el discípulo confía en Dios. Dios no nos brinda siempre las respuestas; Dios nos promete estar con nosotros (Salmo 23).

El discípulo cristiano sabe que el sufrimiento hace que la persona tenga que escoger entre *la amargura* y *la confianza*. Describa algunas expresiones de cada tipo de respuesta.

A veces la gente necesita mucho tiempo para superar su dolor. ¿De qué manera puede la iglesia ayudar a las personas que estén pasando por este proceso?

¿Tiene usted la tendencia a responder al sufrimiento mediante la confianza o mediante la amargura? Explique.

SI DESEA SABER MÁS

Note en Job 42:15 que Job les da herencias a sus hijas tanto como a sus hijos. ¿Por qué es esa una acción excepcional? Investigue acerca de las tradiciones sobre la herencia que se practicaban en tiempos del Antiguo Testamento.

El libro de Eclesiastés lucha contra la misma rigidez de la ortodoxia contra la que lucha Job. El maestro sabio cita proverbios y después los contradice con sus propias observaciones. Si tiene tiempo, lea Eclesiastés. Traduzca *vanidad* como algo vano, inútil, pura ilusión o sinsentido. Vea especialmente Eclesiastés 7 y 9.

NOTAS, REFLEXIONES Y PREGUNTAS

Los discípulos confían en Dios al enfrentarse al sufrimiento inexplicable.

ESPERANZA

"Miraba yo en la visión de la noche, y he aquí con las nubes del cielo venía uno como un hijo de hombre, que vino hasta el Anciano de días, y le hicieron acercarse delante de él. Y le fue dado dominio, gloria y reino, para que todos los pueblos, naciones y lenguas le sirvieran; su dominio es dominio eterno, que nunca pasará, y su reino uno que no será destruido."

—Daniel 7:13-14

16 El pueblo espera un Salvador

NUESTRA CONDICIÓN HUMANA

Nos debatimos entre dos extremos. Por un lado somos personas cínicas que creen que la maldad prospera y que la muerte lo termina todo. Por otro lado, nos convencemos de que un nuevo gobierno, un cambio en liderato, alguna reparación rápida nos puede salvar. Sólo personas especiales parecen captar la visión del final reino divino de paz.

ASIGNACIÓN

La Escritura para esta semana va a ser difícil porque contiene visiones, sueños, profecías y revelaciones sobre el fin de los tiempos. Las dificultades se complican a causa de las imágenes antiguas, los símbolos deliberadamente ocultos, y los problemas de la erudición. Así que leeremos una porción pequeña y en forma lenta. Sin embargo, debe notar, al acercarnos al final del estudio del Antiguo Testamento, que la esperanza está viva, y la luz brilla en las tinieblas.

Día 1   Daniel 1–3 (el joven Daniel y sus amigos, el horno de fuego)
Día 2   Daniel 4–6 (dos reyes, Daniel en el foso de los leones)
Día 3   Daniel 7; 12 (el Mesías y el final de los tiempos)
Día 4   Isaías 24–27 (apocalipsis de Isaías); 53–55; 65 (el siervo sufriente, la visión del reino de Dios)
Día 5   Zacarías 9 (el rey que viene); Isaías 9:1-7; 11:2-10; 42:1-9; Miqueas 5:2-4; Malaquías 3–4 (la esperanza futura de Israel)
Día 6   Lea y responda a "El comentario bíblico" y a "Las señales del discipulado".
Día 7   Descanso. Lea el Salmo 118.

ORACIÓN

Ore diariamente antes de estudiar:
"Tú, Señor, eres mi todo;
tú me colmas de bendiciones;
mi vida está en tus manos.
Primoroso lugar me ha tocado en suerte;
¡hermosa es la herencia que me ha correspondido!" (Salmo 16:5-6, Versión Popular).

Oraciones de la semana:

ESPERANZA

Día 1	Daniel 1–3 (el joven Daniel y sus tres amigos, el horno de fuego)	Día 4	Isaías 24–27 (apocalipsis de Isaías); 53–55; 65 (el siervo sufriente, la visión del reino de Dios)
Día 2	Daniel 4–6 (dos reyes, Daniel en el foso de los leones)	Día 5	Zacarías 9 (el rey que viene); Isaías 9:1-7; 11:2-10; 42:1-9; Miqueas 5:2-4; Malaquías 3–4 (la esperanza futura de Israel)
Día 3	Daniel 7; 12 (el Mesías y el final de los tiempos)	Día 6	"El comentario bíblico" y "Las señales del discipulado"

DISCIPULADO

EL COMENTARIO BÍBLICO

Estudiante de la Biblia debe conocer estos:
Apocalipsis—revelación profética de lo que vendrá, en particular de los últimos tiempos. Literalmente, la palabra significa descubrir, revelar lo encubierto. Ese es el significado del título del último libro de la Biblia.

Escatología—concierne las cosas últimas o de los últimos tiempos como la muerte, el juicio, el cielo y el infierno.

Mesías—el liberador esperado, el ungido que ha de venir.

Hijo del hombre—frase idiomática para referirse al ser humano, simboliza el reino que viene como un hombre en contraste con los reinos del pasado simbolizados por las bestias.

Reino de Dios—diferente a los reinos humanos; el tiempo del fin cuando Dios reine en justicia, armonía y paz. El término *reino de Dios* no aparece en el Antiguo Testamento, aunque el concepto sí aparece.

El libro de Daniel

Si no hemos leído otras partes del Antiguo Testamento, ¿por qué leer un libro tan difícil como Daniel?

Hay cuatro razones:

1. Daniel brinda una visión del pueblo judío viviendo en una cultura extraña a sus prácticas y creencias religiosas.

2. Daniel fue escrito para ayudar a los judíos, como Apocalipsis a los cristianos, a mantenerse fieles durante el tiempo de persecución.

3. Muchas personas cristianas ven en el libro de Daniel, al igual que en otros pasajes del Antiguo Testamento, un atisbo del Mesías, el ungido que ha de venir.

4. El estudio de Daniel nos introduce formalmente a la literatura apocalíptica, lo cual nos lleva más allá de los reinos de este mundo hacia un reino final de Dios, y establece los fundamentos para buena parte del pensamiento del Nuevo Testamento. Es necesario entender la literatura apocalíptica para entender la comunidad cristiana primitiva.

Hay ciertos temas y características típicos de la literatura apocalíptica:

• La literatura apocalíptica refleja la creencia de que hay una lucha cósmica entre las fuerzas del mal y las fuerzas del bien. Esta lucha va conduciendo hacia una batalla final en la cual el bien triunfará.

• La literatura apocalíptica enfatiza la escatología o el estudio de los tiempos del fin. El "fin" generalmente significa el final de una era particular, aunque puede referirse al final de los tiempos tal como los conocemos. La idea central es que la era presente está bajo la influencia del mal y que el pueblo de Dios sufre persecución. Más aun, este sufrimiento aumentará hasta que Dios intervenga de repente a favor del pueblo de Dios e inaugure la nueva era de paz y gozo.

• La literatura apocalíptica contiene a menudo imágenes y símbolos que se suponía que fueran oscuros en su tiempo, y

NOTAS, REFLEXIONES Y PREGUNTAS

El sentido original del término *Hijo del hombre* era sencillamente "un ser humano" (Daniel 7:13) y "mortal" (8:17). La interpretación de *hijo del hombre* como una figura apocalíptica, un representante de Dios que traería juicio y salvación, se desarrolló mucho más tarde y no era parte del significado de los pasajes de Antiguo Testamento en que el término se usa en algunas traducciones.

ESPERANZA

que por tanto son difíciles de entender para los lectores posteriores. Por ejemplo, el cuerno generalmente representa el poder; el color blanco representaba la victoria o la pureza; el término *Anciano* enfatizaba la eternidad, soberanía y sabiduría de Dios, no una edad avanzada.

• La literatura apocalíptica es generalmente pesimista acerca del orden actual del mundo y considera la intervención de Dios como la única solución a los problemas y los sufrimientos del pueblo de Dios.

• A pesar de su pesimismo, la literatura apocalíptica está escrita con la intención de dar a los lectores un sentido de confianza y seguridad. Su mensaje principal es que Dios está en control y que el pueblo de Dios triunfará al fin.

Daniel en Babilonia

El rey Nabucodonosor de Babilonia destruyó a Judá, deportó a la gente más fuerte y joven en el año 597 A.C. (entre ellos Ezequiel), y finalmente destruyó Jerusalén y el templo en el 587/586 A.C. Daniel y sus jóvenes amigos fueron seleccionados para ser entrenados para el servicio del imperio. Sin embargo, ellos rehusaron violar las leyes judías sobre los alimentos y se negaron a adorar a los dioses babilónicos, incluso quizás imágenes de los reyes. Los judíos en el exilio siempre han tenido que enfrentarse a la dificultad de permanecer fieles en medio de una cultura extraña. El libro de Daniel dice: sean fuertes. Dios estará con ustedes. Del mismo modo que Dios estuvo con ustedes en los fuegos de Egipto, así también estuvo con Sadrac, Mesac y Abed-nego en el horno ardiente.

El libro de Daniel deleita a la niñez a la vez que desconcierta a los eruditos. Por momentos es una historia sencilla de jóvenes judíos que se niegan a comer alimentos impuros. En otros momentos las visiones y sueños son complicados, con reinos poderosos cayendo y destrozándose unos a los otros.

Daniel es un hombre de todos los tiempos, pero más que ningún escritor del Antiguo Testamento, es el hombre que escudriña los últimos tiempos. Observamos a Daniel diciendo sus oraciones a la luz del día. Nos asombramos al escucharle hablar de un reino que nunca terminará y de "uno como un hijo de hombre" que aparecerá con el Anciano de días.

Daniel interpretó los sueños de Nabucodonosor y de Belsasar. Observe que los gobernantes pensaron que eran todopoderosos, pero Dios los humilló. Daniel lee la escritura en la pared: "Pesado has sido en balanza, y fuiste hallado falto" (Daniel 5:27). Tal como escribió el profeta Isaías:

"He aquí que las naciones le son como la gota
   de agua que cae del cubo, y como menudo polvo
en las balanzas le son estimadas"
   (Isaías 40:15).

Sé fuerte; los reinos de este mundo vienen y se van.
Las cuatro bestias se supone que se refieren a reinos: el león (el imperio babilónico), el oso (el imperio medo), el

NOTAS, REFLEXIONES Y PREGUNTAS

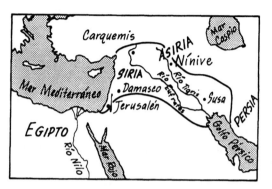

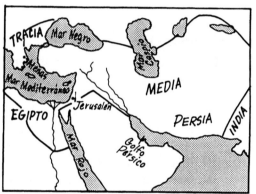

Mapas que muestran la extensión de los reinos representados en la vision de Daniel de las cuatro bestias:
• El imperio babilónico (derrotado en el 612 A.C., saqueó a Jerusalén y llevó el pueblo al exilio);
• Los imperios medo y persa (Persia derrotó a Babilonia en 539 A.C. y permitió a los exiliados judíos regresar a su patria);
• El imperio griego (dominó el Mediano Oriente durante el período intertestamentario).

117

Discipulado

leopardo (el imperio persa) y la terrible bestia con forma de dragón (el imperio griego).

Es tanto el material apocalíptico, visionario y simbólico en Daniel 7–12, que es difícil interpretarlo con exactitud. Hay una razón para ello. Puede haber sido escrito para preparar al pueblo para tiempos de dificultad, o puede haber sido escrito durante tiempos difíciles usando la valentía y la sabiduría del pasado. La mayoría de los eruditos concuerda en que el libro de Daniel tomó la forma que hoy tiene durante la terrible persecución del año 167–164 A.C. bajo el gobernante seléucida Antíoco Epífanes IV.

Bajo ese mandato, mucha gente murió. Los ídolos extranjeros y el altar de Zeus fueron colocados en el templo, el altar sagrado fue desecrado, y Jerusalén fue saqueada. A los judíos se les prohibió observar las leyes dietéticas y del sábado, practicar la circuncisión u ofrecer sacrificios en el templo.

Sean valientes; no desmayen; recuerden de quién son ustedes pueblo. ¿No puede el Dios que rescató a Daniel del pozo de los leones salvar a su pueblo obediente aun de las garras de la persecución?

Visiones apocalípticas

El profeta ve aun más allá de los imperios. Percibe un reino más grande que Babilonia o Media o Persia o Grecia, un gobernante más grande que Antíoco Epífanes.

"Estuve mirando hasta que fueron puestos tronos, y se sentó un Anciano de días, cuyo vestido era blanco como la nieve. . . .

    y los libros fueron abiertos. . . .
    miraba hasta que mataron a la bestia. . . .
    y he aquí con las nubes del cielo venía uno como un hijo de hombre, que vino hasta el Anciano de días . . .
    Y le fue dado dominio, gloria y reino, . . .
    y su reino uno que no será destruido" (Daniel 7:9-14).

¿No vio el rey Nabucodonosor un cuarto hombre parado en medio del fuego, "semejante a hijo de los dioses" (3:25)? Se anticipa al Ungido; se visualiza el reino. Se espera la resurrección de los muertos (12:1-3). Pero las palabras "están cerradas y selladas hasta el tiempo del fin" (12:9).

Otros escritos apocalípticos

En Isaías 24–27 y en Isaías 53–55; 65, encontramos otros materiales que se alejan de lo histórico y se mueven a lo visionario. Ezequiel, con una visión extraordinariamente apocalíptica, ve a Dios haciendo la guerra contra las fuerzas del mal (simbolizadas por Gog y Magog) y alcanzando la victoria (Ezequiel 38–39).

"Destruirá a la muerte para siempre, y enjugará Jehová el Señor toda lágrima de todos los rostros" (Isaías 25:8).

Muchos de los profetas predicen la llegada del Mesías o el

NOTAS, REFLEXIONES Y PREGUNTAS

Los eruditos tienen diferentes puntos de vista acerca de cuándo fue escrito el libro de Daniel. Algunos creen que fue escrito en el siglo VI A.C. La mayoría de los eruditos mantienen que fue escrito alrededor del año 164 A.C. pero que algunas partes son mucho más antiguas.

Antíoco IV, Epífanes, dominó Palestina desde el año 175 al 164 A.C. Su cruel persecución y opresión de los judíos en un esfuerzo por helenizarlos, llevó a la revuelta macabea.

ESPERANZA

Ungido. Aquel que ha de conducir hacia el reino será "humilde, y cabalgando sobre un asno" (Zacarías 9:9). El nacerá en Belén y "estará, y apacentará con poder de Jehová" (Miqueas 5:2-4). Malaquías promete un "mensajero, el cual preparará el camino", y que será como "fuego purificador" (Malaquías 3:1-2). Isaías de Jerusalén escribió:

"Porque un niño nos es nacido,
hijo nos es dado,
y el principado sobre su hombro;
y se llamará su nombre
Admirable, Consejero, Dios fuerte,
Padre eterno, Príncipe de paz" (Isaías 9:6).

LAS SEÑALES DEL DISCIPULADO

Los discípulos mantienen vivo el sueño. El discípulo se siente unido con el pueblo histórico de Dios y mantiene en su interior la visión del reino de Dios. El pueblo de fe y compromiso cree que al fin de cuentas Dios resultará victorioso y que el reino de Dios permanecerá para siempre.

Como persona cristiana, al leer sobre Daniel y sus amigos rechazando los alimentos extranjeros y negándose a adorar dioses falsos aun cuando esto implicara peligro de muerte, ¿qué pensamientos vienen a su mente?

_____

_____

Como persona cristiana leyendo las visiones apocalípticas en los tiempos modernos, ¿qué verdades espirituales vienen a su mente?

_____

_____

Describa su visión del reino de Dios que sirva como respuesta al cinismo moderno o a la ilusión de que "las cosas mejorarán".

_____

_____

SI DESEA SABER MÁS

Los libros deuterocanónicos o apócrifos son una colección de escritos religiosos judíos que no se incluyen en las Biblias protestantes ni en las hebreas. La mayor parte de dichos escritos están en las Biblias católicorromanas. Escritos durante el período intertestamentario, los libros deuterocanónicos tratan ocasionalmente sobre los últimos tiempos. Usted disfrutará leyendo 2 de Esdras 1:1–5:20 o porciones de Tobías.

NOTAS, REFLEXIONES Y PREGUNTAS

Los discípulos perciben su unidad con el pueblo histórico de Dios y viven en esperanza la visión del reinado de Dios.

CONTEXTO

"He aquí, yo envío mi mensajero, el cual preparará el camino delante de mí; y vendrá súbitamente a su templo el Señor a quien vosotros buscáis, y el ángel del pacto, a quien deseáis vosotros. He aquí viene, ha dicho Jehová de los ejércitos."

—Malaquías 3:1

17 El período de transición

NUESTRA CONDICIÓN HUMANA

Experimentamos momentos en los cuales, aunque la vida continúa y estamos rodeados de actividades, necesitamos y deseamos algo más. Por esa razón, esperamos.

ASIGNACIÓN

Da la impresión de que hay un gran abismo entre el período desde la reconstrucción de Jerusalén, después del exilio, y la llegada de Jesús. ¿Qué ocurrió durante esos cuatrocientos años?

Lea Ester, Jonás y algunos artículos acerca del período intertestamentario, pensando en el pueblo judío y su deseo de tener un líder político que los condujera a la independencia bajo el gobierno de Dios.

Día 1   Lea "El comentario bíblico".
Día 2   Ester 1–4 (para recordar que había muchos judíos viviendo en todos los rincones del mundo conocido)
Día 3   Ester 5–10 (los judíos triunfan sobre sus enemigos)
Día 4   Jonás 1–4 (para recordar la misión de Israel en el mundo)
Día 5   Si tiene un manual bíblico (*Manual Bíblico de Abingdon*) o comentarios de la Biblia. Lea información sobre el período entre los dos Testamentos. Estudie también artículos sobre historia bíblica. Le recomendamos el *Diccionario Ilustrado de la Biblia*, Editorial Caribe. Lea la introducción al Nuevo Testamento en su Biblia o notas antes de cada evangelio.
Día 6   Repase las lecciones 1–16, notando cómo la historia del pueblo escogido de Dios concuerda con la tabla de historia bíblica de la página 126. Lea y responda a "Las señales del discipulado".
Día 7   Descanso y oración.

ORACIÓN

Ore diariamente antes de estudiar:
"¡Dios mío, tú eres mi Dios!
Con ansias te busco, pues tengo sed de ti,
mi ser entero te desea,
cual tierra árida, sin agua, sin vida"
(Salmo 63:1, Versión Popular).

Oraciones de la semana:

CONTEXTO

Día 1 "El comentario bíblico"	Día 4 Jonás 1–4 (la misión de Israel en el mundo)
Día 2 Ester 1–4 (judíos viviendo en todos los rincones del mundo conocido)	Día 5 (Período intertestamentario)
Día 3 Ester 5–10 (los judíos triunfan sobre sus enemigos)	Día 6 La historia del pueblo escogido de Dios; "Las señales del discipulado"

DISCIPULADO

EL COMENTARIO BÍBLICO

Recuerde la caída de Jerusalén en el año 587/86 A.C. a manos de los babilonios. Los judíos fueron llevados al exilio y permanecieron en él por cerca de cincuenta años. En el 539 A.C., el imperio babilónico se derrumbó ante el poder de los persas dirigidos por Ciro II. Este es el comienzo del período persa.

El período persa (539–333 A.C.)

En el 538 A.C. Ciro II emitió un edicto que permitió a los exiliados judíos regresar a Jerusalén a reconstruir el templo. Algunos judíos trataron de regresar inmediatamente a Jerusalén; otros les siguieron más tarde, algunos hasta cien años más tarde.

El regreso inicial desde Babilonia tras el edicto de Ciro fue dirigido por Sesbasar, quien comenzó la reconstrucción del templo pero no la completó.

El segundo regreso fue dirigido por Zorobabel y Jesúa durante el reinado de Darío I (521–485 A.C.). Ellos construyeron un altar y reeestablecieron el sistema sacrificial en Jerusalén. Zorobabel y Jesúa terminaron el templo, bajo la influencia de Ageo y Zacarías (515 A.C.).

Esdras vino a Jerusalén mucho más tarde, durante el reinado de Artajerjes I (464–423 A.C.). Esdras trajo consigo la forma de ley mosaica practicada por la comunidad judía en Babilonia y la instituyó en Jerusalén. Según el libro de Nehemías, éste regresó dos veces durante este período a reconstruir las murallas de Jerusalén y a insistir en la reforma religiosa.

Aún más tarde, durante el reinado de Artajerjes II (404–358 A.C.), regresó un cuarto grupo bajo el liderato de Nehemías.

Esdras el sacerdote y Nehemías el laico fueron estrictos. Tuvieron que serlo. Se enfrentaron a la oposición de gentes que vivían en y alrededor de Jerusalén, y tuvieron que mantener un balance político precario con Persia.

Como Nehemías decía de sus obreros, ellos reconstruyeron las murallas de Jerusalén con un arma en una mano y los materiales de construcción en la otra (Nehemías 4:17-18).

Aunque muchos judíos regresaron, la mayoría no volvió. Este hecho es muy importante. Había varios millones de judíos desparramados por todo el mundo mediterráneo. En el siglo III A.C. se estimaba que había un millón de judíos viviendo en Egipto solamente. Piense por un momento. Al comenzar el regreso desde el exilio en Babilonia (538 A.C.), algunos judíos del reino del norte habían estado en el exilio por cerca de doscientos años; otros, del reino del sur, por dos o tres generaciones. Ahora tenían trabajos y negocios, o eran esclavos. Tenían familias. A veces no tenían dinero, y habían pasado a formar parte de otras culturas y climas. Aparte de eso, la situación económica en su patria era desesperada. ¿Para qué regresar?

NOTAS, REFLEXIONES Y PREGUNTAS

Es difícil determinar con seguridad las fechas y la secuencia de acontecimientos en el material bíblico en los libros de Esdras y Nehemías. Algunos pasajes parecen dar a entender que Esdras llegó a Jerusalén antes que Nehemías. Otros parecen indicar que Nehemías llegó primero, y aun otros parecen describir la presencia de ambos a la misma vez. Aquí colocamos a Esdras como regresando primero, aunque hay una interpretación alterna que afirma que Esdras llegó a Jerusalén despues de Nehemías, tal vez en el 398 A.C.

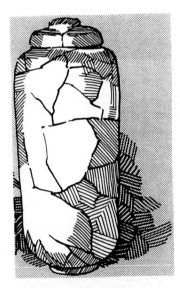

Jarro con tapa, de Qumrán, el tipo de envase en el cual se guardaron los manuscritos del Mar Muerto. Se encontraron, en cuevas del Mar Muerto, fragmentos de todos los libros canónicos de las Escrituras hebreas a excepción de Ester.

CONTEXTO

Durante esta semana usted habrá leído dos magníficas historias, Ester y Jonás. Ambos libros datan del período persa. Ester a duras penas fue aceptado en el canon debido a que el libro contiene pocos motivos religiosos y no menciona a Dios. Aun así la valentía de la reina Ester, la belleza de la historia, la explicación del festival de Purim, y la victoria política que se representa le ganaron un lugar en la Biblia. Estamos leyendo el libro para recordar a los judíos que vivían en la dispersión, a veces bajo persecución.

En el libro de Jonás hay una reacción a las actitudes representadas por Esdras. Los judíos se separaron de los extranjeros por la influencia de Esdras. Profundamente afectado por la tragedia nacional que el exilio representó, Esdras decidió ser estricto. Demandó absoluta obediencia a las leyes de la circuncisión, a la observación del sábado y al pago de los diezmos para sostener el templo. Más aún, Esdras exigió el divorcio de las esposas extranjeras (Esdras 9–10). La separación nunca había sido tan intensa; los extranjeros, los de sangre mezclada y los matrimonios mixtos fueron separados de la comunidad. El mensaje de Jonás insiste en que Israel debe ser luz a los gentiles. Un profeta sin mayor importancia llamado Jonás fue enviado a Nínive (la capital del antiguo imperio asirio, símbolo del corazón del "enemigo") para advertir a los ninivitas de la destrucción que se les avecina. Al igual que Israel, Jonás se resiste. El milagro en la historia es que Nínive se arrepiente. El autor de Jonás, a través de la historia, se coloca en tensión frente a la rígida ortodoxia de Esdras. ¿Cómo describiría usted la tensión entre la separación (como dice Esdras) y el "celo misionero" (según Jonás)?

NOTAS, REFLEXIONES Y PREGUNTAS

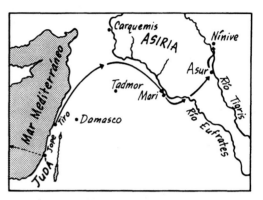

Nínive y Tarsis eran los extremos del mundo comercial en el tiempo de Jonás. Cuando Dios lo llamó a predicar a la gente de Nínive, Jonás trató de escapar lo más lejos posible en dirección contraria.

El período griego (333–198 A.C.)

Una fecha importante, y fácil de recordar, es el año 333 A.C. Alejandro Magno ganó una victoria decisiva sobre los persas y comenzó a establecer la influencia griega a través de todo el mundo conocido. Las metas de Alejandro eran culturales. Sus ejércitos llevaban el lenguaje, la cultura y la religión griegas a todas partes. Las monedas, viajes, comercio, educación y deportes griegos se diseminaron a través de las tierras mediterráneas. Se establecieron nuevas ciudades, tales como Alejandría en Egipto.

El lenguaje común en Palestina bajo los babilonios y los persas era el arameo. A partir del triunfo de Alejandro, la gente educada hablaba y escribía griego. La gente podía moverse con mayor libertad. El comercio floreció.

Se popularizaron por todas partes los eventos deportivos, en los cuales los atletas participaban sin ropa. La desnudez era abominable para los judíos. La circuncisión se convirtió en un asunto para discusión. Algunos hombres judíos se

Alejandro el Grande (356–323 A.C.), rey de Macedonia, conquistó Grecia, el imperio persa y Egipto, y extendió la cultura griega desde Egipto hasta la India, la más amplia extensión de un imperio mundial.

DISCIPULADO

hacían cirugía para eliminar las señales de la circuncisión, de modo que no tuvieran que sufrir el ridículo cuando competían en eventos deportivos.

La existencia de muchos dioses y filosofías griegas produjo un clima de tolerancia y libertad en la religión judía. El diálogo y el debate sobre asuntos filosóficos, éticos y religiosos era común. Muchos griegos se sintieron atraídos hacia el concepto de un Dios Creador Supremo. Algunos gentiles bajo la influencia griega estudiaron el judaísmo y se convirtieron en "temerosos de Dios" o creyentes gentiles. Algunos se convirtieron al judaísmo.

El período seléucida (198–167 A.C.)

Después de la muerte de Alejandro Magno, el imperio griego se dividió en cuatro partes, cada una gobernada por oficiales militares. Egipto estaba gobernado por los Ptolomeos. Asia Menor, Siria y Babilonia quedaron bajo el poder de un oficial llamado Seleuco y sus herederos. Este reino se convirtió en el más poderoso de ellos, y sus gobernantes eran los llamados "seléucidas". Uno de sus reyes, Antíoco III, derrotó a Egipto cerca del monte Hermón en el 198 A.C. y se anexó Palestina. Cuando Antíoco IV llegó al poder (175–163 A.C.), se llamó a sí mismo Epífanes, o sea manifestación de Dios. Este rey cayó con furia sobre los judíos. Los forzó a la conformidad cultural y religiosa. Demandó culto a sí mismo como al dios Zeus y le construyó un altar a este dios en el templo de Jerusalén. Incluso sacrificó un cerdo (animal inmundo entre los judíos) en el altar.

Además:
- confiscó objetos de valor del templo en Jerusalén;
- nombró al mejor postor al oficio de sumo sacerdote;
- premió a los judíos que cooperaron con su gobierno;
- llamó a sus tropas para acabar con la resistencia;
- quemó copias de la Ley judía;
- ilegalizó la circuncisión bajo pena de muerte;
- ilegalizó la observancia de las leyes del día de descanso y de comida, forzando a los judíos a comer carne de cerdo.

En Daniel 7–12, él es el cuerno pequeño en 7:8, 20-27; 8:9-14; y en 11:31 él es la "abominación desoladora".

El período asmoneo (167–63 A.C.)

Bajo el liderato de la familia de los Macabeos, algunos de los judíos tomaron las armas contra Antíoco y, después de una violenta guerra, establecieron la independencia judía por cien años.

Muchos eruditos piensan que los escritos de Daniel, usando la vida y las profecías de este profeta en Babilonia, fueron puestos al día y consolidados en lo que hoy es el libro de Daniel, con el fin de dar ánimo apocalíptico durante el período de persecución bajo Antíoco Epífanes. Manténganse firmes, dice Daniel.

NOTAS, REFLEXIONES Y PREGUNTAS

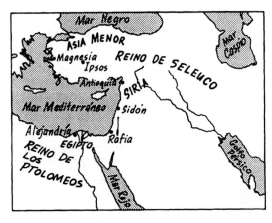

Los imperios seléucida y ptolomeo durante la época entre la muerte de Alejandro el Grande y el período asmoneo.

CONTEXTO

El dominio romano (desde 63 A.C.)

El control romano sobre Palestina comenzó en el 63 A.C. y floreció bajo Augusto César, quien fue emperador desde el 31 A.C. hasta el 14 D.C. Al leer el Nuevo Testamento tenemos la tendencia a enfatizar la brutalidad romana debido a Herodes el Grande, idumeo cuya familia se había convertido al judaísmo, y que se convirtió en un gobernante "títere" de Roma. Pero el pueblo conoció la *Pax romana* (la paz de Roma) por cerca de doscientos años. Los ingenieros romanos construyeron caminos hacia los más lejanos rincones del imperio. Más tarde, los misioneros cristianos como Bernabé y Pablo viajaron con facilidad gracias a esa paz y a esos caminos, llevando el evangelio en unos pocos años a través del mundo mediterráneo.

Los romanos tomaron mucho de la cultura griega. Promovieron el comercio, permitieron a menudo gran libertad en asuntos religiosos, adoptaron un sistema monetario universal, usaron el griego en el comercio y en la educación, y establecieron controles regionales con las poblaciones romanas.

Los impuestos bajo los griegos y los romanos eran severos, arbitrarios y susceptibles a la corrupción. La gente rica (tal como Zaqueo en Lucas 19:1-10) regateaba por el derecho a ser recaudadores de impuestos. Por un precio, Roma les asignaba un territorio. Estos contrataban a otros para hacer el trabajo de recaudar. Estos "publicanos" recaudaban contribuciones personales y de la propiedad sobre esclavos, ganado, edificios y cosas por el estilo. Establecían sus tarifas con pocas directrices, pagaban a Roma la cantidad convenida, y se quedaban con todo lo otro que hubieran recaudado. Los recaudadores judíos de impuestos eran considerados "pecadores" e impuros, no sólo por su avaricia sino también por su contacto estrecho con gentiles.

La vida religiosa

Los judíos en el exilio (diáspora) no tenían templo, ni clero formal; sencillamente se reunían. Así se fue formando otra forma de vida religiosa: *la sinagoga*. *Sinagoga* significa "reunión", pero llegó a significar "lugar de oración". Los judíos, dispersos por todo el mundo, se reunían en las sinagogas de cada pueblo y ciudad. Los eruditos discuten cuando comenzaron formalmente las sinagogas, pero las reuniones para oración y discusión eran comunes entre los exiliados. Al leer Ester usted puede percibir una red de oración y ayuno.

¿Qué pasaba en las sinagogas? El pueblo se reunía con regularidad para oración y estudio. Surgieron maestros laicos llamados rabinos. La niñez aprendía su lengua, sus costumbres, sus leyes y sus rituales. Se conducía una adoración en el sábado consistente en oración y lectura de la Escritura junto a enseñanza y discusión.

La sinagoga proveía ayuda a los judíos indigentes. Era un centro político y social en la vida de la comunidad judía.

NOTAS, REFLEXIONES Y PREGUNTAS

Diáspora es un término griego que se usa para referirse a los judíos que se dispersaron por el mundo cuando el reino del norte fue conquistado por los asirios y el reino del sur por los babilonios. El término *diáspora* se usa también para describir a los judíos que no regresaron a Judea al final del exilio. Hoy en día se refiere a cualquier persona judía que no vive en Israel.

DISCIPULADO

La sinagoga también ofrecía hospitalidad a los viajeros judíos. Los judíos recordaban que Abraham recibió visitantes de parte de Dios (Génesis 18:1-8), y recordaban la insistencia de la Torá en el cuidado a los extranjeros, los visitantes, los viajeros. La sinagoga era una especie de hostería antigua.

A medida que pasaron los siglos, antes de la época del Nuevo Testamento, la ley de Moisés se hizo cada vez más importante. La ley significaba a veces la Torá (los primeros cinco libros del Antiguo Testamento), pero a menudo se refería a toda la ley con sus tradiciones orales y sus interpretaciones.

La ley fue elevada, alabada y glorificada. Esdras estableció la ley de Moisés como el corazón del judaísmo. Así también lo hicieron los rabinos. La meta de la vida religiosa era obedecer la ley en cada uno de sus detalles y vivir perfectamente delante de Dios. Mucho antes de que el templo fuera destruido por los romanos en el 70 D.C., el sacrificio en él era menos importante que la ley en la sinagoga.

Varios grupos religiosos se desarrollaron dentro del judaísmo durante el período entre los testamentos: los escribas, los saduceos, los fariseos, los esenios y los zelotes. El término "escriba" no se refiere a un grupo con creencias particulares o con un programa político, sino más bien a eruditos, cuidadosos de la ley. Algunos escribas eran fariseos y otros eran saduceos.

LAS SEÑALES DEL DISCIPULADO

El Dios del universo es uno. Dios revela su naturaleza en el Antiguo y Nuevo Testamentos, finalmente mostrando su verdadera naturaleza en Jesucristo.

Los discípulos sienten su unidad con el histórico pueblo de Dios (descendientes de Abraham y de Sara) y traen dicha comprensión a la lectura del evangelio de Jesucristo. ¿De qué formas está usted comenzando a entender la unidad de la Biblia y el tema central de la historia de salvación?

SI DESEA SABER MÁS

Si tiene tiempo, lea Ageo, Zacarías y Malaquías. Estos escritos proveen atisbos del período entre los Testamentos, y Malaquías es un vínculo elocuente y revelador entre la vieja era profética y el judaísmo emergente.

El libro 1 de Macabeos, entre los libros deuterocanónicos, podría ser lectura apropiada para tener una comprensión de la historia del período.

Memorice los libros del Nuevo Testamento.

NOTAS, REFLEXIONES Y PREGUNTAS

Los discípulos oyen el evangelio de Jesucristo en el contexto de la unidad con el pueblo histórico de Dios.

Tabla de historia bíblica

2000 A.C.	Período de los antepasados Abraham y Sara, Isaac, Jacob, José
1700 A.C.	La familia de Jacob entra a Egipto
1260 A.C.	Moisés dirige la huída de Egipto
1220 A.C.	Josué dirige al pueblo en Canaán
	Período de los jueces
1020 A.C.	Comienzo de la monarquía Saúl, David, Salomón
922 A.C.	División de los reinos del norte y del sur después de la muerte de Salomón
722/721 A.C.	Caída de Samaria ante Asiria
587/586 A.C.	Caída de Jerusalén ante Babilonia
	El templo destruido
	Exilio en Babilonia
539 A.C.	Período persa
	Edicto de Ciro
538 A.C.	Regreso de los exiliados
515 A.C.	El templo reconstruido
333 A.C.	El período griego
	Alejandro el Grande
167 A.C.	Revuelta judía (el período asmoneo)
63 A.C.	Los romanos capturan Jerusalén
37 A.C.	Herodes el Grande nombrado rey sobre Palestina
4 A.C.	Nacimiento de Jesús

DISCIPULADO

EL NUEVO TESTAMENTO

DISCIPULADO

> "Pasando Jesús de allí, vio a un hombre llamado Mateo, que estaba sentado al banco de los tributos públicos, y le dijo: Sígueme. Y se levantó y le siguió."
>
> —Mateo 9:9

18 Discipulado radical

NUESTRA CONDICIÓN HUMANA

Atados al status quo, vivimos en ansiedad. Nos conformamos a nuestra cultura, aun sabiendo que está enferma, y llena de confusión y corrupción. Caminamos en ceguera espiritual.

ASIGNACIÓN

Durante las próximas dos semanas estudiaremos Mateo, leyéndolo dos veces con diferentes enfasis: (1) el llamado a un discipulado radical y (2) la tensión creciente que llegó hasta la crucifixión.

Entre el nacimiento y la pasión, Mateo desarrolla cinco secciones bien definidas, o "libros" que corresponden a los cinco libros del Pentateuco. Cada una de estas secciones tiene dos elementos: primero, *Jesús en acción*; segundo, *Jesús enseñando* o interpretando sus actuaciones. Observe cada vez que ocurra la frase "cuando Jesús terminó" o alguna fórmula similar. Estas palabras marcan el comienzo de una nueva sección en el evangelio.

- Día 1   Mateo 1–2 (relato del nacimiento); 3–7 (Sección 1: discipulado radical)
- Día 2   Mateo 8–10 (Sección 2: la misión)
- Día 3   Mateo 11:1–13:52 (Sección 3: secretos del Reino)
- Día 4   Mateo 13:53–18:35 (Sección 4: vida y liderato en la iglesia)
- Día 5   Mateo 19–25 (Sección 5: preparándose para el Juicio)
- Día 6   Lea y responda a "El comentario bíblico" y a "Las señales del discipulado".
- Día 7   Descanse.

ORACIÓN

Ore diariamente antes de estudiar:
"Haz que mi corazón prefiera tus mandatos
a las ganancias mal habidas.
No dejes que me fije en falsos dioses;
¡dame vida para seguir tu camino!
Confirma a este siervo tuyo
las promesas que haces a los que te honran"
(Salmo 119:36-38, Versión Popular).

Oraciones de la semana:

DISCIPULADO

Día 1   Mateo 1–2 (relato del nacimiento); 3–7 (discipulado radical)

Día 2   Mateo 8–10 (la misión)

Día 3   Mateo 11:1–13:52 (secretos del Reino)

Día 4   Mateo 13:53–18:35 (vida y liderato en la iglesia)

Día 5   Mateo 19–25 (preparándose para el Juicio)

Día 6   "El comentario bíblico" y "Las señales del discipulado"

DISCIPULADO

EL COMENTARIO BÍBLICO

Desde las palabras iniciales en el evangelio de Mateo, el evangelista está haciendo una declaración: Jesús, el hijo de David, ha venido a ser el Salvador de toda la humanidad. Su nombre era Jesús, un nombre derivado de *Josué*, que significa literalmente "Yahvé es salvación".

Mateo organizó la genealogía en tres grupos de catorce nombres cada uno (Mateo 1:17). Omitió los nombres de algunos reyes para poder crear una genealogía nítida. ¿Pero por qué tres grupos? Porque Mateo divide la historia de Israel en tres etapas: de Abraham a David, de David al exilio en Babilonia, del exilio en Babilonia a Jesucristo. Se incluyen nombres de mujeres—lo cual es poco común en las genealogías judías antiguas. Note lo siguiente: la genealogía no comienza desde Jesús y se desarrolla hacia el pasado tal como hace Lucas; más bien, comienza con Abraham y va moviéndose hacia adelante (1:2). Mateo quiere que sepamos que Jesús es el Mesías, la culminación y el clímax de la historia de salvación. La genealogía es la de José, ya que la manera legal regular de trazar la genealogía era por el lado paterno.

Mateo quería que sus lectores judíos entendieran que Jesús vino primero que nada a su propio pueblo, los judíos. Sin embargo, los sabios, que se pensaba que eran gentiles que vinieron del Oriente, mostraron que Jesús vino a salvar a los gentiles también.

El llamado al discipulado radical

Jesús hizo una demanda absoluta. Cuando dijo: "Sígueme" quiso decir dejar algo o alguien o algún lugar atrás. Obedecer significó caminar sin cargas hacia lo desconocido—listos para escuchar, para aprender, para testificar, para servir. La palabra *discípulo* significa "alguien que aprende".

Simón y Andrés, Santiago y Juan dejaron sus redes de pescar y sus parientes. Mateo, también llamado Leví, dejó su banco de tributos.

Jesús invitó a otras personas a seguir su discipulado radical, pero no estuvieron dispuestas a liberarse de las cosas que las mantenían atadas. Jesús le advirtió a un escriba, un posible discípulo, que iba a dormir en el suelo a menudo. No tenemos más noticias de este hombre (Mateo 8:19-20). Otro quería esperar hasta que su anciano padre muriera. Jesús le dijo: "Sígueme", y este hombre también desapareció (Mateo 8:21-22). Más tarde, un hombre rico consideró el discipulado. "Anda, vende todo lo que tienes . . . y ven y sígueme." Pero el hombre "se fue triste, porque tenía muchas posesiones" (Mateo 19:16-22). Ni los miembros de la familia deben ser tropiezo en el camino del discipulado (10:34-39). La persona cristiana debe tener su mirada en un solo asunto, en la búsqueda del reino de Dios y su justicia sobre todas las cosas (6:33; lea otra vez 13:44-46).

El sermón del monte contiene algunas demandas de Jesús:

NOTAS, REFLEXIONES Y PREGUNTAS

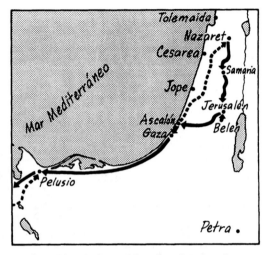

La visita de los sabios, la advertencia a José a través del sueño, la huida de la familia a Egipto, y la matanza de los niños en Belén se relatan en Mateo 2. A pesar de que el viajar por el desierto pudo haber sido la mejor forma de escapar de Herodes, la familia tomó la ruta más corta y segura a lo largo de la costa que va de Ascalón hasta la frontera con Egipto y, aparentemente regresaron por la misma ruta.

DISCIPULADO

Hablar sólo la verdad.
No codiciar ni siquiera en lo íntimo del corazón.
Arrancar de raíz la ira de nuestro corazón.
Perdonar sin límites ni medida.
Amar a nuestros enemigos.
Orar en privado.
Lavarse la cara al ayunar para que nadie lo sepa.
Dar sin buscar crédito.
Evitar pasar juicio.
Trabajar por la paz.

La preocupación de Jesús por la justicia permea el sermón del monte. Este pueblo del reino es un pueblo peculiar. Vivirá vidas de callada gratitud, sencillamente pidiendo por el pan de cada día, tal como los israelitas recibieron el maná en el desierto. Si la persecución viene, deben estar agradecidos. Sin duda, se espera que estos nuevos discípulos vivan una vida de justicia "mayor que la de los escribas y fariseos" (5:20).

La primera palabra en el ministerio de Jesús fue *arrepentíos* (4:17). Arrepentirse significa no sólo confesar y sentir tristeza por los pecados sino también, y más importante que todo eso, volverse hacia una nueva dirección. El arrepentimiento significa cambiar de dirección, tener una nueva manera de pensar y de vivir, llevar una nueva vida.

¿Cómo es esa nueva justicia? Es una vida caracterizada por el arrepentimiento, arrancada de la vida mundana, y que ahora apunta en una dirección fresca hacia el reino.

El sentido de justicia propia, a veces señalado por Mateo en los líderes religiosos, es vivir sin luz. No encontraremos a Dios hasta que no reconozcamos que necesitamos a Dios. En Mateo 23, la crítica mordaz está dirigida no sólo a los fariseos; está dirigida contra toda hipocresía en cada generación. La hipocresía religiosa es la peor clase de hipocresía.

La gente pedía una señal. "Señal no le será dada, sino la señal del profeta Jonás," dijo Jesús (16:1-4). ¿Qué quiso decir Jesús? Jonás predicando arrepentimiento y Nínive, odiosa capital de Asiria, arrepintiéndose en saco y cenizas.

Jesús contó una historia (21:28-32). Un padre les pidió a sus dos hijos que fueran a trabajar a su viña. Uno dijo que no; el otro dijo que sí. Pero el hijo que dijo que iría, nunca fue. Después, el muchacho que dijo que no cambió de idea y fue. ¿Cuál de ellos hizo lo que el padre quería? El arrepentimiento trae un cambio de actitud, una nueva dirección, y una nueva relación.

Después de recibir perdón y nueva dirección, los discípulos pueden extender su perdón a otras personas diariamente (tal como dice el Padrenuestro) y siempre (tantas como setenta veces siete). Así que el arrepentimiento nos habla de comienzos y compromisos nuevos con los caminos del Señor.

La misión

Los discípulos no sólo están llamados a "ser". Están llamados a "hacer". La comunidad de fe se lanza a la misión. Un

NOTAS, REFLEXIONES Y PREGUNTAS

"Ni se enciende una lámpara para ponerla bajo un cajón; antes bien se la pone en alto para que alumbre a todos los que están en la casa. Del mismo modo, procuren ustedes que su luz brille delante de la gente, para que, viendo el bien que ustedes hacen, todos alaben a su Padre que está en el cielo" (Mateo 5:15-16, Versión Popular).

DISCIPULADO

leproso clama y es sanado (Mateo 8:2-4). Un oficial romano, un centurión a cargo de cien soldados, pidió ayuda para un criado paralítico. Maravillado ante la fe del soldado gentil, Jesús señaló: "Vendrán muchos del oriente y del occidente, y se sentaran con Abraham e Isaac y Jacob en el reino de los cielos" (8:5-13). El criado fue sanado.

Después que Jesús sanó a la suegra de Pedro, Mateo citó el pasaje del siervo sufriente que se encuentra en Isaías 53:4: "Llevó él nuestras enfermedades y sufrió nuestros dolores" (Mateo 8:17). El profeta Isaías deseaba un Israel reclamado y comprometido de nuevo para estar en misión. Jesucristo activa esa misión. Recuerde que Jesús no sólo sana, limpia, perdona, sino que también guía y entrena a los discípulos para que sigan tras él.

Los dos endemoniados a quienes Jesús sanó sabían quién era Jesús y lo llamaron "Hijo de Dios" (8:28-34). Jesús hizo lo que sólo Dios puede hacer—perdonar pecados. El paralítico fue sanado. Jesús llamó a Mateo el publicano a ser su discípulo. En la cena que dio Mateo, en medio de las críticas por comer con los recaudadores de impuestos que eran ceremonialmente impuros y odiados porque cobraban los impuestos de Roma, Jesús todavía quiere llegar a la gente: "Porque no he venido a llamar a justos, sino a pecadores" (9:13).

Una niña se levantó de los muertos (9:18-19, 23-25); una mujer con flujo de sangre fue sanada (9:20-22); dos hombres ciegos recibieron la vista (9:27-30); un hombre mudo pudo hablar (9:32-33). ¿Qué está pasando? Jesús el Ungido ha venido a traer la misión de Dios a la experiencia del pueblo. El reino se abre paso.

Ahora observe: la obra del reino está diseñada para crecer en magnitud. Jesús dijo a los discípulos: "A la verdad la mies es mucha, mas los obreros pocos. Rogad, pues, al Señor de la mies, que envíe obreros a su mies" (9:37-38). Jesús esperaba que sus discípulos hicieran las mismas cosas que él había estado haciendo. Al principio se esperaba que los discípulos fueran sólo a los judíos. Después debían ir al mundo entero. "Y yendo, predicad, diciendo: El reino de los cielos se ha acercado. Sanad enfermos, limpiad leprosos, resucitad muertos, echad fuera demonios" (10:7-8).

Imagínese que usted es uno de los doce discípulos que recibe éstas ordenes. Describa cómo se sentiría.

Los secretos del reino

Ahora Jesús está listo para llevar a los discípulos a una comprensión espiritual mucho más profunda. El conocía secretos que ellos debían conocer. Había tantas cosas ocultas a su vista. Tenían que recibir enseñanza.

Observe en Mateo 11 que Jesús actúa y después explica. Juan el Bautista envía mensajeros desde su prision a pregun-

NOTAS, REFLEXIONES Y PREGUNTAS

DISCIPULADO

NOTAS, REFLEXIONES Y PREGUNTAS

tar: "¿Eres tú aquel que había de venir?" Lea con cuidado la respuesta de Jesús (Mateo 11:4-6). Muchas personas esperaban un tipo de Mesías diferente. Jesús está interpretándole a Juan la clase de Mesías que él es.

¿Qué entiende por la imagen de los muchachos tocando la flauta y endechando (11:16-17)? Jesús era alegre; Juan era adusto. La mayoría no respondió a ninguno de los dos.

Los rabinos usaban el término "yugo" para referirse a la ley. ¿Qué quería decir Jesús con "llevad mi yugo sobre vosotros, y aprended de mí, que soy manso y humilde de corazon; y hallaréis descanso para vuestras almas" (11:29)?

Si Jesús nos llama a un discipulado radical, ¿en qué sentido es su yugo ligero y su carga fácil (11:30)?

En 12:24-50, Jesús redefine su familia y la de sus seguidores. Las demandas de Dios, deben ir primero entre quienes forman parte de la familia de Jesús.

Las parábolas del reino son misteriosas y a la vez transformadoras. Generalmente una parábola, al ser escuchada en su totalidad, transmite un sentido esencial. Cuando Jesús cuenta la parábola está usando un método para la ensenanza, una historia para ser narrada una y otra vez por la comunidad de fe. El usó imágenes de la vida diaria; personas buenas y malas, comida, flores, ropas, montañas, y colectores de impuestos, siempre tratando de explicar su punto. Cuando usted lea una parábola, trate de discernir el sentido esenciál.

¿Qué significa la parábola del sembrador (13:3-9)?

¿Qué significa la parábola de la semilla de mostaza (13:31-32)?

Al leer 13:52, recuerde que Jesús dijo que él no vino a abolir la ley sino a cumplirla. El pueblo del reino extraerá de lo antiguo y de lo nuevo, de la ley de Moisés y de las enseñanzas de Jesús. Lo antiguo no es descartado.

Vida y liderato en la iglesia

El reino de Dios, al igual que Israel, no es un lugar de soledad. La religión de la Biblia no es solitaria, entre usted y Dios solamente. La salvación de Dios es comunitaria. Vivimos nuestra fe en comunidad, no con nosotros mismos.

Jesús quería que sus discípulos estuvieran más preocupados acerca de la ley moral que de la ley ceremonial. Algunos maestros judíos, usando como base la tradición oral, se preocupaban por pequeñeces. Algunos rabinos enseñaban a la

DISCIPULADO

gente que debían lavarse las manos ritualmente siete veces antes y después de comer. Jesús se concentró en asuntos espirituales: "Porque del corazón salen los malos pensamientos, los homicidios, los adulterios, las fornicaciones, los hurtos, los falsos testimonios, las blasfemias" (Mateo 15:19). Jesús también estaba estableciendo una comunidad con personas de todas clases a quienes las leyes dietéticas mantenían apartadas. El comió con judíos que no se lavaban las manos en forma apropiada. Pidió agua a una mujer samaritana (Juan 4:1-42). Las relaciones eran más importantes que los rituales. La santidad de la nueva comunidad sería una santidad que rompería las barreras entre la gente en vez de construirlas.

Jesús llevó a sus discípulos a un nivel de mayor profundidad. El Mesías iba a sufrir. La comunidad cristiana sufriría también. Pero vea lo que sucedió. Cuando Jesús dijo que tenía que ir a Jerusalén a sufrir, Pedro protestó. Jesús lo reprendió severamente (Mateo 16:22-23). ¿Por qué? Porque Jesús iba camino a la cruz. Nosotros caminaremos también en la misma dirección. La cruz de Jesús será la medida para la comunidad cristiana. Seremos salvados por esa cruz. Viviremos por esa cruz. "Si alguno quiere venir en pos de mí, niéguese a sí mismo, y tome su cruz, y sígame" (16:24). Estamos comenzando a ver los que la membresía en el reino y el liderato en la iglesia significa.

Preparados para el juicio

La comunidad cristiana, bajo el liderato del Ungido, está experimentando el reino por anticipado y esperando su cumplimiento pleno.

Así que, mientras esperamos y observamos, debemos ser fieles a nuestra pareja (Mateo 19:3-9) o, si somos solteros y solteras, al trabajo del reino (19:10-12), amorosos con la niñez (19:13-15), y sin preocupación por volvernos ricos (19:23-30). Todos alcanzarán la misma salvación, sea al principio de su vida o a última hora, porque la salvación no se gana. Nos es dada por la gracia de Dios (20:1-16). Los líderes en la iglesia son aquellas personas que sirven más humilde y fielmente (20:20-28).

¿Recuerda las referencias proféticas a Israel como la viña del Señor? Los líderes de Israel son los inquilinos de la viña de Dios (21:33-43). ¿Qué quiere decir Jesús? Que el reino le será arrebatado a Israel y entregado a personas que produzcan los frutos del reino.

Muchas personas han crecido con la imagen del Jesús manso y humilde. Se sorprenden al leer Mateo 23, que suena como los mensajes de Amós o Isaías. Pero los subterfugios de la religión, las sutilezas de la ceremonia, pueden ser como "sepulcros blanqueados", limpios por fuera, pero por dentro "llenos de huesos de muertos y de toda inmundicia" (23:27).

Jesús, enseñando en el templo, pudo haber estado mirando a través del valle de Cedrón hacia el monte de los Olivos, viendo al sol saltar sobre las tumbas judías. Estas estaban

NOTAS, REFLEXIONES Y PREGUNTAS

El templo de Herodes incorporó y restauró lo que quedaba del segundo templo. Estaba todavía en construcción durante el tiempo de Jesús, y el complejo en su totalidad no se concluyó sino hasta el año 62–64 D.C. Este fue el templo al que Jesús fue.

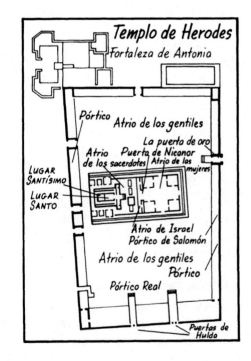

DISCIPULADO

lavadas para que los peregrinos que venían a celebrar la Pascua no tocaran accidentalmente una tumba y quedaran impuros ceremonialmente para la adoración en el templo.

Al leer Mateo 23, no piense tanto en los fariseos que estaban tratando tanto de mantener la tradición oral y los rituales; piense en las pretensiones y engaños que permeaban la vida civil y religiosa. ¿En qué formas permitimos que la ceremonia aplaste la compasión? ¿Cuándo limpiamos por fuera y dejamos lo de adentro sucio?

Mateo 24–25 es importante. Creemos que al fin Dios ganará. Creemos que Cristo vendrá otra vez. Pero nadie sabe cuándo. Ni siquiera Jesús. Mientras esperamos, debemos cuidarnos de aquellas personas que nos quieran engañar con señales y visiones. Jesús claramente nos advirtió contra tales falsos mesías y profetas (24:3-5, 24, 36).

Entonces, ¿qué debemos hacer? Debemos ser como las cinco vírgenes que estaban listas en todo tiempo (25:1-13). Debemos ser como los esclavos que usaron los talentos para que su señor recibiera ganancia (25:14-30). Debemos tratar siempre a nuestro vecino—hambriento, sediento, extranjero, desnudo, enfermo, en la cárcel—como si se tratara de Jesús mismo (25:31-46). Debemos traer a estas personas a nuestra comunidad—hasta que Jesús vuelva otra vez.

LAS SEÑALES DEL DISCIPULADO

¿Puede ver cuán a menudo la iglesia hace parecer el discipulado como algo sencillo? "Acepte a Jesús como Señor y Salvador" es muy cierto pero muy superficial, si no se presenta junto a las demandas radicales, el compromiso total del discipulado: déjenlo todo y sigan a Jesús.

Describa dónde se encuentra usted en términos de su discipulado. ¿Ha respondido al llamado de Cristo: "Venid en pos de mí"? ¿Hay algo o alguien que lo tenga atado?

¿De qué manera es el discipulado radical una respuesta a nuestra necesidad de conformarnos siempre a lo que dice la cultura y la sociedad?

SI DESEA SABER MÁS

El sermón del monte (Mateo 5–7) contiene algunas de las visiones éticas más profundas jamás proclamadas. Léalo con cuidado. Las bienaventuranzas (5:3-12) son la esencia de la esencia. Haga una paráfrasis de las ocho bienaventuranzas en sus propias palabras.

NOTAS, REFLEXIONES Y PREGUNTAS

Los discípulos aceptan el llamado de Cristo a vivir un discipulado radical.

Tabla de historia bíblica

4 A.C.   Nacimiento de Jesús

AMENAZA

"Si alguno quiere venir en pos de mí, niéguese a sí mismo, y tome su cruz y sígame. Porque todo el que quiera salvar su vida, la perderá; y todo el que pierda su vida por causa de mí, la hallará."

—Mateo 16:24-25

19 La controversia crece

NUESTRA CONDICIÓN HUMANA

Nos gusta controlar lo que consideramos justo y mantener poder sobre lo que creemos respetable. Jesús es una amenaza constante a nuestras formas de vida preestablecidas. Su estilo de vida está en conflicto con nuestros valores, y su palabra contradice nuestros patrones de vida. Esperamos salirnos con la nuestra; pero cuando Jesús sigue confrontándonos, lo rechazamos, lo ridiculizamos, y finalmente, lo crucificamos.

ASIGNACIÓN

Las lecturas en esta lección son poco comunes. Leeremos rápidamente porciones de Mateo, buscando en particular el conflicto de valores, las controversias religiosas, y los desacuerdos políticos. A medida que nos acerquemos a lo que se ha llamado tradicionalmente el relato de la Pasión (arresto, juicio, crucifixión y entierro) y la Resurrección, leeremos con lentitud y en actitud de meditación.

Día 1 Mateo 1–7 (el nacimiento y niñez de Jesús, el sermón del monte)
Día 2 Mateo 8–18 (la controversia religiosa)
Día 3 Mateo 19–25 (entrada a Jerusalén, desacuerdos políticos)
Día 4 Mateo 26 (Ultima Cena, traición, juicio ante Caifás); 27 (Jesús ante Pilato, la crucifixión)
Día 5 Mateo 28 (la resurrección, la gran comisión)
Día 6 Lea y responda a "El comentario bíblico" y a "Las señales del discipulado".
Día 7 Descanso.

ORACIÓN

Ore diariamente antes de estudiar:
"¡Concédele vida a este siervo tuyo!
¡Obedeceré tu palabra!
Abre mis ojos para que contemple
las maravillas de tu enseñanza.
Yo soy extranjero en esta tierra;
no escondas de mí tus mandamientos"
(Salmo 119:17-19, Versión Popular).

Oraciones de la semana:

AMENAZA

Día 1 Mateo 1–7 (el nacimiento y niñez de Jesús, el sermón del monte)

Día 2 Mateo 8–18 (la controversia religiosa)

Día 3 Mateo 19–25 (entrada a Jerusalén, desacuerdos políticos)

Día 4 Mateo 26 (Ultima Cena, traición, juicio ante Caifás); 27 (Jesús ante Pilato, la crucifixión)

Día 5 Mateo 28 (la resurrección, la gran comisión)

Día 6 "El comentario bíblico" y "Las señales del discipulado"

DISCIPULADO

EL COMENTARIO BÍBLICO

La tensión comenzó desde el nacimiento. Cuando los sabios (gentiles) de Oriente preguntaron: "¿Dónde está el rey de los judíos, que ha nacido?" (Mateo 2:2), se creó una crisis política. Herodes el Grande llevaba precisamente el título de rey, y sintió temor de que surgiera otro aspirante al trono.

Mateo hace un contraste entre los dos reyes que demandan obediencia, Herodes (y sus sucesores) y Jesús. Herodes el Grande, extremadamente paranoico, era gobernante de Judea para la época en que Jesús nació. Herodes mató a su esposa, a sus tres hijos, a su suegra, a su cuñado, a su tío, y según Mateo a todos los niños en Belén menores de dos años, todo por proteger su posición.

Herodes Antipas, hijo de Herodes el Grande, se convirtió en el gobernante de Galilea y Perea a la muerte de su padre. Este fue el Herodes que mandó ejecutar a Juan el Bautista.

Jesús, en contraste, nació en una pequeña aldea de familia campesina, un refugiado en Egipto (como los esclavos hebreos), un carpintero en un sector pobre del país. No tenía riqueza ni poder político y rechazó el titulo de rey (el entendimiento común acerca del Mesías era el de un líder político). Pedro lo llamó Cristo, queriendo decir Mesías, Ungido. Los romanos colocaron en la cruz un letrero con el título "Rey de los judíos" (27:37).

Mateo contrasta la familia herodiana—gobernantes y representantes poderosos del imperio romano—y Jesús, quien cumplió el doble rol de sucesor de David e Hijo de Dios, el único verdadero rey de los judíos. El contraste y el conflicto entre la familia de Herodes y Jesús se encuentra en el Nuevo Testamento de principio a fin.

La matanza de los niños en Belén nos recuerda que el faraón estaba ahogando bebés varones en Egipto en la época de Moisés. La "matanza de los inocentes" no debe ser tomada a la ligera. La llegada de Jesús hace que fuerzas malignas se llenen de ira. Además, a menos que entendamos el nacimiento del Hijo de Dios como adornos y villancicos, el relato nos recuerda que Jesús nació en medio de un mundo real de arrogancia política, guerras y matanzas.

Controversias

La predicación de Jesús se hizo controversial de inmediato, por cuanto "la palabra de Dios es viva y eficaz, y más cortante que toda espada de dos filos; y penetra hasta partir el alma y el espíritu" (Hebreos 4:12). Jesús dijo que él no vino a abolir la ley ni los profetas, sino a cumplirlos (Mateo 5:17-20). Pero vea cómo él interpreta la ley: "Oísteis que fue dicho a los antiguos: No matarás.... Pero yo os digo que cualquiera que se enoje contra su hermano, será culpable de juicio" (5:21-22). No en balde los líderes religiosos comenzaron a preguntarse: ¿Quién se cree Jesús que es para estar re-

NOTAS, REFLEXIONES Y PREGUNTAS

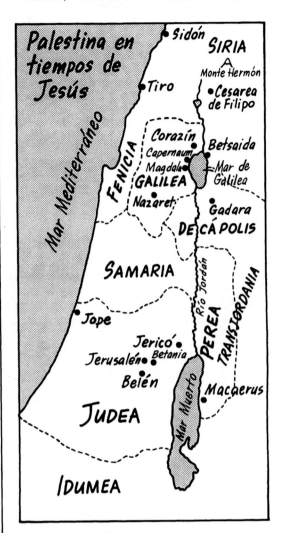

Herodes el Grande era rey del área que incluía Palestina cuando Jesús nació. Su reino se dividió entre sus hijos después de su muerte. Este mapa muestra las fronteras aproximadas de las provincias romanas que comprendían a Palestina durante la época de Jesús. Herodes Antipas, hijo de Herodes el Grande, dominó partes de Palestina durante la época del ministerio de Jesús.

AMENAZA

definiendo la ley de Moisés? ¿De dónde saca él su autoridad?

"Oísteis que fue dicho: Ojo por ojo, y diente por diente. Pero yo os digo . . . a cualquiera que te hiera en la mejilla derecha, vuélvele también la otra" (5:38-39). Recuerde que mientras estudiábamos la ley de Moisés aprendimos que la ley del talión creaba justicia y prevenía la posibilidad de una retribución terrible que quitara una vida por un diente (Exodo 21:23-25). Jesús pidió lo que parecía imposible—ofrecer bondad, amor y generosidad en respuesta a la verguenza, la ofensa y la injuria. Sus palabras trastornaban el entendimiento común de justicia y propiedad.

El ataque de Jesús a la superficialidad fue devastador, particularmente en lo que concierne a la pompa religiosa y la hipocresía. ¿Por qué nos colocamos máscaras, y asumimos posturas llenas de pretensión? ¿Somos como Adán y Eva queriendo cubrirnos (Génesis 3:7)?

Note las mordaces denuncias de Jesús a las personas que viven hambrientas de títulos, de puestos de honor, de reconocimientos (Mateo 6:1-7). Lea otra vez Mateo 23, el capítulo de los "ayes", y recuerde Amós 4:1-5. Debemos diezmar, dijo Jesús, pero sin descuidar asuntos de mayor peso tales como la justicia, la misericordia y la fe (Mateo 23:23).

Jesús también nos reta económicamente. Todos nos preocupamos por la ropa que vamos a ponernos, si tendremos suficiente comida. Jesús dijo: "los gentiles [es decir, las personas que no son del pueblo de Dios] buscan todas estas cosas" (6:32). Y ciertamente es así. El decir que Dios nos vestirá y nos dará de comer si buscamos "primeramente el reino de Dios y su justicia" (6:33) es amenazar una sociedad egocéntrica, de personas sedientas de dinero.

La tensión con los líderes religiosos

Para entender el Nuevo Testamento, debemos conocer algo acerca de los cuatro grupos religiosos influyentes de la época.

Los fariseos. Se trata de laicos, no de sacerdotes, antecesores de los rabinos, maestros en las sinagogas locales. Muy serios al interpretar y guardar las leyes religiosas, incluyendo la tradición oral. Los fariseos se sentaban en la "silla de Moisés" en las sinagogas, con autoridad para interpretar las Escrituras. Reconocieron a Jesús como maestro; por eso hubo continuas discusiones. Aunque eran conservadores teológicamente, todavía daban lugar al misterio, a la libertad, a la resurrección. Tenían gran influencia entre el pueblo. Algunos eran liberales y otros conservadores.

Los esenios. El segundo grupo, vivía disperso por todos los pueblos, y era radicalmente justo. Eran de opinión que todo lo que tenía que ver con el templo estaba mal; que los sacerdotes eran ilegítimos, que el templo estaba lleno de corrupción. Eran rígidos, legalistas, conservadores. Eran célibes: ni se casaban ni tenían hijos (excepto los que eran adoptados por la comunidad). Eran extremadamente escrupulosos en la obser-

NOTAS, REFLEXIONES Y PREGUNTAS

La amapola es común en todo Israel, tal como en tiempos antiguos. La referencia de Jesús a "la hierba del campo" (Mateo 6:30) seguramente incluía la amapola.

Discipulado

vación de sus creencias religiosas, oraban al Mesías, creían en la importancia de "los últimos tiempos".

Los saduceos. Eran las familias sacerdotales, y vivían mayormente en Jerusalén y Jérico, descendientes del sacerdote Sadoc, el que ungió a Salomón. Eran familias aristocráticas, ricas, de larga tradición, que habían asimilado la cultura griega y romana. Creían que Dios recompensaba a los buenos con salud y riquezas, y que castigaba a los malos con enfermedad y pobreza. Para ellos no existía cielo, ni infierno, ni resurrección. Los saduceos cooperaban con los romanos en la preservación de la adoración del templo y de su propia posición. Controlaban el Sanedrín durante la época del ministerio de Jesús. Su preocupación: la adoración en el templo.

Los celotes. Se oponían violentamente a la ocupación romana. Deseosos de rebelarse, oraban por un Mesías-rey que dirigiera la revuelta. Consistían de ex-esclavos, superpatriotas y algunos bandidos. Tenían cuatro creencias básicas:
(a) servir solamente a Dios; (b) oponerse a la esclavitud; (c) oponerse violentamente a Roma (no pagar impuestos ni cooperar; mantener una espada en la cama, lista para la llegada del Mesías); (d) preferencia por la muerte, aun el suicidio, antes que la esclavitud; disposición a morir por la causa.

Veamos por qué Jesús entró en conflicto con dichos grupos. Recuerde lo que aprendimos en el Antiguo Testamento. Abraham y los patriarcas fueron bendecidos para ser bendición para otros (Génesis 12:2-3). Israel debía ser luz de las naciones (Isaías 42:6). En vez de eso, la hermandad se convirtió en una sociedad cerrada, la observación del sábado se convirtió en una serie de reglas, y las leyes sobre la comida hicieron imposible el compartir alimentos con personas que no fueran judías. Dios, creador del universo, se pensaba, había hecho su residencia en el templo en Jerusalén. La cultura griega era rechazada; los soldados romanos eran despreciados.

Cuando Jesús dijo acerca del centurión romano: "De cierto os digo, que ni aun en Israel he hallado tanta fe" (Mateo 8:10), su declaración ofendió a los celotes. Cuando comió con la gente ceremonialmente impura en la cena en casa de Mateo, su acción ofendió a los fariseos en particular, porque ellos eran meticulosos al guardar las leyes dietéticas y al evitar el trato con pecadores como una forma de mostrar su rectitud (9:10-13). Jesús, al igual que Oseas y que Amós, afirmó que el amor tenía precedencia sobre la ceremonia.

"Porque misericordia quiero, y no sacrificio, y conocimiento de Dios mas que holocaustos" (Oseas 6:6).

"Aborrecí, abominé vuestras solemnidades, y no me complaceré en vuestras asambleas. Y si me ofreciereis vuestros holocaustos y vuestras ofrendas, no los recibiré, ni miraré a las ofrendas de paz de vuestros animales engordados. Quita de mí la multitud de tus cantares, pues no escucharé las salmodias de tus instrumentos. Pero corra el juicio como las aguas, y la justicia como impetuoso arroyo" (Amós 5:21-24).

NOTAS, REFLEXIONES Y PREGUNTAS

Pero Jesús fue más allá que los profetas. Él vino *precisamente* a traer las personas pecadoras, richazadas y alienadas al compañerismo. La inclusividad de Jesús ofendió a los judíos de su tiempo que ofrecían una oración diaria dando gracias a Dios de que no habían nacido siendo esclavos, gentiles o mujeres. Mateo enfatiza la atención que Jesús le da al pobre, al marginado, al intocable y al extranjero. Recuerde la mujer cananea (Mateo 15:21-28), el leproso (8:2-3), el centurión y el criado (8:5-10), así como los amigos pecadores de Mateo (9:9-10).

Un Mesías diferente

La tensión creció cuando Jesús confrontó a los discípulos en Cesarea de Filipo, preguntando: "¿Quién decís que soy yo?" (Mateo 16:15). El estaba haciendo dos cosas: estableciendo la fe de ellos en él como Mesías, y clarificando la clase de Mesías que él era. "Desde entonces comenzó Jesús a declarar a sus discípulos que le era necesario ir a Jerusalén y padecer mucho de los ancianos, de los principales sacerdotes y de los escribas; y ser muerto, y resucitar al tercer día" (16:21). El pueblo pensaba que el Mesías vendría con poder, un héroe conquistador en un caballo blanco. No veían al Mesías descrito en las palabras del profeta Isaías:

"Despreciado y desechado entre los hombres, varón de dolores, experimentado en quebranto" (Isaías 53:3).

En vez de este pasaje, recordaban los salmos de victoria política y las promesas proféticas de una nación libre.

Jesús organizó con cuidado su entrada a Jerusalén. Por un lado, el Ungido debía traer el reino al encuentro de Jerusalén. Por otro, el pueblo debía, al menos retrospectivamente, entender qué clase de Mesías él era. Debía tratar de presentar al Mesías no como un rey David político, sino como el Hijo-Mensajero de Dios, compasivo, santo y, a la vez, vulnerable.

Jesús cumplió las palabras del profeta Zacarías:

"He aquí tu rey vendrá a ti, justo y salvador, humilde, y cabalgando sobre un asno . . . y hablará paz a las naciones" (Zacarías 9:9-10).

Si lee todo el capítulo (Zacarías 9), comprenderá que la gente veía la entrada de Jesús a Jerusalén desde la perspectiva de un Mesías político.

Jesús continuó su confrontación. La limpieza del templo fue un acto, profético—como los de Isaías o Jeremías o Ezequiel—algo que no había ocurrido en Israel por siglos.

En ningún lugar es la llegada del Ungido más estremecedora como cuando Jesús miró hacia la santa ciudad y dijo: "¡Jerusalén, Jerusalén, que matas a los profetas, y apedreas a los que te son enviados! ¡Cuantas veces quise juntar a tus hijos, como la gallina junta a su polluelos debajo de sus alas, y no quisiste!" (Mateo 23:37). En Lucas, nuestro Señor "cuando llegó cerca de la ciudad, al verla, lloró sobre ella, diciendo: ¡Oh, si también tú conocieses, a lo menos en éste tu día, lo que es para tu paz!" (Lucas 19:41-42).

NOTAS, REFLEXIONES Y PREGUNTAS

DISCIPULADO

Imagínese a Jesús parado mirando hacia su comunidad o ciudad o país. ¿Por qué piensa usted que Jesús lloraría?

NOTAS, REFLEXIONES Y PREGUNTAS

Un temporal se avecina

¿Por qué estaban los líderes religiosos tan asustados con Jesús? Porque si Jesús creaba problemas, los romanos podían atacarlos. Cuando el sumo sacerdote dijo que era mejor que: "un hombre muera por el pueblo, y no que toda la nación perezca" (Juan 11:50), él comprendía la situación. Una insurrección podía destruirlos a todos, especialmente al templo. (De hecho, los romanos les atacaron con violencia en otros momentos, crucificando a cientos de personas, aplastando en una ocasión a veinte mil personas con sus carruajes y sus caballos, y finalmente destruyendo la ciudad entera.)

Cuando los judíos le pidieron a Jesús que calmara a la multitud el domingo de ramos (Lucas 19:39-40), temían que los soldados romanos los vieran como una turba sin control alterando la paz, y que mataran a cientos de personas.

¿Quién mató a Jesús? Nadie quería cargar con la culpa. El Sanedrín, aunque estaba ofendido por las enseñanzas de Jesús, aunque estaba seguro que blasfemaba, quería verlo ejecutado por los romanos. Así que lo acusaron no de violar la ley judía sino de sedición. Pilato trató de pasar el caso a Herodes Antipas, el que mató a Juan el Bautista. Pero Herodes tenía que volver a Galilea, en donde Jesús era popular. Pilato azotó a Jesús, lo cual significaba una muerte casi segura a causa de la pérdida de sangre, infección y tétano. Con razón Jesús no pudo cargar su cruz.

Cuando los líderes del Sanedrín demandaron la muerte de Jesús como enemigo de Roma, Pilato llevó a cabo el acto, pero culpó a los líderes religiosos una vez más. El título "Rey de los judíos" significó que otro revoltoso había sido eliminado. (Observe que Pilato y Herodes se hicieron amigos a consecuencia de este incidente.)

Quizás Jesús estaría más triste que nadie por haber sido crucificado como un celote común, sin que se comprendiera su mesianismo.

¿Quién mató a Jesús? Cada mano que se ha levantado con odio, con mentira, con egoísmo. Usted y yo y todas las personas pecadoras de este mundo lo clavamos en la cruz.

LAS SEÑALES DEL DISCIPULADO

Dios vino al mundo en Cristo Jesús, alterando los sistemas del mundo, no por fuerza sino con un amor voluntario, vulnerable, que nos reclama. Al experimentar tal amor y tal reclamo, el discípulo abandona el engaño y la pretensión. De esa manera se vuelve vulnerable, y se hace parte de la obra de hacer discípulos, enseñar, bautizar, testificar, aun si este estilo

Los discípulos abandonan la presunción y el fingimiento, se hacen vulnerables, y participan en el ministerio de hacer discípulos.

AMENAZA

e vida nos lleva al conflicto y a la tensión tal como sucedió on nuestro Señor.

Al considerar su experiencia hasta la fecha en el programa ISCIPULADO, ¿qué tipo de liberación de tradiciones inservies y de viejos hábitos ha experimentado?

_____
_____

¿En qué áreas de su vida sigue Jesús retando sus valores, u estilo de vida?

_____
_____
_____

Como parte de la comunidad del reino, ¿qué tensión encuentra en relación con la sociedad, con la economía o con el istema político? ¿en relación a sus vecinos y a sus amisades? ¿con respecto a la iglesia?

_____
_____
_____

SI DESEA SABER MÁS

En un diccionario bíblico, averigue acerca de los siguientes ersonajes que participaron en la crucifixión y haga una descripcion de cada uno: Judas Iscariote, Caifás, Pilato, Barrabás, Simón de Cirene, María Magdalena, José de Arimatea, Herodes Antipas (vea Lucas 23:6-12).

ASIGNACIÓN ESPECIAL

Debido a la claridad de los mandamientos en Mateo 25, haga una visita durante la semana a uno de los siguientes lugares o personas: un centro de rehabilitación de drogas, una misión de rescate, un hospital, un paciente con cáncer, un hogar de ancianos, una cárcel o penitenciaría, una persona que no puede salir de su casa, alguien con limitaciones físicas, un refugio para personas sin hogar, una persona joven que no va a la iglesia, alguien indigente. Si es apropiado, lévele un regalo (pasta de dientes, alimentos, flores, algo para leer). No trate de hablarlo todo usted; procure escuchar a la otra persona.

Trate sobre todo de hacer algo que no ha hecho antes. Prepárese para relatar al grupo su experiencia la próxima semana, y mencionar lo que haya aprendido acerca de sí mismo.

NOTAS, REFLEXIONES Y PREGUNTAS

Tabla de historia bíblica

4 A.C.	Nacimiento de Jesús
29–30 D.C.	Crucifixión de Jesús

Buenas Nuevas

"El tiempo se ha cumplido, y el reino de Dios se ha acercado; arrepentíos, y creed en el evangelio."

—Marcos 1:15

20 El Mesías oculto

NUESTRA CONDICIÓN HUMANA

Al igual que los discípulos, nos resulta difícil entender quién es Jesús. A veces entendemos a medias, otras mal entendemos o nos negamos a entender. Muy en particular, cerramos los ojos y oídos al llamado a *negarnos a nosotros mismos* y a aceptar el *sufrimiento*. Estas "buenas nuevas" nos parecen malas nuevas.

ASIGNACIÓN

Lea rápidamente el evangelio de Marcos, de ser posible de una sentada, para que tenga una visión panorámica del mismo. Note la urgencia, la intensidad y movimiento que se perciben en el evangelio. Observe la atención que da Marcos a las actuaciones de Jesús.

Día 1   Evangelio de Marcos
Día 2   Marcos 1–4 (llamado de los doce, parábolas del reino)
Día 3   Marcos 5–8 (predicación y sanidad)
Día 4   Marcos 9–12 (Transfiguración, entrada a Jerusalén, el gran mandamiento)
Día 5   Marcos 13–16 (señales del fin de esta era, última cena, crucifixión, resurrección)
Día 6   Lea y responda a "El comentario bíblico" y a "Las señales del discipulado".
Día 7   Descanso.

ORACIÓN

Ore diariamente antes de estudiar:
"Oh Dios, tú eres santo en tus acciones;
¿qué dios hay tan grande como tú?
¡Tú eres el Dios que hace maravillas!
¡Diste a conocer tu poder a las naciones!"
(Salmo 77:13-14, Versión Popular).

Oraciones de la semana:

BUENAS NUEVAS

Día 1   Evangelio de Marcos

Día 2   Marcos 1–4 (llamado de los doce, parábolas del reino)

Día 3   Marcos 5–8 (predicación y sanidad)

Día 4   Marcos 9–12 (Transfiguración, entrada a Jerusalén, el gran mandamiento)

Día 5   Marcos 13–16 (señales del fin de esta era, última cena, crucifixión, resurrección)

Día 6   "El comentario bíblico" y "Las señales del discipulado"

DISCIPULADO

EL COMENTARIO BÍBLICO

Mientras lee el evangelio de Marcos puede preguntarse si no ha leído esto antes. Lo ha leído, en Mateo. Es posible que tanto Mateo como Lucas hayan tenido el evangelio de Marcos ante sí mientras escribían sus evangelios. Muchos eruditos piensan que Marcos fue el primer evangelio que se escribió. A Mateo, Marcos y Lucas se les llama evangelios sinópticos. "Sinópticos" significa "que se ven juntos". Todos ellos tenían mucho material común.

Marcos tiene un enfoque especial. El Hijo de Dios proclama el reino y exige arrepentimiento—¡ahora! Marcos es un evangelista con urgencia. Su evangelio está lleno de acción. El ritmo es rápido. Marcos muestra que el pueblo no logró entender sino *después* de la crucifixión y la resurrección que Jesús era un "Mesías oculto". Marcos no incluye nada sobre el nacimiento, ni el sermón del monte, ni muchas de las parábolas. Comienza con el bautismo y concluye con la resurrección, dando un corto y poderoso relato del ministerio de Jesús.

Los versos iniciales preparan el escenario: "Principio del evangelio de Jesucristo, Hijo de Dios" (Marcos 1:1). Marcos escribirá sobre las buenas nuevas de Jesús el Mesías prometido, el poderoso Hijo de Dios, enviado a salvar. Mostrará cómo los discípulos se tardaron en entender, especialmente cuando surgió la posibilidad del sufrimiento.

En nuestro estudio de Marcos enfatizaremos el poder de Jesucristo, el misterio de su identidad y de su ministerio antes de la crucifixión y de la resurrección, y las buenas nuevas que podemos recibir hoy en día.

El ministerio comienza con el bautismo de Jesús por su pariente Juan. El Espíritu Santo vino sobre Jesús, y su poderoso ministerio pudo iniciarse.

Jesús fue llevado al desierto, donde estuvo en soledad con los animales, Satanás (el adversario) y los ángeles. Permaneció allí por cuarenta días, símbolo de los cuarenta años de Israel en el desierto del Sinaí, dando forma a su ministerio en oración y ayuno.

Jesús salió del desierto para predicar su sermón esencial: "El tiempo se ha cumplido, y el reino de Dios se ha acercado; arrepentíos, y creed en el evangelio" (Marcos 1:15).

El pueblo creía que algún día el reino de Dios vendría, permitiendo que las naciones volvieran "sus espadas en rejas de arado" (Isaías 2:4), cuando los ciegos verían y los hambrientos no serían rechazados (Salmo 146). ¿Qué pasó? Jesús trajo señales del reino. Sanó a un ciego, alimentó a la multitud. ¡Las profecías se estaban cumpliendo!

Los judíos esperaban que Dios actuaría en tal forma que su gobierno sería aclamado por Israel y por el mundo. En vez de eso, un carpintero vino de Nazaret, anunciando: "el reino de Dios se ha acercado; arrepentíos" (Marcos 1:15). Tanto los

NOTAS, REFLEXIONES Y PREGUNTAS

Buenas Nuevas

hombres como las mujeres fueron llamados a participar en el reino—a cambiar o ser cambiados radicalmente para ser ciudadanos de una nueva sociedad, de un nuevo reino, de una nueva manera de vivir.

Jesús anuncia el reino; aun más, él inicia el reino. Sin embargo, su pueblo estaba orando por un Mesías político; los romanos temían el desasosiego social y las revueltas políticas. Jesús estaba constantemente tratando de interpretar su reino, pero el pueblo no podía entender.

Cuando Jesús predicaba o enseñaba o sanaba, anunciaba el reino de Dios. Cuando oraba, o partía el pan, o tomaba a un niño en sus brazos, o tocaba a un leproso, estaba poniendo en acción el gobierno de Dios. El poder y el reino de Dios estaban presentes en las palabras y los hechos de Jesús. No hay duda de que Jesús tenía poder. Pero Marcos enfatiza el misterioso poder que no se daría a conocer hasta después de la resurrección. Aun las señales del reino fueron malinterpretadas como señales del esperado Mesías político.

Poder sobre los espíritus inmundos

La historia más dramática acerca del poder del Señor sobre los espíritus inmundos está en Marcos 5:1-20. El hombre se hacía daño a sí mismo, gritaba, vivía entre las tumbas. Decía que su nombre era Legión: "porque somos muchos" (5:9). ¿Cuál cree usted que era su problema?

Jesús hizo al espíritu inmundo salir del hombre. El espíritu inmundo entendió que estaba enfrentándose al poder de Dios. Pero la gente no entendió.

Poder sobre la enfermedad y los problemas físicos

Jesús "sanó a muchos que estaban enfermos de diversas enfermedades" (Marcos 1:34). En Marcos 1:40-42, Jesús sanó a un hombre enfermo de lepra. Las sanidades eran señales del reino, porque dondequiera que se reconoce el gobierno de Dios, la enfermedad queda bajo el poder y el control de Dios.

Sin embargo, hay ciertos problemas físicos que son causados por accidente, no por enfermedad. Otros están presentes desde el nacimiento. Jesús no restringió sus sanidades a los enfermos. El mudo (7:32-35) no estaba enfermo, no había pecado, no estaba necesariamente impuro. No podía oir y no hablaba claramente. Jesús lo sanó completamente.

El Hijo de Dios estuvo y está trabajando para restaurar la creación original. En Romanos 8:21-22, Pablo declara que "la creación misma será libertada de la esclavitud de corrupción. . . . y a una está con dolores de parto hasta ahora".

NOTAS, REFLEXIONES Y PREGUNTAS

DISCIPULADO

Poder sobre el pecado

Jesús se niega a aceptar la idea popular de que *toda* enfermedad o dolencia es causada por el pecado (Juan 9:1-3). Pero en Marcos 2:1-12, el problema del hombre era el pecado y su necesidad era recibir perdón. Los amigos del hombre bajaron a su amigo a través de una apertura en el techo.

¿Cree usted que el pecado y la culpa son la causa de la enfermedad física y emocional?

_____

¿Ha experimentado usted en su propia vida el poder de Jesús para perdonar pecados? Mencione ejemplos específicos.

_____

_____

El evangelio de Marcos quiere que sepamos que el perdón y el reino de Dios van juntos, y que Jesús tiene el poder para perdonar pecados.

Poder sobre el sábado

Recuerde que el relato de la creación en Génesis 1:1–2:3 nos enseña a confiar en Dios y a descansar durante uno de los siete días. Según un dicho judío: "nosotros guardamos el sábado; Dios nos guarda a nosotros." En el tiempo de Jesús nada era más precioso, y a la vez más complicado, con leyes protectoras y enseñanzas, que el sábado. Los judíos mantenían un cerco alrededor del sábado con el fin de asegurarse de que este no sería violado. El día de reposo (desde la caída del sol el viernes hasta la caída del sol el sábado) se había convertido en una confusión legal. El guardar el sábado era difícil para algunas personas, tedioso para otras.

El asunto se confronta en Marcos 3:1-6. La ley judía permitía la atención médica en sábado si era cuestión de salvar la vida de una persona. Una mano paralizada podía esperar. Jesús preguntó deliberadamente a los fariseos si se podía hacer bien en sábado, pero no recibió respuesta.

El punto de vista de Jesús era que: "El día de reposo fue hecho por causa del hombre, y no el hombre por causa del día de reposo. Por tanto, el Hijo del Hombre es Señor aun del día de reposo" (2:27-28). Así que es correcto hacer bien, sanar, hacer misericordia. El sábado es para restaurar, no para atar.

Los primeros cristianos descansaban en sábado, el séptimo día de la semana, y a la vez tenían su culto de adoración el primer día de la semana, el de la resurrección. Para el siglo II D.C. el primer día de la semana, el domingo, se había convertido en el día de reposo para la iglesia cristiana. El domingo se convirtió en el día del Señor para la mayoría de los cristianos gentiles, aunque hasta el día de hoy hay quienes celebran el séptimo día. Los cristianos judíos en Judea celebraron el sábado por mucho tiempo.

NOTAS, REFLEXIONES Y PREGUNTAS

¿De qué manera usted se "recrea" en domingo?

Algunas personas dicen que abusamos de nuestra libertad al usar nuestro día de descanso. ¿Qué cree usted?

Poder sobre la naturaleza

Falta armonía en la naturaleza. Marcos relata varios episodios en los cuales Jesús ejerce su poder sobre la naturaleza.

Calmó la tempestad (Marcos 4:35-41).

Caminó sobre el agua (Marcos 6:45-52).

La palabra de Jesus era palabra de poder: "¡Tened ánimo . . . no temáis!" (6:50). Marcos dice que los discípulos no entendieron con quién estaban tratando. Estaban asombrados y confundidos.

La alimentación de los cinco mil (6:30-44) fue también una evidencia del poder sobre la naturaleza. ¡Una tremenda señal del reino!

¿Cómo se siente al compartir el pan de la comunión con sus hermanos y hermanas en la iglesia?

¿Cómo se siente cuando comparte su alimento con alguna persona que está *verdaderamente* hambrienta? ¿Ha tenido esta experiencia?

Poder sobre la muerte

Hay dos problemas en relación a la historia de Jesús levantando a la hija de Jairo de entre los muertos (Marcos 5:22-24, 35-43). Primero, ¿tenía Jesús poder para resucitar los muertos? Segundo, ¿estaba la hija de Jairo verdaderamente muerta? Marcos nos relata la historia tal como la recibió. La iglesia primitiva no tenía duda de que Jesús tenía ese poder.

Para Marcos las enseñanzas de Jesús sobre la resurrección eran más importantes. Cuando Jesús se levantó de los muertos, el relato de la hija de Jairo se convirtió en un punto menor. Si ella estaba en coma, o si Jesús se refirió a la muerte como "dormir", es un asunto de menor importancia. Su resurrección fue otra señal del reino.

¿Qué piensa usted sobre el poder de Jesús sobre la muerte?

El Mesías oculto

¿Se preguntó usted, mientras leía Marcos, por qué Jesús insistía en que la gente mantuviera silencio, no les dijera a otros acerca de su poder? Por ejemplo, cuando los espíritus inmundos clamaron: "Tú eres el Hijo de Dios . . . él les reprendía

NOTAS, REFLEXIONES Y PREGUNTAS

DISCIPULADO

mucho para que no le descubriesen" (Marcos 3:11-12). Después de resucitar a la hija de Jairo, "él les mandó mucho que nadie lo supiese" (5:43). Entró a una casa en la región de Tiro y "no quiso que nadie lo supiese; pero no pudo esconderse" (7:24). Cuando Pedro dijo: "Tú eres el Cristo," Jesús "les mandó que no dijesen esto de él a ninguno" (8:29-30). Cuando Pedro, Jacobo y Juan bajaron del monte, después de la experiencia de la Transfiguración, Jesús "les mandó que a nadie dijesen lo que habían visto, sino cuando el Hijo del Hombre hubiese resucitado de los muertos" (9:9).

¿Por qué tanto misterio? ¿Por qué quería Jesús permanecer en secreto? Si había tal manifestación de poder exhibiéndose, ¿por qué la petición de permanecer en silencio?

Marcos incluso sugiere que Jesús usó las parábolas para que la gente no pudiera entender. Por lo menos Marcos dice que Jesús no le hablaba a la gente sino en parábolas "y sin parábolas no les hablaba; aunque a sus discípulos en particular les declaraba todo" (4:34).

¿Quería o no quería Jesús que la gente supiera? Sí, pero, ¿que supiera qué? Ese es el asunto. Ellos debían tener una idea correcta de quién era el Mesías. Jesús no estaba usando un truco psicológico, como algunos han sugerido, diciéndole a la gente que guardara silencio, sabiendo que eso les daría más deseos de hablar.

Jesús sabía que el pueblo no entendía quién era él. Querían que su poder fuera como el de David; pero Jesús sabía que su poder residía en su amor vulnerable. Ellos agitarían las palmas y tratarían de hacerlo rey; él montaría humildemente en un pollino. Ellos verían las sanidades como magia o milagro; él quería que las sanidades llamaran a la gente al arrepentimiento y a la fe. Jesús no estaba tratando de crear un espectáculo o de producir expectativas que llevaran a un despliegue final de poder. El se estaba preparando para ofrecerse a sí mismo como sacrificio por los pecados del mundo entero.

El trató de explicárselo a sus discípulos, pero ni aun ellos pudieron entender la naturaleza de su relación con Dios, el carácter de su reino, ni el poder del rol del siervo sufriente hasta que Jesús fue crucificado y se levantó de los muertos.

Jesús le ofreció al mundo su poder. Antes de Marcos 14:36, él estaba controlándolo todo. Después del huerto, Jesús se entregó a sí mismo en las manos de otros.

La tradición enseñaba que el Mesías vendría al monte de los Olivos y que entonces entraría a Jerusalén con poder. Jesús transformó la tradición.

Jesús hizo lo que hace el amor: se colocó a sí mismo en manos de otros. Cuando Judas lo besó, cuando Pedro lo negó, cuando los hombres lo escupieron, el Mesías estaba siendo reinterpretado. Cuando los soldados lo desnudaron para crucificarlo, tal como era la costumbre, repartieron la ropa entre sí, una pieza para cada uno—el turbante, el cinturón, las sandalias y el manto—y echaron a suertes la túnica interior. Todo

NOTAS, REFLEXIONES Y PREGUNTAS

El Monte de los olivos, una alta colina al este de Jerusalén, tenía olivares; y un área, posiblemente donde se procesaba el fruto del olivo, se llamaba Getsemaní (lagar de aceite). Jesús oró allí a menudo.

esto era símbolo, al igual que el cuerpo en la cruz, de la vulnerabilidad total, de un amor totalmente abierto.

Así que, cuando Jesús dijo: "Consumado es" (Juan 19:30), quiso decir que le había dado al mundo el poder del amor de Dios y su vulnerabilidad. Lo entregó todo.

LAS SEÑALES DEL DISCIPULADO

El discípulo entiende que el Mesías es el siervo sufriente y que el reino tiene como regla el amor vulnerable. ¿Cómo describiría usted entonces el ministerio del discípulo de este Mesías, en este reino?

———————————————————

———————————————————

Una feligrés le dijo a su pastora: "Conozco a Jesús como mi Salvador. No lo conozco como Señor." ¿Qué cree usted que quiso decir con esto?

———————————————————

La mayor parte de la gente ve el poder en las inmensas empresas financieras, en las grandes maquinarias políticas y en las poderosas fuerzas militares. El poder de Cristo parece oculto, débil, vulnerable. Sin embargo, los cristianos ven en Jesús un tremendo poder espiritual. ¿Ha experimentado usted el poder de Jesucristo? ¿Cuándo y cómo?

———————————————————

———————————————————

Los discípulos no son sólo *prueba* del poder de Jesucristo para llamar, perdonar, salvar; ellos están también llamados a ser una comunidad que movilice nuevas señales del reino. ¿Está su comunidad de fe haciendo posible que la gente vea señales del gobierno de Dios en medio de este mundo? ¿Qué señales está mostrando?

———————————————————

———————————————————

SI DESEA SABER MÁS

Leví era colector de impuestos (Marcos 2:14-17). Zaqueo también lo era (Lucas 19:2). ¿Quiénes eran los colectores de impuestos? ¿Cómo se les percibía y se les trataba? Averigue más sobre los *publicanos* o *colectores de impuestos* con la ayuda de un diccionario bíblico.

Vea las notas que contenga su Biblia de estudio sobre modos en que termina el evangelio de Marcos.

NOTAS, REFLEXIONES Y PREGUNTAS

Los discípulos comprenden su ministerio como un llamado a la negación de sí mismos y al sufrimiento.

Si van a reunirse durante la Cuaresma
¿Qué significa la Cuaresma? ¿Qué simbolizan los cuarenta días? (Vea Marcos 1:13; Génesis 7:12; Exodo 16:35; 34:28; Deuteronomio 8:2.) ¿Está su grupo dispuesto, durante la Cuaresma, a ayunar durante una comida a la semana, usando esta hora para estudio y oración, y dando el dinero que ahorraron a la ofrenda de la iglesia para personas sin hogar o sin alimentos? Discutan este proyecto y hagan un pacto, si deciden llevar a cabo el plan.

Despreciado

"El Espíritu del Señor esta sobre mí,
Por cuanto me ha ungido para dar buenas nuevas a los pobres;
Me ha enviado a sanar a los quebrantados de corazón;
A pregonar libertad a los cautivos,
Y vista a los ciegos;
A poner en libertad a los oprimidos;
A predicar el año agradable del Señor."

—Lucas 4:18-19

21 Dios busca a los despreciados, los humildes y los perdidos

NUESTRA CONDICIÓN HUMANA

En realidad a mí no me gusta la gente pobre. No son limpios. Prefiero mantenerme lo más alejado posible de la gente enferma. No entiendo a las personas cuyas costumbres, cultura y manera de pensar son diferentes a las mías. Me hacen sentir incómodo. No quisiera ir a la iglesia con ellos ni tener tampoco ninguna relación social. La gente con limitaciones físicas también me hace sentir mal. De hecho, yo prefiero estar con gente que sea como yo.

ASIGNACIÓN

Aunque queremos leer el evangelio de Lucas completo durante esta semana, vamos a ver rápidamente el material que Lucas tiene en común con Mateo y Marcos, y detenernos en el material que sólo se encuentra en el evangelio de Lucas.

Día 1 Lucas 1:1–4:13 (el nacimiento de Jesús y su infancia, la tentación)
Día 2 Lucas 4:14–9:50 (Jesús anuncia su misión, los milagros de sanidad, discusión sobre la grandeza)
Día 3 Lucas 9:51–12:59 (la misión de los setenta, parábolas sobre la vigilancia y la fidelidad)
Día 4 Lucas 13–15 (parábolas de las cosas perdidas); 16:1–19:27 (parábolas sobre la mayordomía y la oración, Zaqueo)
Día 5 Lucas 19:28–24:53 (entrada a Jerusalén, Pasión, Resurrección, el camino a Emaús)
Día 6 Lea y responda a "El comentario bíblico" y a "Las señales del discipulado".
Día 7 Descanso.

ORACIÓN

Ore diariamente antes de estudiar:
"Y a mí, que estoy pobre y afligido,
Dios mío, ¡ven pronto a ayudarme!
Tú eres quien me ayuda y me liberta:
¡no te tardes, Señor!"
(Salmo 70:5, Versión Popular).

Oraciones de la semana:

DESPRECIADO

Día 1　Lucas 1:1–4:13 (el nacimiento de Jesús y su infancia, la tentación)

Día 2　Lucas 4:14–9:50 (Jesús anuncia su misión, los milagros de sanidad, discusión sobre la grandeza)

Día 3　Lucas 9:51–12:59 (la misión de los setenta, parábolas sobre la vigilancia y la fidelidad)

Día 4　Lucas 13–15 (parábolas de las cosas perdidas); 16:1–19:27 (parábolas sobre la mayordomía y la oración, Zaqueo)

Día 5　Lucas 19:28–24:53 (entrada a Jerusalén, Pasión, Resurrección, el camino a Emaús)

Día 6　"El comentario bíblico" y "Las señales del discipulado"

DISCIPULADO

EL COMENTARIO BÍBLICO

El evangelio de Lucas es el primer volumen de una obra en dos volúmenes: Lucas-Hechos. Los primeros versículos en Lucas y en Hechos nos ayudan a entender por qué y cómo fue escrito cada libro. Lea nuevamente Lucas 1:1-4. ¿Quién era Teófilo? Aparentemente se trata de un prominente gentil cristiano. Su nombre significa "amante de Dios". Vea cómo comienza el segundo volumen de la obra (Hechos).

El nacimiento de Jesús

Unicamente en Lucas se encuentra información sobre el nacimiento de Juan el Bautista, un pariente de Jesús que se convirtió en su heraldo:

"Voz del que clama en el desierto:
Preparad el camino del Señor"
(Lucas 3:4; vea Isaías 40:3).

De las palabras del ángel Gabriel a María (Lucas 1:28) surge la oración católicorromana llamada Ave María. En el cántico de María, el extraordinario Magnificat (1:46-55), se establece el tono del evangelio de Lucas—la poderosa obra de Dios a favor de los pobres.

Lucas relata la visita de los pastores. El cuidado de las ovejas durante la noche era un trabajo miserable—un trabajo para ancianos, hombres con impedimentos físicos, o muchachos demasiado pobres o demasiado jóvenes para hacer otro tipo de trabajo. Fueron los "mas pequeños" los primeros que oyeron a los ángeles y se arrodillaron ante el pesebre (2:8-20).

María y José guardaron la ley y tradición judías al circuncidar a Jesús al octavo día (2:21). (Recuerde a Abraham y al pueblo del pacto; Génesis 17:9-14.) El rito de purificación de María ocurrió a los cuarenta días del nacimiento de Jesús. José y María ofrecieron el sacrificio típico de una mujer pobre: dos palominos en vez de una oveja (Lucas 2:22-24; vea Levítico 12). La madre del Cordero de Dios no tenía suficiente dinero para pagar por un cordero para el sacrificio.

Cuando Simeón tomó a Jesús en sus brazos (Lucas 2:25-35), ofreció una oración de fe, hoy llamada Nunc Dimittis (el nombre es tomado de las primeras palabras de la oración en latín). Esta oración se usa en muchos de los cultos y oraciones diarias de las iglesias católicas y protestantes.

Observe que Simeón también estableció el tema lucano de *la universalidad* de la misión de Cristo:

"Luz para revelación a los gentiles,
Y gloria de tu pueblo Israel" (2:32).

Lucas enfatiza nuevamente la universalidad del ministerio de Jesús por medio de su genealogía (3:23-38), la cual traza los antepasados de Jesús hasta Adán, en vez de hasta Abraham (como en Mateo).

La devoción de José y María a la ley y la tradición es evidente no sólo en la observación de los rituales de la circun-

NOTAS, REFLEXIONES Y PREGUNTAS

César Augusto era el emperador romano cuando nació Jesús. Augusto permitió que los judíos a través del imperio enviaran dinero para sostener el templo en Jerusalén.

DESPRECIADO

cisión y la purificación, sino también en su viaje anual para celebrar la Pascua en Jerusalén (2:41). Debido a los aplastantes impuestos, especialmente los impuestos romanos sobre los viajes, era caro para la gente pobre ir cada año a Jerusalén.

La tentación

Tal como vemos en Mateo y en Marcos, Jesús ayunó y oró por cuarenta días en el desierto. Lucas ofrece más detalles que Marcos sobre la tentación. La prueba fue abrumadora.

Rompe el ayuno. Cambia las piedras en pan (Lucas 4:1-4). El maná diario es necesario, pero Jesús recordó la ley y reprendió al diablo: "No sólo de pan vivirá el hombre, sino de toda palabra de Dios" (Deuteronomio 8:3; vea Lucas 4:4). El ministerio de Jesús quería responder a un hambre profunda, un hambre del alma por Dios.

"Si tú postrado me adorares, todos [los reinos de la tierra] serán tuyos" (4:5-7). La reforma política puede ayudar a los pobres. ¿Pero a qué precio? El de repetir la experiencia de Adán y Eva en el Edén. El de desobedecer como el rey Saúl lo hizo. El de caer bajo el imperio de la pasión como le pasó a David. El de rebelarse con arrogancia como sucedió con Salomón. Entonces podría gobernar reinos poderosos. Pero Jesús dijo no: "porque escrito está: Al Señor tu Dios adorarás, y a él solo servirás" (Lucas 4:8; vea Deuteronomio 6:13).

Posiblemente Jesús recordó esta promesa apolítica más tarde cuando montado en un pollino hizo su humilde entrada a Jerusalén y cuando le dijo a Pilato: "Mi reino no es de este mundo" (Juan 18:36). Los judíos querían un líder político; Jesús le dio al mundo un Salvador.

El diablo, en la siguiente tentación, cita la Escritura. ¡Haz una señal! Salta desde la parte más alta del templo. ¡Eso puede atraer una multitud! Como dice el salmista: "Pues a sus ángeles mandará acerca de tí, que te guarden" (Lucas 4:10; vea el Salmo 91:11). El diablo le sugiere que ésta sería una gran oportunidad para proclamar el evangelio. Hasta la gente común creería.

No. Jesús vuelve a hacer uso de la ley: "No tentarás al Señor tu Dios" (Lucas 4:12; vea Deuteronomio 6:16). Entonces la Biblia dice que el diablo "se apartó de él por un tiempo" (Lucas 4:13).

Recuerde la vida de Jesús. ¿Cuándo cree usted que hubo otras oportunidades para que Jesús fuera tentado?

Las personas cristianas siempre se han sentido agradecidas por la agonizante tentación de Jesús. Su experiencia nos ayuda cuando somos tentados. El escritor de la Epístola a los Hebreos lo expresa en forma dramática: "Porque no tenemos

NOTAS, REFLEXIONES Y PREGUNTAS

Esta piedra se encontró el pie de la muralla al lado suroeste del templo, donde había caído desde el lugar más elevado (pináculo) del templo. La inscripción se refiere posiblemente a que desde este lugar el sacerdote tocaba una trompeta para señalar el comienzo y el final del sábado o día de descanso. Recuerde que cuando el diablo estaba tentando a Jesús, lo retó a saltar desde el pináculo del templo para que probara que era el Hijo de Dios y que Dios cuidaba de él.

Discipulado

un sumo sacerdote que no pueda compadecerse de nuestras debilidades, sino uno que fue tentado en todo según nuestra semejanza, pero sin pecado. Acerquémonos, pues, confiadamente al trono de la gracia, para alcanzar misericordia y hallar gracia para el oportuno socorro" (Hebreos 4:15-16).

El hogar en Nazaret

El judaísmo de tiempos de Jesús tenía dos formas: la adoración a través de los sacrificios en el templo y el estudio de las Escrituras en las comunidades judías a través del mundo, la sinagoga.

Jesús fue a la sinagoga de su pueblo "conforme a su costumbre" (Lucas 4:16). Encontró y leyó el conocido pasaje en Isaías 61. Note cómo el pasaje enfatiza los pobres, los ciegos, los oprimidos. No hubo problema—hasta que Jesús reclamó el rol de Ungido—esto es, el Mesías—y anunció que había llegado el momento. Para aclarar el punto de que, aunque el Mesías sería rechazado por su propia gente, su ministerio se extendería por el mundo entero (Lucas 4:24-27), Jesús le recordó a la gente la historia de la viuda fenicia que recibió a Elías y del general sirio Naamán, curado de la lepra por Eliseo. La gente se puso furiosa y trató de matarlo (4:28-30). Así comenzó su ministerio.

Los samaritanos

Usted recordará que los samaritanos eran descendientes de los israelitas que durante siglos se casaron con sus vecinos gentiles. Habían vivido en lo que había sido el reino del norte, destruido por los ejércitos invasores y separado muy a menudo de Jerusalén. El prejuicio entre norte y sur se fue desarrollando debido a que por siglos los samaritanos habían adorado en el monte Gerizim cerca de la vieja ciudad cananea de Siquem; los sureños—los de Judá y sus descendientes de sangre pura—habían adorado en Jerusalén.

Durante el tiempo de Jesús la riña era intensa. Los judíos que viajaban desde el norte normalmente cruzaban el Jordán al este de modo que no fuera necesario pasar por Samaria. Los samaritanos usaban los primeros cinco libros de la Biblia, la Torá o Ley, porque creían que sólo estos libros habían sido entregados a la humanidad directamente por Dios. Celebraban una Pascua con características particulares, siguiendo estrictamente el procedimiento en Exodo 12 acerca del sacrificio del cordero pascual. Los judíos y los samaritanos se despreciaban mutuamente.

Jesús, cuando dejó Galilea, "afirmó su rostro para ir a Jerusalén" y fue, pasando directamente por Samaria. Pero los samaritanos no lo recibieron porque iba camino a Jerusalén. Los discípulos querían que viniera fuego del cielo para que los quemara. Jesús, sin embargo, reprende a los discípulos (Lucas 9:51-56).

NOTAS, REFLEXIONES Y PREGUNTAS

DESPRECIADO

NOTAS, REFLEXIONES Y PREGUNTAS

Para contestar a la pregunta del intérprete de la ley: "¿Quién es mi prójimo?" (10:29), Jesús usó la historia de un hombre que fue atacado por ladrones en el camino entre Jerusalén y Jericó. ¿Está muerto el hombre? Si lo estaba, el judío que lo tocara se hacía ceremonialmente impuro. ¿Lo ayudó el sacerdote? ¿El levita? ¿Quién lo ayudó? Un samaritano—un despreciable mestizo, un extranjero (10:29-37). Jesús escogió deliberadamente a un samaritano para ser el héroe de su historia.

Más tarde Jesús sanó a diez leprosos que estaban parados al lado del camino diciendo "impuro, impuro." Sólo uno de ellos se ocupó de decir gracias, y "este era samaritano" (17:16). Cuando la gente experimenta dolor, tragedia y enfermedad, las barreras caen, tal como ocurrió con los diez samaritanos. Más tarde veremos que la sangre de Jesús también hace caer las barreras.

Las mujeres

En todos los evangelios, Jesús se acerca a las mujeres con compasión y ternura. El trató a las mujeres con dignidad. El evangelio de Lucas enfatiza en forma especial las actitudes de Jesús hacia la mujer. Los relatos sobre el nacimiento muestran a Elizabet, a María y a Ana como mujeres de gran fortaleza personal y de madurez espiritual.

En el pueblo de Naín, Jesús levantó de los muertos al hijo único de una viuda. Lucas dice que Jesús "se compadeció de ella, y le dijo: No llores" (Lucas 7:13). Otra mujer, llena de pecados pero que lloró a los pies de Jesús, no sólo recibió perdón sino que fue usada como ejemplo para los fariseos del significado profundo del amor (7:36-50).

Aparentemente algunas mujeres viajaban con Jesús y con los discípulos, proveyendo dinero, alimento y apoyo: María Magdalena, "de la que habían salido siete demonios"; Juana, esposa de Chuza el intendente de Herodes (una mujer muy prominente); Susana; y muchas otras "que le servían de sus bienes" (8:1-3).

Quizás María, la hermana de Marta, revela mejor lo que estaba sucediendo en esta revolución social que incluía mujeres. Normalmente, eran los hombres los que hablaban de la Ley y los Profetas. Recuerde que Job dice que acostumbraba sentarse a la puerta de la ciudad y hablar con los hombres sobre temas profundos (Job 29:7-12). La mujer ideal en Proverbios 31, mientras trabajaba en su casa, se enorgullecía de que:

"Su marido es conocido en las puertas,
Cuando se sienta con los ancianos de la tierra"
(Proverbios 31:23).

Pero María "sentándose a los pies de Jesús, oía su palabra" (Lucas 10:39). Jesús responde a la crítica de Marta diciendo: "María ha escogido la buena parte, la cual no le será quitada" (10:42).

DISCIPULADO

¿De qué manera redefinió Jesús el rol de la mujer?
_____
_____

NOTAS, REFLEXIONES Y PREGUNTAS

Los perdidos

Las parábolas sobre las cosas perdidas se encuentran en Lucas 15: la oveja perdida, la moneda perdida y el hijo o hijos perdidos. (Hay quien llama a ésta la parábola del padre que espera.) No había nadie más perdido a los ojos de los judíos que los colectores de impuestos y los publicanos que los romanos contrataban. Eran vistos como colaboradores de la dominación romana y, por tanto, excluidos de la comunidad.

Mire rápidamente el evangelio de Lucas y vea en qué momentos los recaudadores de impuestos fueron incluidos de forma especial en el ministerio de Jesús. No deje de incluir a Zaqueo o Leví y la parábola del publicano y del fariseo. Haga una lista de los episodios con publicanos y coméntelos en los espacios que siguen.

_____
_____
_____
_____

LAS SEÑALES DEL DISCIPULADO

Podemos ver a los pequeños, los menospreciados y los perdidos desde dos puntos de vista. Un punto de vista es pensar en gente que cae en esas categorías. ¿Quiénes son los pobres de hoy?
_____
_____

¿Quiénes son los menospreciados?
_____
_____

¿Qué está haciendo usted o su iglesia para incluirlos en la gracia y la hermandad de su comunidad de fe?
_____
_____

Los discípulos se arrojan a la misión de Dios a favor de los despreciados, los humildes, los perdidos.

DESPRECIADO

¿Qué tipo de crítica esperaría recibir por incluirlos?

_____

_____

¿Qué hay sobre la mujer? ¿Se les trata de la misma forma que a los hombres en su iglesia? ¿Y qué tal su grupo de estudio? Describa cómo se siente acerca de la participación, el respeto y el compañerismo en su grupo.

_____

Otra manera de ver a los pequeños, los menospreciados y los perdidos es la de incluirnos entre ellos. Algunas somos mujeres. Somos gentiles. Algunos somos pobres. Todos hemos estado enfermos. Algunos han abusado del alcohol y las drogas. Algunos hemos sido humillados públicamente. Algunos han estado encarcelados. Para algunos el divorcio, la muerte del esposo o la esposa, o el ser soltera es un estigma social. Pablo le escribió a los corintios (y a nosotros): "Pues mirad, hermanos, vuestra vocación, que no sois muchos sabios según la carne, ni muchos poderosos, ni muchos nobles; sino que lo necio del mundo escogió Dios, para avergonzar a los sabio; y lo débil del mundo escogió Dios para avergonzar a lo fuerte; y lo vil del mundo y lo menospreciado escogió Dios, y lo que no es, para deshacer lo que es, a fin de que nadie se jacte en su presencia" (1 de Corintios 1:26-29).

En su propia experiencia, ¿se ha sentido rechazado, avergonzada, separado o se le ha hecho sentir "impura"? Si ha sido así, ¿cómo se sintió? ¿Qué le ayudó a superar dicho sentimiento?

_____

_____

Muy en su interior, los discípulos y discípulas saben que su riqueza, su poder y su prestigio son como trapos de inmundicia. Dentro de sí mismos, los discípulos saben que tienen una necesidad profunda de recibir la gracia de Jesucristo. Dentro de sí mismas, las discípulas entienden que Dios está interesado en las personas despreciadas, en las marginadas, en las viudas, en los huérfanos, en las desposeídas y en las explotadas. Los discípulos se comprometen a apoyar la misión de Dios a los pequeños, a las personas despreciadas y las perdidas.

SI DESEA SABER MÁS

Si tiene tiempo, compare los relatos del juicio, la crucifixión y la resurrección en los cuatro evangelios. Tome notas sobre lo que distingue cada relato.

NOTAS, REFLEXIONES Y PREGUNTAS

VIDA

"Yo he venido para que tengan vida, y para que la tengan en abundancia."

—Juan 10:10

22 El dador de la vida

NUESTRA CONDICIÓN HUMANA

La mayor parte del tiempo la vida parece no tener sentido. ¿De qué sirve la vida? ¿Me estoy muriendo poco a poco? Trato de acercarme a otras pesonas, pero muchas veces me siento desconectado. ¿Cómo puede una persona como yo vivir una vida productiva y feliz, en paz conmigo mismo y con las otras personas?

ASIGNACIÓN

Dividiremos el estudio del evangelio de Juan en dos partes, los capítulos 1–12 y 13–21. En la primera parte estudiaremos la vida abundante y eterna. El tema de la segunda parte será el Espíritu Santo prometido por Jesucristo.

Si usted lee rápidamente, disfrutará leyendo todo el evangelio de una sola vez para experimentar su poder. Si lee con lentitud, lea dos capítulos cada día. Observe los símbolos: pan, agua, luz, vida, pastor, puerta. Observe también los contrastes vívidos: luz y tinieblas, verdad y mentiras, vida y muerte, amor y odio.

Día 1 Todo el Evangelio de Juan o Juan 1–2 (el Verbo se hizo carne, el milagro en Caná)
Día 2 Juan 3–4 (nacer de nuevo, la mujer de Samaria)
Día 3 Juan 5–6 (la sanidad del enfermo, el pan de vida)
Día 4 Juan 7–8 (el agua viva, la luz del mundo)
Día 5 Juan 9–10 (la sanidad del ciego, el buen pastor)
Día 6 Juan 11–12 (Lázaro, la entrada en Jerusalén, "cree en la luz"). Lea y responda a "El comentario bíblico" y a "Las señales del discipulado".
Día 7 Descanso. Lea Juan 1:1-18 en voz alta.

ORACIÓN

Ore diariamente antes de estudiar:
"¡Qué maravilloso es tu amor, oh Dios!
¡Bajo tus alas, los hombres buscan protección!
Quedan completamente satisfechos
con la abundante comida de tu casa;
tú les das a beber de un río delicioso,
porque en ti está la fuente de la vida
y en tu luz podemos ver la luz"
(Salmo 36:7-9, Versión Popular).

Oraciones de la semana:

VIDA

Día 1 — Todo el Evangelio de Juan o Juan 1–2 (el Verbo se hizo carne, el milagro en Caná)	Día 4 — Juan 7–8 (el agua viva, la luz del mundo)
Día 2 — Juan 3–4 (nacer de nuevo, la mujer de Samaria)	Día 5 — Juan 9–10 (la sanidad del ciego, el buen pastor)
Día 3 — Juan 5–6 (la sanidad del enfermo, el pan de vida)	Día 6 — Juan 11–12 (Lázaro, la entrada en Jerusalén, "cree en la luz"). "El comentario bíblico" y "Las señales del discipulado"

DISCIPULADO

EL COMENTARIO BÍBLICO

Los escritores de los evangelios no eran biógrafos. Eran evangelistas, personas que tratan de ayudar a sus lectores a conocer y a seguir al Hijo de Dios. Esto es especialmente cierto en el caso de Juan. Ni siquiera la secuencia temporal de los acontecimientos era importante. Juan está tratando de encontrar el sentido detrás de la historia.

Nicodemo y la mujer en el pozo parecen ser "tipos", personas como las que hay en su calle, iguales a los seres humanos que conocemos. Nicodemo puede presidir el comité de finanzas de la iglesia o un club cívico. La mujer del pozo puede ser una camarera del restaurant local.

Salte el prólogo de Juan (Juan 1:1-18), por ahora. Volveremos a él más tarde.

Piense ahora en el tema de la vida y la muerte.

La mayoría de la gente piensa sólo en la muerte física y la vida física. Recuerde que la serpiente en el Génesis pensaba así. Pero cuando Adán y Eva "murieron", "murieron interiormente". La culpa, la vergüenza, la alienación, la mentira, se convirtieron en señales de su deterioro. Fueron arrojados del Edén a un mundo de tinieblas espirituales descrito en nuestro estudio como "Nuestra condición humana".

Así que cuando llega el Dador de la vida, trae vida al aquí y al ahora, al ser interno de la persona, donde ésta sufre su falta de sentido. La vida no es un regalo que se recibe después de la muerte; la vida es un regalo para los creyentes *ahora*.

Cuando Marta se encontró con Jesús, después de la muerte de su hermano Lázaro, y confesó: "Yo he creído que tú eres el Cristo, el Hijo de Dios, que has venido al mundo" (11:27), la vida estaba naciendo en ella. El miedo fue cambiado en confianza, la soledad en compañerismo, el encubrimiento en apertura. Lo que Dios quería que sucediera con Adán y Eva estaba sucediendo en Marta.

Observe que la resurrección de Lázaro constituyó una confrontación dramática. Jesús usó el hecho para enseñar a los discípulos que él era el Señor de la muerte. Pero algunos se ofendieron. Los fariseos se molestaron porque mucha gente iba a escuchar a Jesús y a ver a Lázaro. Por eso, los principales sacerdotes planificaron matar a Lázaro también, porque su testimonio hacía que muchos judíos creyesen en Jesús (12:9-11, 17-19).

Si leyó Juan 11 con cuidado, habrá visto que el regalo de la vida espiritual a Marta fue más importante que el regalo de la vida física de Lázaro. Lázaro experimentó la muerte física nuevamente, más tarde. Marta experimentó el regalo de la vida eterna, con la cual, como dijo Jesús, "no morirá eternamente".

Mientras Mateo quiere que los discípulos encuentren la justicia de Dios en el Hijo de Dios, Juan quiere que la gente encuentre la vida de Dios, la vida abundante, la vida eterna en el Hijo de Dios.

NOTAS, REFLEXIONES Y PREGUNTAS

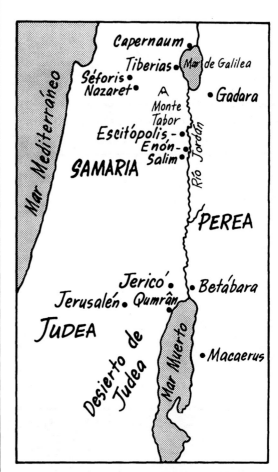

Enón, Salim y Betabará son los lugares donde transcurre el ministerio de Juan el Bautista. En este mapa, Betabará es el lugar, llamado en algunos manuscritos Betania, "al otro lado del Jordán" (Juan 1:28), donde Jesús pudo haber sido bautizado. Esta Betania es diferente al lugar donde vivían Marta, María y Lázaro (11:1), el cual estaba al oeste del Jordán cerca de Jerusalén.

Ahora tenemos una visión más clara de Nicodemo y de sus necesidades. El era posiblemente mejor judío de lo que somos nosotros como cristianos. Guardaba la Ley. Pero se sentía vacío en su interior. Estaba hambriento, no de religión sino de Dios. Jesús dijo que Nicodemo debía nacer a la vida, "nacer de nuevo" (3:3).

La mujer del pozo

Si usted va al pozo de Jacob hoy, podrá todavía tomar agua de él. El pozo es de 105 pies de profundidad, localizado en un lugar cerca del antiguo Siquem. Siquem, también traducido Sicar, era un centro religioso y político. Josué renovó en Siquem el pacto de Sinaí con los líderes de las tribus de Israel. Mucho antes de todo esto, y cerca de dos mil años antes de Jesús, Abraham, Isaac y Jacob pastaron su ganado allí. Jacob compró un campo cerca de Siquem, cavó un pozo, y se lo dio a su hijo José. Más tarde, los huesos de José fueron enterrados en Siquem (Josué 24:32). Siquem estaba en el corazón de lo que después sería llamado Samaria.

Jesús dejó Judea antes de la salida del sol y caminó con rapidez hacia el norte en dirección a Galilea, llegando al pozo de Jacob al mediodía.

Como hemos mencionado, los judíos no les hablaban a los samaritanos. Cruzaban al otro lado de la carretera para evitar cualquier contacto social con ellos. Si la sombra de un samaritano caía sobre el camino de un judío temeroso de la Ley, el judío iba al templo para ser purificado. Cuando los judíos pronunciaban la palabra *samaritano*, pronunciaban inmediatamente una maldición y escupían en el suelo. A veces los samaritanos seguían a un judío, marcaban su paso con briznas de paja, y le prendían fuego a la paja. Con ello querían decir: "que se vaya con buen viento".

Jesús se sentó, en un territorio hostil, teniendo a un lado al monte Gerizim, donde los samaritanos habían adorado por siglos en su propio templo, y al otro lado el monte Ebal, donde Josué construyó un altar. Una mujer samaritana llegó al pozo con la intención de sacar agua para sí.

En un mundo de prejuicio mutuo, Jesús le pidió agua. La mujer le respondió en forma defensiva: "¿Cómo tú, siendo judío [y hombre], me pides a mí de beber, que soy mujer samaritana?" (Juan 4:9).

Jesús dijo: "Si conocieras el don de Dios [vida], y quién es el que te dice: Dame de beber; tú le pedirías, y él te daría agua viva" (4:10). La respuesta de la mujer no tenía nada que ver con lo que Jesús le estaba diciendo. Ella se moría en un mundo materialista; no comprendía la vida espiritual. De hecho, dijo: "Mire, señor, yo camino todos los días desde el pueblo hasta aquí dos millas y dos millas más para regresar. Si usted tiene un método que me permita no tener que cargar agua, me gustaría conocerlo."

NOTAS, REFLEXIONES Y PREGUNTAS

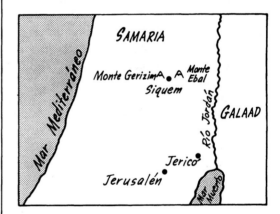

DISCIPULADO

Jesús estaba tratando de plantearle asuntos vitales: "Ve, llama a tu marido" (4:16). Ella contestó que no tenía marido. Jesús la elogió por decir la verdad.

¿Se ha preguntado usted alguna vez por qué esta mujer vino al pozo al mediodía? Todas las demás mujeres del pueblo venían al atardecer, a la hora más fresca del día, con sus cántaros sobre la cabeza, para compartir, reírse, contarse los chismes de la aldea, y recoger agua para el otro día. Esta mujer vino a buscar agua durante el calor del día antes de que las otras mujeres vinieran. Estaba alienada, separada, despreciada aun en su propia aldea. Se moría de soledad.

La mujer volvió a evitar el tema de su vida, prefiriendo hablar de religión. Mucha gente está deseosa de hablar de religión para evitar tener que enfrentarse a Dios. Aunque la mujer no era bien vista entre la "buena" sociedad y no hubiera sido bienvenida en el santuario, quería discutir sobre el lugar apropiado para la adoración.

La mujer dijo anhelantemente: "Sé que ha de venir el Mesías" (4:25). Jesús le dijo sencillamente: "Yo soy, el que habla contigo" (4:26). En ese momento, el milagro de la vida llegó a ella. Dejó caer su cántaro y corrió a la ciudad, llorando de alegría: "Venid, ved a un hombre que me ha dicho todo cuanto he hecho" (4:29).

Hacía mucho tiempo que ella no corría como una niña feliz. Hacía tiempo que no hablaba abiertamente y sin verguenza con la gente de su aldea. De repente se encuentra bebiendo el agua de vida. Juan dice que esta persona "moribunda" dio su testimonio y "muchos de los samaritanos de aquella ciudad creyeron en él por la palabra de la mujer" (4:39).

El testimonio del Evangelio de Juan está lleno de entusiasmo. "El Hijo a los que quiere da vida" (5:21). "El que oye mi palabra, y cree al que me envió, tiene vida eterna" (5:24).

Juan 3:16 ha sido llamado el evangelio en miniatura: "Porque de tal manera amó Dios al mundo, que ha dado a su Hijo unigénito, para que todo áquel que en él cree, no se pierda, mas tenga vida eterna." Aquí y ahora, una extranjera, una mujer, una fracasada puede beber del agua de la vida eterna.

Pecado y sufrimiento

A través de todo el estudio hemos confrontado la cuestión de la relación entre el pecado y el sufrimiento, entre la enfermedad y la maldad, entre las heridas y el castigo. Sabemos por experiencia y por el estudio de la Biblia que el pecado tiene consecuencias devastadoras. Pero en los tiempos de Jesús tanto como en los de Job, se pensaba que el accidente, las heridas y la enfermedad eran causados por el pecado. A veces Jesús relacionaba el pecado y la enfermedad. Cuando sanó al hombre que había estado enfermo por treinta y ocho años, Jesús dijo: "Mira, has sido sanado; no peques más, para que no te venga alguna cosa peor" (Juan 5:14).

NOTAS, REFLEXIONES Y PREGUNTAS

Jesús se llamó a sí mismo "el buen pastor" en Juan 10:1-18, rememorando la imagen del pastor que lleva de nuevo al redil a la oveja separada del rebaño. Las ovejas, ordinariamente animales muy activos, se volvían dóciles cuando las tomaban por las patas, así que esta era una forma típica de cargarlas.

VIDA

NOTAS, REFLEXIONES Y PREGUNTAS

Pero en otras ocasiones no había explicación. Del mismo modo que Dios no le dio respuesta a Job, Jesús tampoco dio una contestación. Lo que sí supo hacer fue separar el pecado de otras tragedias.

Juan relata una sanidad dramática en Juan 9. Los discípulos le preguntaron a Jesús: "Rabí, ¿quién pecó, éste o sus padres, para que haya nacido ciego?" (9:2). Los discípulos dieron por sentado que *alguien* había pecado.

Jesús aclaró en el caso del hombre que nació ciego: "No es que pecó éste, ni sus padres, sino para que las obras de Dios se manifiesten en él" (9:3).

El Evangelio de Lucas hace el argumento más firme. Algunos galileos habían mezclado su sangre con la de los sacrificios de animales en el templo por orden de Pilato. ¿Eran estos galileos más pecadores que otros por haber padecido de esta manera? Jesús dijo: "No" (Lucas 13:1-3).

A través de los siglos, la gente ha luchado con el tema del sufrimiento. Deuteronomio dice que los hijos son castigados por el pecado de los padres "hasta la tercera y cuarta generación" (Deuteronomio 5:9). A veces lo son. Pero Ezequiel dice que las personas son responsables de sus propios pecados y no por el de sus padres. "¿Qué pensáis vosotros, los que usáis este refrán. . . . Los padres comieron las uvas agrias, y los dientes de los hijos tienen la dentera? . . . nunca más tendréis por qué usar este refrán en Israel" (Ezequiel 18:2-3).

La ambigüedad es parte de la vida, y no siempre se pueden explicar las causas del sufrimiento. Aquellas personas que siempre culpan al pecado no están en armonía con Jesús. Tampoco lo están quienes culpan a Dios. Jesús provee una asombrosa perspectiva sobre el sufrimiento, apenas insinuada en los profetas. El sufrimiento, o la herida, o la limitación, o la enfermedad, o la tragedia *son oportunidades para el amor creativo*. Escuche con cuidado: "No es que pecó, ni sus padres, sino para que las obras de Dios se manifiesten en él" (Juan 9:3). ¿Por qué sufren las personas justas? No lo sabemos, pero su sufrimiento es una oportunidad para que otras personas les ministren en el nombre de Dios.

La tragedia es una oportunidad para el arrepentimiento y la salvación. "Os digo: No; antes si no os arrepentís, todos pereceréis igualmente" (Lucas 13:3, 5).

Anteriormente hemos dicho que en cada momento de sufrimiento hay una decisión que hacer que resulta en amargura o en confianza. El sufrimiento de otras personas puede también ser la causa de que les ministremos en amor (haciendo las obras de Jesús) y de volvernos de nuestros pecados antes de que alguna cosa peor nos acontezca.

El conflicto con los que no son creyentes

Hemos puesto el énfasis en la nueva vida, la luz (visión) y en la actividad sanadora. Sin embargo, el evangelio de Juan también muestra a Jesús enfrentando la ceguera y muerte es-

DISCIPULADO

piritual. Del mismo modo que los otros evangelios, especialmente Mateo, tratan acerca de la creciente tensión, Juan nos hace conocer el conflicto—un conflicto entre la vida y la muerte. Usted debe tener claro el hecho de que cuando el evangelio usa el término "los judíos" (por ejemplo, Juan 7:1), éste representa al mundo que rechaza los reclamos de su Creador. No debe ser tomado como condenación de los judíos en general ni en particular.

Jesús se comparó a sí mismo con el maná que Dios le dio a los israelitas en el desierto. El dijo: "Yo soy el pan de vida; el que viene a mí nunca tendrá hambre" (6:35). Los que comieron del maná, murieron al fin de cuentas (una muerte física), pero aquellas personas que se nutren con Jesús no morirán jamás (una muerte espiritual) (6:49-51). Jesucristo será el pan diario de los creyentes.

Entonces, surgió el asunto del pueblo del pacto. Los judíos eran descendientes de Abraham, los escogidos, los circuncidados, los que recibieron la ley de Moisés, los que fueron llamados a ser diferentes. Sin embargo Jesús dijo que ellos, al igual que todo el mundo, estaban esclavizados por el pecado. "Sé que sois descendientes de Abraham; pero procuráis matarme, porque mi palabra no halla cabida en vosotros" (8:37).

La ceguera era muy común. La circuncisión física no era suficiente. Tal como proclamaban los profetas, la salvación requería un corazón circuncidado. "Y esta es la condenación: que la luz vino al mundo, y los hombres amaron más las tinieblas que la luz, porque sus obras eran malas" (3:19).

El Prólogo

Ahora estamos listos para entender el Prólogo del evangelio (Juan 1:1-18). Jesús es la Palabra, dicha por el Padre. Del mismo modo que Dios dijo la Palabra en la Creación, así Dios dice ahora su Palabra en su Hijo. La misma energía creativa y amor que formó el universo se ha hecho carne ahora. Dios está restaurando la creación entera en Jesucristo.

Los eruditos usan la palabra *exégesis*, de un verbo griego que significa "interpretar", especialmente cuando se refiere a un documento bíblico. El texto griego dice: "El unigénito Hijo, que está en el seno del Padre, él ha hecho la exégesis" es decir, ha interpretado para nosotros (1:18).

LAS SEÑALES DEL DISCIPULADO

Para Juan, un discípulo es una persona que ha encontrado la luz en medio de un mundo ciego y en obscuridad, alimento y bebida espiritual en medio de un mundo hambriento y sediento. Ha encontrado sentido en medio de un mundo en aparente confusión y falta de sentido; dirección y comunidad en medio de un mundo solitario y perdido.

NOTAS, REFLEXIONES Y PREGUNTAS

Los discípulos experimentan la vida en Jesucristo.

VIDA

NOTAS, REFLEXIONES Y PREGUNTAS

Trate de describir en sus propias palabras la "vida" que ha encontrado en Jesucristo.

_____
_____
_____

¿Qué sentido, qué próposito tiene su vida en Cristo?

_____
_____

El sufrimiento (propio o ajeno) reta al discípulo a convertirlo en una oportunidad. ¿En dónde se encuentra dicha oportunidad para usted?

_____
_____

SI DESEA SABER MÁS

Una de las primeras herejías en la historia de la iglesia fue la de Marción. Básicamente, éste rechazaba el Antiguo Testamento y consideraba al mundo como malo. Jesús era "espiritual", no físico; él sólo parecía ser humano. Averigue acerca de Marción y compare las ideas de éste con lo que el Evangelio de Juan dice de Jesús. Lea también el Credo de los Apóstoles. Observe de qué forma este credo trata de rechazar la "herejía de Marción".

Juan usa muchos símbolos y contrastes descriptivos para interpretar a sus lectores quién era Jesucristo. Cada símbolo presenta un retrato ligeramente diferente de quién es Cristo y del significado que éste trae a la vida de quienes lo reciben. Mientras lee el Evangelio de Juan, haga una lista de los símbolos y los contrastes, dónde se encuentran, y cómo se traduce su significado para quienes buscan a Jesús hoy en día.

CONFIANZA

"El que permanece en mí, y yo en él, éste lleva mucho fruto; porque separados de mí nada podéis hacer."

—Juan 15:5

23 El Consolador

NUESTRA CONDICIÓN HUMANA

Buscamos algo más que una religión. Queremos experimentar a Dios como una presencia viva en nuestras vidas. Cumplir con ceremonias religiosas o tratar de ser buenos no es suficiente. Queremos desesperadamente tener una experiencia personal y poder espiritual.

ASIGNACIÓN

En ninguno otro de los evangelios están las demandas del discipulado planteadas con tanta firmeza como en la Escritura que va a leer esta semana. Observe las promesas de la presencia y el poder del Espíritu Santo para llenar estas demandas.

Al completar el estudio del Evangelio de Juan, recuérdelo en su totalidad y trate de identificar maneras en las cuales difiere de Mateo, Marcos y Lucas. Por ejemplo, Juan enfatiza la vida eterna. Los evangelios sinópticos enfatizan el reino de Dios.

Día 1 Juan 13–14 (lavamiento de los pies de los discípulos, la llegada del Consolador)
Día 2 Juan 15–16 (la vid verdadera, el Espíritu de verdad)
Día 3 Juan 17–18 (la oración de Jesús por sus discípulos, arresto y juicio)
Día 4 Juan 19–20 (la crucifixión, la resurrección, las apariciones a los discípulos)
Día 5 Juan 21 (la aparición junto al mar, las instrucciones a Pedro); 1 de Juan 1–5 (Ama, porque Dios es amor.)
Día 6 Lea y responda a "El comentario bíblico" y a "Las señales del discipulado".
Día 7 Descanso. Lea nuevamente 1 de Juan 1:5-10.

ORACIÓN

Ore diariamente antes de estudiar:
"Señor, no es orgulloso mi corazón,
ni son altaneros mis ojos,
ni voy tras cosas grandes y extraordinarias
que están fuera de mi alcance.
Al contrario, estoy callado y tranquilo,
como un niño recién amamantado
que está en brazos de su madre.
¡Soy como un niño recién amamantado!"
(Salmo 131:1-2, Versión Popular).

Oraciones de la semana:

CONFIANZA

Día 1   Juan 13–14 (lavamiento de los pies de los discípulos, la llegada del Consolador)

Día 2   Juan 15–16 (la vid verdadera, el Espíritu de verdad)

Día 3   Juan 17–18 (la oración de Jesús por sus discípulos, arresto y juicio)

Día 4   Juan 19–20 (la crucifixión, la resurrección, las apariciones a los discípulos)

Día 5   Juan 21 (la aparición junto al mar, las instrucciones a Pedro); 1 de Juan 1–5 (Ama, porque Dios es amor.)

Día 6   "El comentario bíblico" y "Las señales del discipulado"

DISCIPULADO

EL COMENTARIO BÍBLICO

Sólo Juan narra el lavamiento de los pies de los discípulos. Este extraordinario acto simbólico ocurre en medio de controversia, lucha y tensión. Fuera de la habitación, había poderes trabajando para destruir a Jesús. Dentro de la habitación, Judas ya había traicionado a Jesús en su corazón. Según Lucas, los discípulos estaban discutiendo acerca de cuál de ellos sería el mayor en el reino (Lucas 22:24-27).

Las reglas de cortesía dictaban que el anfitrión o sus sirvientes lavaran los pies polvorientos de sus huéspedes, tal como hoy les abriríamos la puerta, les ofreceríamos asiento o les brindaríamos algo de beber a nuestros propios huéspedes. Pero, sin duda, los discípulos no comprendieron el significado total del acto de amor de Jesús, por ser un hecho tan común, sino después de la crucifixión.

Jesús les demostró continuamente a sus discípulos que el Hijo del Hombre vino a servir y que llamó a sus discípulos a servir también (Juan 13:1-15). El interpretó claramente sus acciones con las palabras: las personas más grandes en el Reino son las que sirven.

Como discípulo, usted también será llamado a ofrecer su servicio humilde antes que a buscar honores.

La promesa del Espíritu Santo

Los evangelios hacen a menudo referencia al Espíritu. Juan el Bautista dijo: "Yo a la verdad os he bautizado con agua; pero él os bautizará con Espíritu Santo" (Marcos 1:8). El Espíritu Santo vino sobre Jesús en forma de paloma durante su bautismo (1:10). Lucas dice: "Pues si vosotros, siendo malos, sabéis dar buenas dádivas a vuestros hijos, ¿cuánto más vuestro Padre celestial dará el Espíritu Santo a los que se lo pidan?" (Lucas 11:13).

Ahora en el Evangelio de Juan, Jesús ofrece el Espíritu Santo, quien es el Consolador, el Consejero, el que Intercede. Este mismo Espíritu Santo es el Espíritu de verdad (más tarde los escritos de Pablo se refieren a éste como el Espíritu de Jesucristo). El Espíritu ayudaría a los discípulos a caminar en sus caminos, porque Jesús se proclamó a sí mismo como "el camino, y la verdad, y la vida" (Juan 14:6).

Los discípulos harían cosas mayores que las que Jesús hizo en su ministerio terrenal (14:12). ¿Por qué? Porque Jesús iría al Padre y el Padre enviaría al Espíritu Santo (el Consolador) "para que esté con vosotros para siempre" (14:16).

¿Recuerda en el Evangelio de Marcos cuán dificil era para los discípulos entender? Había tantas cosas que no cabían en su mente. Mucha gente se ha preguntado si las acciones de Judas tuvieron que ver con su fracaso para entender lo que significaba el Mesías para Jesús. Nosotros también tenemos mucho que aprender. Jesús prometió que el Espíritu Santo "os enseñará todas las cosas, y os recordará todo lo que yo os he dicho" (14:26).

NOTAS, REFLEXIONES Y PREGUNTAS

La palabra griega se traduce como "Consolador" en la Versión Reina Valera y como "Defensor" en la Versión Popular. Viene de la palabra parakaleo, que significa básicamente "llamar al lado" de la que se deriva el sustantivo "parákletos" que significa "el que anima" "el que exhorta" y "el que consuela". La palabra *Parákletos* se refiere al Espíritu Santo.

CONFIANZA

Hubo mucho de lo que Jesús enseñó que se aclaró después de la crucifixión y la resurrección, y después de que el Espíritu Santo vino sobre los discípulos en Pentecostés: "Puedo derribar el templo de Dios, y en tres días reedificarlo" (Mateo 26:61; vea también Juan 2:19-21). "Y como Jesús levantó la serpiente en el desierto, así es necesario que el Hijo del Hombre sea levantado" (Juan 3:14). La profecía del Antiguo Testamento tomó un nuevo sentido: el Mesías sería una vara del tronco de Isaí (Isaías 11:1-2). El siervo sufriente tomó sobre sí nuestros pecados (53:5-6).

El Cordero

Juan el Bautista, al ver a Jesús, clamó: "He aquí el Cordero de Dios, que quita el pecado del mundo" (Juan 1:29). Después de la crucifixión y la resurrección, después que Jesús se ofreció a sí mismo en sacrificio, como un cordero, los discípulos, guiados por el Espíritu, posiblemente pensaron: "Dios mío, eso fue lo que quiso decir Juan el Bautista cuando dijo que Jesús era el Cordero de Dios."

En Juan 15, los discípulos estaban en un nuevo nivel de intimidad con Jesús. El había sido el Maestro, el Hijo del Hombre, el Hijo de Dios, el Mesías. Pero ahora una fresca visión va surgiendo: "Yo soy la vid, vosotros los pámpanos" (15:5).

Recuerde que en los evangelios de Mateo, Marcos y Lucas se presenta a Jesús preparando a sus discípulos para hacer las mismas obras de compasión y de conversión que él hizo. En Juan, con la llegada del Consolador, recibirían el poder para hacer las obras. El fruto crecería de la vid si las ramas se dejan llevar por la Palabra y por el Espíritu.

¿Qué quiso decir Jesús con aquello de que: "Ya vosotros estáis limpios por la palabra que os he hablado" (15:3)? La nueva justicia, la nueva pureza viene de él. Su palabra y su Espíritu traen purificación. Ya no seríamos hipócritas, lavados por fuera pero llenos por dentro de huesos de muertos. Ahora, en Jesús, hemos sido declarados limpios. ¡Confía en esa verdad! Del mismo modo que un leproso se presentaba delante del sacerdote, así nosotros nos presentamos delante de nuestro sumo sacerdote para ser declarados limpios, salvados. Somos restaurados al compañerismo en la comunidad de fe.

El mandamiento de Cristo es el amor. Usted notará en la primera carta de Juan lo siguiente: "En esto consiste el amor: no en que nosotros hayamos amado a Dios, sino en que él nos amó a nosotros" (1 de Juan 4:10). El amor de Cristo es a la vez nuestro modelo y nuestra motivación.

Instrucciones de última hora

"Esto no os lo dije al principio, porque yo estaba con vosotros. Pero ahora . . . os conviene que yo me vaya . . . mas si me fuere, os lo enviaré [al Espíritu]. Y cuando él venga, convencerá al mundo de pecado, de justicia y de juicio" (Juan 16:4-8). Ahora nosotros conocemos y entendemos a Jesucristo,

NOTAS, REFLEXIONES Y PREGUNTAS

Al símbolo del cordero con un banderín ondeando se le llama el "Cordero Triunfante." Simboliza la victoria de Cristo sobre la muerte por medio del sacrificio del Cordero de Dios, en latín, *Agnus Dei* (Apocalipsis 5:12).

DISCIPULADO

iluminados por el Espíritu. Ni siquiera los apóstoles comprendieron hasta que el Espíritu Santo les abrió los ojos: los tiempos serían duros. Serían expulsados de las sinagogas, desparramados, muertos. Pero la promesa se cumpliría segun los tiempos. "En el mundo tendréis aflicción, pero confiad, yo he vencido al mundo" (16:33). ¿Qué quiere decir esto? ¿Qué no tendremos problemas? No. Significa que podemos regocijarnos aun en medio del sufrimiento porque la victoria final es de Dios (vea Romanos 8:31-39).

Jesús ora

A la oración de Jesus en Juan 17 se le llama "la oración sacerdotal" porque en ella Jesús se consagró a sí mismo como el único sacrificio perfecto por los pecados del mundo y consagró a sus discípulos para el servicio de ganar el mundo para Dios. La oración tiene tres partes, en las cuales Jesús ora por sí mismo, por sus discípulos y por la iglesia universal.

En Juan 17:1-5 Jesús ora por sí mismo, por que pueda asumir la gloria que había dejado para venir al mundo. Se acerca el tiempo de decir en la cruz: "Consumado es" (19:30). El rol de obediencia del Hijo de Dios (la clase de persona que Adán y Eva debieron ser) era un ejemplo de paz, sanidad, perdón y justicia de modo que pudiéramos ver cómo sería la vida en el reino. El llevó a cabo su ministerio como siervo sufriente (el siervo que Israel estaba llamado a ser). Llevó a cabo la tarea que Dios le dio para hacer. Fue obediente, el "primero" en la historia del mundo.

La segunda parte de la oración (17:6-19) es por los discípulos "para que sean uno, así como nosotros" (17:11). Jesús sabía que sin unidad de corazón y de propósito, su misión fracasaría. Esta oración sacerdotal o pastoral de Jesús es la clave del movimiento ecuménico. Todos los cristianos están llamados a mantenerse en armonía y en unidad unos con los otros.

Los creyentes cristianos son apartados para el servicio. Pero no para vivir en aislamiento. "No ruego que los quites del mundo, sino que los guardes del mal. . . . Como tú me enviaste al mundo, así yo los he enviado al mundo" (17:15-18). Así que Jesús oró para que fueran equipados para la tarea a la cual habían sido enviados.

La porción final de la oración (17:20-26) es por la iglesia en el mundo. Jesús oró que ellos fueran uno, llenos del Espíritu del Padre quien creó el universo, y del Hijo quien era la Palabra encarnada "para que el mundo crea" (17:21) y "para que el mundo conozca" (17:23). Antes de la fundación del mundo, como le dijo Dios a Job: "cuando alababan todas las estrellas del alba" (Job 38:7), el amor de Dios por la creación se manifestó en la Palabra. Jesús oró que Dios expresara ese amor a través de los creyentes en todo el mundo. Su oración fue que todos los discípulos se unieran para que el mundo se confrontara con un solo testimonio amoroso. El orgullo denominacional se burla de la gran

NOTAS, REFLEXIONES Y PREGUNTAS

CONFIANZA

oración de Jesús. ¡Qué tropiezo tan grande para nuestro testimonio es la falta de unidad!

La Pasión en Juan

En Juan, la experiencia de Getsemaní enfatiza la traición y el arresto. Note que Pedro estaba mal preparado para enfrentarse a la crisis. Estaba confundido por el lavamiento de los pies, suficientemente enojado para cortarle la oreja al siervo durante el arresto, y lleno de negaciones y maldiciones cuando alguien le preguntó si era uno de los discípulos.

¿Estuvo Jesús a punto de perder a Pedro así como perdió a Judas? En el Evangelio de Marcos, después de la resurrección, las tres mujeres recibieron el mensaje del angel: "Id, decid a sus discípulos, y a Pedro, que él va delante de vosotros a Galilea" (Marcos 16:7). ¿Dejó Pedro de ser discípulo en ese momento? En medio del tumultuo de la crucifixión salió de Jerusalén y volvió a sus antiguos lugares, a la pesca en Galilea. En Juan 21, Jesús se les apareció a Pedro y a los otros en Galilea. Lea este capítulo con detenimiento. Jesús, en su cuerpo resucitado, les ofreció un desayuno de pan y pescado. Nuevamente se dio a conocer en el partimiento del pan. Observe en el 21:15-23 lo que le sucedió a Pedro. Pedro negó a Jesús tres veces, antes de que el gallo cantara. Esta vez Jesús le pregunta cuidadosamente, usando el nombre "Simón" (no el de Pedro, pues ya él no era una roca). Simón había vuelto a los tiempos anteriores al discipulado, así que Jesús usó el nombre anterior para reclamarlo nuevamente.

"Simón, hijo de Jonás, ¿me amas más que estos?" "Sí, Señor." Entonces "apacienta mis ovejas." "Simón, hijo de Jonás, ¿me amas?" "Sí, Señor." Por tercera vez Jesús le pregunta: "Simón, hijo de Jonas, ¿me amas?" La negación había sido triple; así serían las demandas. La traición había ocurrido tres veces; así también lo fue el perdón. Después que Jesús le dijo a Pedro sobre su martirio futuro, Jesús repitió las palabras que usó para llamarlo al discipulado tres años antes, también en el mar de Galilea: "Sígueme" (21:19). ¿Se ha preguntado usted lo que hubiera pasado si Judas hubiera regresado a Galilea con los demás? ¿Qué cree usted que Jesús le hubiera dicho?

Pedro, todavía el "antiguo" Pedro, quería saber lo que pasaría con "el discípulo a quien amaba Jesús." Como tantas otras personas, Pedro estaba mirando con el rabo del ojo lo que le pasaría a otro. La providencia de Dios es misteriosa. El camino del discipulado puede llevar a una persona al peligro; puede que a otra no. Una puede irse como misionera; otra permanecer en su pueblo y enseñar una clase de Escuela Dominical. Jesús le contestó a Pedro: "¿Qué a tí? Sigueme tú" (21:22).

Otras dos ideas sobre la resurrección: María no reconoció a Jesús al principio. "No me toques, porque aún no he subido a

NOTAS, REFLEXIONES Y PREGUNTAS

DISCIPULADO

mi Padre" (20:17). Observe el punto. María Magdalena reconoció a Jesús cuándo éste la llamó por su nombre. Dios siempre llama a su pueblo por su nombre, porque somos sus hijos e hijas: "ovejas de su prado." Sabemos que Dios está vivo cuando nos llama por nuestro nombre.

Del mismo modo que Mateo nos informa de la Gran Comisión: "Id, y haced discípulos" (Mateo 28:19), Juan nos habla de un encargo parecido: "Como me envió el Padre, así también yo os envío. Y habiendo dicho estó, sopló, y les dijo: Recibid el Espíritu Santo. A quienes remitiereis los pecados le son remitidos; y a quienes se los retuviereis, le son retenidos" (Juan 20:21-23). Sabemos que Dios está vivo cuando el Todopoderoso sopla en nosotros el espíritu misionero.

LAS SEÑALES DEL DISCIPULADO

La doctrina cristiana del testimonio interior significa que los cristianos saben dentro de sí mismos que ellos y ellas son amados y que tienen vida, abundante y eterna.

Tenemos tres testimonios de que los discípulos son hijos de Dios: el Espíritu, el agua del bautismo, y la sangre de Cristo. Los tres concuerdan y nos dan seguridad interior (1 de Juan 5:6-12).

En un mundo de engaño y superficialidad en dónde buena parte de la religion es pura forma, como discípulo, usted puede decir: "Yo sé a quién he creído, y estoy seguro que es poderoso para guardar mi depósito para aquel día" (2 de Timoteo 1:12). ¿Tiene usted seguridad de salvación? ¿Cómo describiría usted sus sentimientos?

_____
_____
_____

Trate de identificar señales del poder espiritual en la vida de otra persona:

_____
_____

en la vida de la congregación:

_____
_____

en su propia vida:

_____
_____

NOTAS, REFLEXIONES Y PREGUNTAS

Los discípulos sienten en su interior la seguridad de tener vida abundante, eterna.

CONFIANZA

SI DESEA SABER MÁS

¿Se ha preguntado alguna vez qué le sucedió a Nicodemo? Busque las tres ocasiones en las cuales se le menciona en Juan (3:1-21; 7:45-52; 19:38-42). ¿Cómo describiría usted el estilo de discipulado de Nicodemo?

Busque el significado de la palabra *Encarnación*. ¿Qué quiere decir?

Busque el significado de la palabra *compañerismo* (koinonía). La confesión, según dice 1 de Juan 1:9, se practicó entre los cristianos por varios siglos y continúa en la práctica de la Iglesia Católica Romana hasta el día de hoy. ¿Cuán profundamente está usted dispuesto a compartir con su grupo de DISCIPULADO su dolor y su culpa? ¿Hay alguien con quien usted puede confesarse y sentirse limpio?

El discipulado en las parábolas

No nos hemos concentrado en las parábolas de Jesús durante el estudio de los evangelios, pero ellas tienen mucho que decir acerca de los discípulos y el discipulado. Déles una mirada rápida a Mateo y a Lucas e identifique varias parábolas. Escriba en la siguiente columna lo que cree que la parábola dice sobre el discipulado.

Parábolas/ Citas bíblicas

NOTAS, REFLEXIONES Y PREGUNTAS

Significado de la parábola

PODER

> "Recibiréis poder, cuando haya venido sobre vosotros el Espíritu Santo, y me seréis testigos en Jerusalén, en toda Judea, en Samaria, y hasta lo último de la tierra."
>
> —Hechos 1:8

24 El poder explosivo del Espíritu

NUESTRA CONDICIÓN HUMANA

Creemos en Dios, pero tenemos muy poco poder. Queremos testificar, sanar, convertir, servir, cambiar la sociedad; pero somos personas comunes y corrientes. Nos falta vitalidad espiritual.

ASIGNACIÓN

En cierta forma, sería mejor que los Hechos estuvieran colocados después de Lucas, si al fin y al cabo son dos volúmenes de una misma obra. El Evangelio de Lucas nos narra el ministerio de Jesucristo, y el libro de los Hechos de los Apóstoles es el testimonio de la labor de la iglesia de los primeros siglos. Aun así, hubo razones de peso para colocar los tres evangelios sinópticos junto a Juan como cuarto evangelio. Mateo, Marcos y Lucas tienen un enfoque parecido de la historia de la vida de Jesús y de su misión, y contienen mucho material en común. Pero Juan se concentra en presentar a Jesús como el Mesías y contiene materiales que los otros evangelios no contienen.

Déle una mirada a Lucas antes de comenzar a leer los Hechos.

Día 1   Hechos 1–2 (Pentecostés)
Día 2   Hechos 3–5 (Pedro y Juan, Bernabé)
Día 3   Hechos 6–8 (Esteban, Felipe)
Día 4   Hechos 9–11 (la conversión de Saulo, Cornelio)
Día 5   Hechos 12:1–15:35 (la muerte de Jacobo, el encarcelamiento de Pedro, Pablo y Bernabé como misioneros)
Día 6   Lea y responda a "El comentario bíblico" y a "Las señales del discipulado".
Día 7   Descanso.

ORACIÓN

Ore diariamente antes de estudiar:
"Oh Dios,
ten compasión de nosotros y bendícenos;
míranos con buenos ojos,
para que todas las naciones de la tierra
conozcan tu voluntad y salvación"
(Salmo 67:1-2, Versión Popular).

Oraciones de la semana:

PODER

Día 1   Hechos 1–2 (Pentecostés)

Día 2   Hechos 3–5 (Pedro y Juan, Bernabé)

Día 3   Hechos 6–8 (Esteban, Felipe)

Día 4   Hechos 9–11 (la conversión de Saulo, Cornelio)

Día 5   Hechos 12:1–15:35 (la muerte de Jacobo, el encarcelamiento de Pedro, Pablo y Bernabé como misioneros)

Día 6   "El comentario bíblico" y "Las señales del discipulado"

DISCIPULADO

EL COMENTARIO BÍBLICO

El libro de los Hechos puede dividirse en dos partes: la primera parte se concentra en la iglesia de los primeros años en y cerca de Jerusalén, y la segunda en Pablo y sus viajes misioneros. Hechos traza la extensión de la iglesia desde Jerusalén hasta Roma. Como las ondas que se forman cuando se lanza un piedra en un lago, el testimonio de la iglesia traza su historia como círculos concéntricos hasta llegar a las más distantes playas.

El libro puede llamarse los Hechos del Espíritu Santo en la iglesia primitiva. El escritor de los Hechos estaba mirando hacia el pasado, asombrado ante la historia de la iglesia dirigida por el Espíritu. A medida que leemos, percibimos el asombro ante la existencia de la iglesia, pero a la vez la firme creencia de que la iglesia existía por la actividad de Dios.

Se cree que el autor de los Hechos fue un médico gentil llamado Lucas, quien a menudo acompañó a Pablo. Lucas se menciona en Colosenses 4:14 y en 2 de Timoteo 4:11.

Pentecostés

Cada comunidad necesita recordar sus comienzos, pues en ellos se define en parte lo que la comunidad será. Por eso a veces decimos que Pentecostés es el cumpleaños de la iglesia. Sin embargo, la comparación es sólo correcta en parte. Pentecostés fue sin duda un nuevo y poderoso estallido de fe y de entusiasmo, pero la comunidad de fe comenzó desde mucho antes en Israel, con Abraham y Sara. A la vez, Pentecostés fue un jalón en las expectativas mesiánicas.

Jesús enseñó claramente que el Espíritu Santo vendría a todos los creyentes, no sólo a los Doce. "Recibiréis poder [*dynamis*—la raíz de la palabra *dinámico, dinamita*], cuando haya venido sobre vosotros el Espíritu Santo" (Hechos 1:8).

Así que ellos esperaron con paciencia en el aposento alto. "Todos estos perseveraban unánimes en oración y ruego, con las mujeres, y con María la madre de Jesús, y con sus hermanos" (1:14). Observe el sentido de unidad y armonía entre los hombres y mujeres, familia y amigos, los apóstoles y otros creyentes. La unidad se enfatiza en el 2:1: "Cuando llegó el día de Pentecostés, estaban todos unánimes juntos."

Pentecostés, festival de los primeros frutos cincuenta días después de la Pascua, era uno de los días solemnes de los judíos. Hoy en día se celebra el Pentecostés cincuenta días después de la Pascua cristiana para recordar el poder explosivo del Espíritu que lanzó a la comunidad cristiana en su misión.

¿Cómo describiría usted una experiencia religiosa dramática? Lucas usa imágenes: un sonido "como de un viento recio que soplaba" y "lenguas repartidas, como de fuego" (Hechos 2:2-3). La gente comenzó a hablar en diversas lenguas, aparentemente en los idiomas de las naciones del mundo. La torre de Babel al revés. El pecado destruyó la comunicación;

NOTAS, REFLEXIONES Y PREGUNTAS

PODER

Espíritu Santo reestableció la comunicación. La experiencia principal no fue *la glosolalia,* el hablar en otras lenguas. Más bien fue el motivar la tarea misionera, el lanzamiento de los creyentes en forma dinámica a un ministerio mundial.

Estaban en éxtasis, no borrachos; después de todo era "la hora tercera del día", es decir, las nueve de la mañana (2:15). Pedro, el mismo que juró durante el juicio que nunca había oído de Jesús, se puso de pie en medio de una calle principal de Jerusalén y predicó. El poder había llegado.

Pedro comenzó a citar al profeta Joel, quien había llamado al arrepentimiento, "porque viene el día de Jehová" (Joel 2:1). Las palabras de Joel tienen tonos apocalípticos: el fin de los tiempos se acerca; arrepentíos. Pedro dijo que estaba sucediendo tal como Joel había dicho (Hechos 2:16-21).

Pedro entonces proclamó al Jesús crucificado y que se levantó de los muertos. Los oyentes "se compungieron" y preguntaron: "¿qué haremos?" (2:37). La respuesta de Pedro, y la nuestra cuando hay una persona receptiva a Dios, es: "Arrepentíos, y bautícese cada uno de vosostros en el nombre de Jesucristo para perdón de los pecados; y recibiréis el don del Espíritu Santo" (2:38). Se bautizaron tres mil personas.

¡Observe! Comenzaron inmediatamente a reunirse en grupos en los hogares. Como no tenían iglesias, se reunían en las casas casi diariamente. Vea con cuidado lo que hacían. "Perseveraban en la doctrina de los apóstoles, en la comunión unos con otros, en el partimiento del pan y en las oraciones" (2:42). Hoy diríamos que estudiaban las Escrituras, compartían todo en sus vidas (*koinonía*), partían el pan tanto como alimento como en la Cena del Señor, y oraban juntos.

Ocurrían señales del Reino. En vez de ser egoístas, los cristianos compartían todo lo que tenían unos con los otros y proveían para los necesitados. Iban al templo, guardaban el sábado, e iban diariamente a las casas de unos u otros de los miembros para adorar a Dios. Añade el texto: "Y el Señor añadía cada día a la iglesia los que habían de ser salvos" (2:47).

Lo que Jesús les había prometido estaba sucediendo: los discípulos llevarían a cabo señales del Reino como él lo había hecho. Pedro y Juan sanaron a un cojo de nacimiento (3:1-10). La sanidad se convirtió en una oportunidad para testificar y hacer un llamado al arrepentimiento (3:11-26). Pedro y los otros mostraron valor nuevamente por cuanto enseñaban al pueblo, y anunciaban "en Jesús la resurrección de los muertos" (4:2). Pedro y Juan tenían problemas porque los saduceos no creían en la resurrección. Sin embargo, Pedro y Juan, con el poder del Espíritu Santo, continuaron hablando y actuando con osadía: "porque no podemos dejar de decir lo que hemos visto y oído" (4:20). La iglesia celebró la liberación de Pedro y Juan de la prisión cantando el Salmo 2, interpretándolo esta vez como si fuera suyo (Hechos 4:25-26).

El pueblo ya no era sólo dador del diezmo. Se sentían libres de ansiedad, sobre "qué habéis de comer o qué habéis de

NOTAS, REFLEXIONES Y PREGUNTAS

DISCIPULADO

beber... qué habéis de vestir" (Mateo 6:25). Se daban todo lo que tenían unos a otros y al tesoro común. Bernabé, uno de los grandes siervos de la iglesia, aparece. Su nombre era José, pero los apóstoles le dieron el nombre "Hijo de consolación" (Hechos 4:36). Era descendiente directo de la tribu de Leví y vivía en Chipre entre los gentiles, así que hablaba griego. Vendió un terreno y puso todo lo que había recibido a los pies de los apóstoles (4:36-37). Hay personas que han hecho lo mismo a través de los siglos; cuando ha sucedido, la iglesia se ha llenado de nueva vitalidad.

Observará que más tarde Bernabé fue responsable de sostener a Pablo en su crecimiento, permitiéndole tomar el liderato, dándole apoyo, y trabajando constantemente para que se aceptaran los convertidos gentiles en el seno de la iglesia. Al ocurrir la separación entre Bernabé y Pablo a causa de una disputa respecto a Juan Marcos, Bernabé tomó a Juan Marcos bajo su tutela y le sostuvo en su crecimiento.

En contraste, Ananías y Safira vendieron su propiedad y pusieron sólo una parte del precio a los pies de los apóstoles (5:1-11). ¿Fue el dinero el problema? No. Ellos no tenían que entregar nada. ¿Por qué entonces fueron confrontados tan dramáticamente por Pedro y por el Espíritu Santo? Porque mintieron. La iglesia no podía tolerar el engaño. Una mentira puede echar abajo una familia, una iglesia, un negocio, aún el gobierno. La recién formada comunidad cristiana era tan clara, tan abiertos unos con los otros, tan llena de generosidad y gozo, tan honesta que toda clase de sanidades, perdón y conversiones ocurrían. Esta pareja quiso ser parte de la iglesia y guardarse lo suyo también. Por eso Pedro les dijo: "te sacarán a ti" (5:9); o se morían ellos o la iglesia moría.

Esteban

El pueblo, no los ángeles, son los que forman la iglesia. La iglesia está formada por discípulos imperfectos en proceso de ser como Jesús. Los miembros de la comunidad de fe de los primeros tiempos compartían unos con otros y cuidaban a los necesitados. Las viudas eran cuidadas en forma especial. Algunos miembros eran personas nacidas en Judea que hablaban arameo y se resistían a aceptar la cultura y la lengua griegas. Otros eran helenistas, judíos que habían nacido en diferentes partes del mundo y que hablaban griego. Bernabé y Saulo eran judíos helenistas. Esteban también lo era.

Quienquiera que estuviera repartiendo los alimentos a las viudas aparentemente favorecía a las de Judea. El alimento diario no estaba siendo distribuido equitativamente. Los Doce (Judas había sido sustituido por Matías según Hechos 1:15-26) llamaron a la comunidad a reunirse y tomaron decisiones para reducir la tensión.

Los apóstoles necesitaban estar ocupados en la oración, la predicación y la enseñanza de la palabra. El problema se colocó en manos de otras personas.

NOTAS, REFLEXIONES Y PREGUNTAS

PODER

La comunidad seleccionó siete personas para servir las mesas, hombres llenos del Espíritu y de buena reputación. Note que los siete eran helenistas. Es decir, los siete eran parte del grupo que había protestado. ¿Recuerda cuando Jetro le recomendó a Moisés que compartiera la responsabilidad de su tarea (Exodo 18:13-27)?

Una vez estas personas fueron escogidas y se restauró la armonía, "crecía la palabra del Señor, y el número de los discípulos se multiplicaba grandemente en Jerusalén" (Hechos 6:7).

Esteban fue el primer mártir cristiano. (La palabra *mártir* significa testigo.) Estaba tan lleno del Espíritu que comenzó a dar testimonio a la vez que servía las mesas. Su sermón trazó la historia de Israel, mirándola desde la perspectiva de la resurrección. Al igual que los profetas, acusó a sus oyentes de ser "duros de cerviz, e incircuncisos de corazón y de oídos" (7:51). Cuando miró al cielo y declaró ver "al Hijo del Hombre que está a la diestra de Dios" (7:56), los miembros del concilio se pusieron furiosos. Violaron la ley romana, que prohibía al concilio religioso que ejecutara una sentencia de muerte por autoridad propia, y apedrearon a Esteban hasta matarlo (7:58). La oración de Esteban es eco de las oraciones de Jesús: "Señor Jesús, recibe mi espíritu" (Hechos 7:59; vea Lucas 23:46). "Señor, no les tomes en cuenta este pecado" (Hechos 7:60; vea Lucas 23:34).

Saulo (Pablo)

Cuando encuentre a Saulo (Pablo) en Hechos 7:58 y en 8:1, conteste las siguientes preguntas usando como referencia Hechos 22:3-16; 26:9-18 y Gálatas 1:13-17.

¿Cuál era el trasfondo de Saulo?

_____

_____

Algunos eruditos han dicho que la conversión de Saulo fue la más lenta en toda la Biblia. ¿Qué cree usted que quieren decir? ¿Qué texto sostendría tal idea?

_____

¿Por qué era Pablo el candidato menos apropiado para la tarea misionera?

_____

¿Qué características negativas de Pablo se convirtieron en positivas en su trabajo como misionero?

_____

_____

NOTAS, REFLEXIONES Y PREGUNTAS

DISCIPULADO

Los gentiles

Para que el cristianismo fuera algo más que una secta judía, era necesario que se extendiera entre los gentiles. Lucas, al escribir los Hechos, muestra el fundamento de dicha actividad en la obra del Espíritu Santo moviéndose entre los discípulos. Miles de personas se estaban convirtiendo al cristianismo. Algunas son seleccionadas para aparecer en el relato de Hechos.

¿Por qué cree usted que Lucas relata la conversión del eunuco etíope por medio de Felipe? (Hechos 8:26-39).

_____

_____

¿Qué significado tuvo la visión de Pedro en Jope?

_____

_____

Antioquía era un centro muy activo del cristianismo primitivo. Describa lo que usted cree que estaba ocurriendo allí. (Fue en Antioquía que se les llamó a los creyentes "cristianos" por primera vez.)

_____

_____

La misión entre los gentiles causó una crisis profunda en la iglesia. Se convocó a una conferencia apostólica en Jerusalén. ¿Qué posición asumieron los judíos conservadores de Judea?

_____

¿Qué posición asumieron los judíos helenistas, Bernabé y Pablo?

_____

Pedro, un judío de Judea, inclinado hacia el lado conservador, tiene sin embargo su extraña visión en Jope. Jacobo, el hermano de Jesús, también en contacto con los conservadores, propuso el arreglo que permitió que se rompiera la barrera y que el evangelio penetrara al mundo griego y romano. ¿Cuál fue la proposición de Jacobo, con la cual el liderato llegó a un acuerdo?

_____

_____

Note—y este fue el punto principal de Pablo y de Bernabé—que la decisión del concilio no hizo de la circuncisión una obligación. Pero se mantuvieron ciertas restricciones.

NOTAS, REFLEXIONES Y PREGUNTAS

PODER

LAS SEÑALES DEL DISCIPULADO

El ser discípulo requiere tanto respuestas pasivas como activas. A veces Jesús nos pide que nos pongamos en pie y hagamos algo: "ven, sígueme" (Marcos 10:21). A veces Jesús quiere que esperemos y oremos: "quedaos vosotros en la ciudad de Jerusalén hasta que seáis investidos de poder desde lo alto" (Lucas 24:49). Recuerde que Jesús comenzó su ministerio recibiendo el Espíritu Santo en el bautismo y esperando por cuarenta días en ayuno y oración. Muy a menudo nosotros los individualistas y activistas no esperamos a recibir el poder, orando juntos.

¿Siente su grupo de DISCIPULADO el poder del Espíritu Santo moverse en medio del compañerismo? ¿Hay contiendas que puedan ser tropiezo? ¿Hay disposición positiva, deseo de ayudarse unos a otros, anhelo de aprender? ¿O hay quejas?

___

¿De qué modo se manifiestan la presencia y el poder del Espíritu Santo en su vida?

___

¿Cómo está su iglesia? ¿De qué modo se hacen manifiestas las sanidades, los testimonios, el servicio y los nuevos nacimientos en su congregación?

___

¿Oran los miembros de su grupo para que el Espíritu Santo les llene de poder para traer vitalidad a su congregación?

___

Como personas cristianas tenemos tradiciones preciosas, tal como las tenían los judíos cristianos de Judea. Estamos dispuestos a ser flexibles acerca de algunas de estas tradiciones de modo que algunas personas "extrañas" entren a nuestra comunidad; otras no las queremos cambiar. ¿Con qué tradiciones estamos dispuestos a ser flexibles?

___

¿En cuáles creencias y tradiciones debemos insistir?

SI DESEA SABER MÁS

La Biblia no trata mucho sobre el martirio, aunque innumerables personas cristianas fueron perseguidas, puestas en prisión y murieron. Busque los términos "martirio" o "persecución" en un diccionario bíblico.

NOTAS, REFLEXIONES Y PREGUNTAS

Los discípulos experimentan la presencia y el poder del Espíritu Santo en sus vidas.

Tabla de historia bíblica

4 A.C.	Nacimiento de Jesús
29–30 D.C.	Crucifixión de Jesús
30–31 D.C.	Apedreamiento de Esteban
10 D.C.	Nacimiento de Pablo
30–31 D.C.	Conversión de Pablo
44–49 D.C.	Concilio de Jerusalén

CONVERSIÓN

"Testificando a judíos y a gentiles acerca del arrepentimiento para con Dios, y de la fe en nuestro Señor Jesucristo."

—Hechos 20:21

25 El Evangelio se extiende por el mundo

NUESTRA CONDICIÓN HUMANA

Nos sentimos incómodos dando testimonio de nuestra fe a personas extrañas y de otras religiones. Titubeamos al hablar de Dios aun a nuestros familiares y vecinos. Sospechamos que la gente sentirá resentimiento ante ideas que reten sus creencias o costumbres. Además, no estamos seguros de que queremos que se unan a nosotros.

ASIGNACIÓN

La iglesia continuó extendiendo el evangelio de Jesucristo a través del mundo mediterráneo y Roma. Si su Biblia tiene mapas, tome algún tiempo para buscar las ciudades y regiones que se mencionan. Observe cómo se adapta el evangelio a los diferentes ambientes en los cuales es proclamado.

Al leer la Escritura, advierta que hay respuestas que debe anotar en la página 187 de su manual.

- Día 1   Hechos 15:36–18:28 (Pablo va a Macedonia, la predicación en Atenas y Corinto)
- Día 2   Hechos 19–20 (Pablo en Efeso)
- Día 3   Hechos 21–23 (el regreso a Jerusalén, la defensa de Pablo ante el concilio, el arresto)
- Día 4   Hechos 24–26 (Pablo apela al César, la defensa ante Agripa)
- Día 5   Hechos 27–28 (tormenta y naufragio camino a Roma)
- Día 6   Efesios 1–4 (el amor sobrepasa al conocimiento, gracia). Lea y responda a "El comentario bíblico" y a "Las señales del discipulado".
- Día 7   Descanso.

ORACIÓN

Ore diariamente antes de estudiar:
"En cuanto a mí, te cantaré por la mañana;
anunciaré a voz en cuello tu amor y tu poder.
Pues tú has sido mi protección,
mi refugio en momentos de angustia.
A ti cantaré himnos, Dios mío,
pues tú eres mi fortaleza y protección;
¡tú eres el Dios que me ama!"
(Salmo 59:16-17, Versión Popular).

Oraciones de la semana:

CONVERSIÓN

Día 1   Hechos 15:36–18:28 (Pablo va a Macedonia, la predicación en Atenas y Corinto)

Día 2   Hechos 19–20 (Pablo en Efeso)

Día 3   Hechos 21–23 (el regreso a Jerusalén, la defensa de Pablo ante el concilio, el arresto)

Día 4   Hechos 24–26 (Pablo apela al César, la defensa ante Agripa)

Día 5   Hechos 27–28 (tormenta y naufragio camino a Roma)

Día 6   Efesios 1–4 (el amor sobrepasa al conocimiento, gracia); "El comentario bíblico" y "Las señales del discipulado"

Discipulado

EL COMENTARIO BÍBLICO

La poderosa personalidad de Pablo, dirigida por el Espíritu Santo, domina el resto del libro de Hechos. A través de la actividad misionera de Pablo y de muchos otros, el evangelio se extendió a pie, a caballo, en barco por todo el mundo conocido. La lengua griega se hablaba extensamente, y los caminos romanos así como su paz hacían los viajes más fáciles que nunca.

Las comunidades y sinagogas judías existían en casi todos los lugares; los judíos que viajaban, aun los judíos cristianos, recibían, al menos al principio, la hospitalidad judía.

Como resultado de la motivación interna y de la oportunidad externa, el evangelio se extendió por todas partes. Pablo mostró el camino. Muchos otros, incluso los apóstoles, se desparramaron por todos lados. La persecución, al principio en Jerusalén y después en otros lugares, hizo que los creyentes fueran de un lugar a otro.

Al principio se menciona a Bernabé y Pablo, según "el hijo de consolación" iba preparando al joven fariseo cristiano. Pronto, sin embargo, se habla de Pablo y Bernabé, cuando el liderato de Pablo fue haciéndose mayor. Ocurrió más tarde una separación que resultó para bien (Hechos 15:36-41). Bernabé quería llevar con ellos a Juan Marcos, su sobrino. Pablo se negó, porque el muchacho se había separado de ellos en un viaje anterior. La solución fue la separación de Pablo y Bernabé. Bernabé y Juan Marcos se fueron a Chipre, y Pablo y Silas al Asia Menor.

Generalmente Pablo y sus compañeros entraban a una ciudad tal como lo hicieron en Filipos: "Estuvimos en aquella ciudad algunos días. Y un día de reposo salimos fuera de la puerta, junto al río, donde solía hacerse la oración; y sentándonos, hablamos a las mujeres que se habían reunido" (16:12-13). Por siglos, los judíos se reunieron en grupos los sábados en diversas ciudades y pueblos, a menudo a la orilla del río. Tales reuniones eran como una sinagoga informal sin un edificio, un lugar donde cantar salmos, hacer oraciones, estudiar y discutir las Escrituras, y recordar quiénes eran. Algunos de los que asistían eran los llamados "temerosos de Dios", personas gentiles que se sentían atraídas por la adoración del único Dios verdadero.

Lidia, una comerciante viajera y una gentil temerosa de Dios, se convirtió y fue bautizada junto con toda su casa. Lidia insistió en que Pablo y Silas se quedaran en su casa.

En Tesalónica había una sinagoga regular. Según su costumbre, Pablo fue a la sinagoga. (¿No dijo Jesús que el evangelio había llegado primeramente para los judíos?) Allí, "por tres días de reposo discutió con ellos, declarando y exponiendo por medio de las Escrituras, que era necesario que el Cristo padeciese, y resucitase de los muertos" (17:2-3). Recuerde, las Escrituras a las que se refiere eran en ese momento las Escrituras hebreas. No se había escrito aún nada del

NOTAS, REFLEXIONES Y PREGUNTAS

Para el tiempo de Pablo, los barcos mercantes romanos, como el que está en la ilustración, navegaban por el Mediterráneo. El libro de los Hechos narra en detalle el viaje de Pablo a Roma.

Nuevo Testamento. Nuevamente la gente se convirtió—unos cuantos judíos y "de los griegos piadosos gran número, y mujeres nobles no pocas" (17:4).

En Atenas, Pablo habló en el Areópago, donde a los filósofos les encantaba reunirse para hablar (17:22-31). Pablo tuvo muy poco éxito, pues sólo unos pocos creyeron.

Pablo tuvo mucho éxito en Corinto. Corinto era una ciudad de comercio marítimo llena de gente de todo el mundo—marineros, cargadores, comerciantes, esclavos, prostitutas, romanos, griegos y judíos. Era una mescolanza de gentes, aunque algunos la consideraban una cloaca. El templo de Afrodita, con sus mil prostitutas, se encontraba allí. Un lugar difícil para comenzar una iglesia.

En Corinto, Pablo se quedó con Priscila y su marido Aquila. Ellos hacían tiendas, al igual que Pablo. Así que él usó su ocupación y su relación con una familia judía para comenzar su trabajo. "Y discutía en la sinagoga todos los días de reposo, y persuadía a judíos y a griegos" (18:4).

Descubrirá que Pablo y sus asociados se encontraron con conflictos constantes. Vea cada ciudad en la cual Pablo comenzó alguna obra y analice la causa del conflicto.

Filipos

¿Notó usted que Dios usó la prisión para salvar al carcelero (Hechos 16:25-34)? Observe también que Pablo usa todo para hacer conversos: su herencia judía, su lengua griega, sus habilidades para hacer tiendas, su entrenamiento en la Ley, y su ciudadanía romana. Le escribió a la iglesia de Corinto: "A todos me he hecho de todo, para que de todos modos salve a algunos" (1 de Corintios 9:22; lea 9:19-23).

Tesalónica

Berea

Atenas

Muy poco conflicto, muy poco fruto. Mayormente hay apatía; pero no pase por alto Hechos 17:34: "Mas algunos creyeron, juntándose con él."

Corinto

CONVERSIÓN

NOTAS, REFLEXIONES Y PREGUNTAS

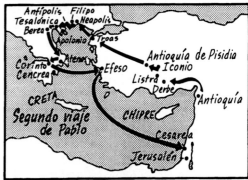
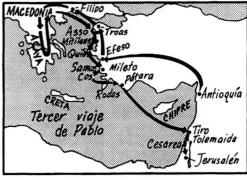
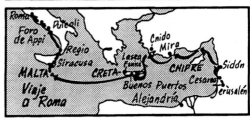

DISCIPULADO

Efeso

Al leer las defensas de Pablo en sus juicios, usted aprende mucho acerca de él, pero aprende mucho de Jesús también. Pablo usó los procedimientos de la corte como un medio para convertir a sus oyentes. El rey Agripa, distinguido y lleno de experiencia, lo interrumpió: "Por poco me persuades a ser cristiano" (Hechos 26:28).

Pablo era ciudadano romano. Para tener la ciudadanía romana uno podía nacer siendo ciudadano romano, comprarla o recibirla como un honor por servicios militares o civiles rendidos al imperio. No sabemos cómo el padre de Pablo (Saulo) llegó a ser ciudadano romano, pero sabemos que Pablo estaba orgulloso de haber nacido ciudadano romano.

¿Por qué apeló Pablo a sus derechos como ciudadano romano? ¿Calculó mal? Agripa le dijo a Festo en Cesarea: "Podía este hombre ser puesto en libertad, si no hubiera apelado a Cesar" (26:32). ¿Estaba Pablo cansado por haber estado cautivo por dos años? ¿O quería llevar el evangelio a España pasando por Roma? Uno sospecha que el simbolismo de ir al corazón del imperio y hasta lo último de la tierra (España) era un motivo poderoso. Pablo no llegó a España; pero su testimonio en y a Roma, y su martirio final en Roma, hicieron internacional el movimiento cristiano.

En los últimos versículos en Hechos, Lucas dice algo sobre la providencia de Dios. Pablo, enviado a Roma por la ira de una docena de ciudades, disfrutó de la gran oportunidad de ofrecer a otros la vida abundante y eterna. "Y Pablo permaneció [en Roma] dos años enteros en una casa alquilada, y recibía a todos los que a él venían, predicando el reino de Dios y enseñando acerca del Señor Jesucristo abiertamente y sin impedimento" (28:30-31).

La Epístola a los Efesios

Efesios es una epístola para todas las iglesias y no sólo para la de Efeso. La gente no se convertía para tener vidas salvadas, pero solitarias. No, Dios estaba formando una nueva humanidad, un pueblo nuevo en armonía. Después de todo, esto había sido el plan original de Dios. "Habiéndonos predestinado para ser adoptados hijos suyos por medio de Jesucristo" (Efesios 1:5). Dios está trabajando para eliminar todas las desarmonías del universo. En medio de un mundo que habla innumerables idiomas (y en el que los pueblos se odian unos a otros), Cristo está destruyendo las barreras y construyendo la unidad.

En Efesios se susurra acerca de esta obra como si se tratara de un secreto. Nadie sospecha. Nadie más que los creyentes saben lo que está ocurriendo. "Dándonos a conocer el misterio de su voluntad . . . de reunir todas las cosas en Cristo, en la dispensación del cumplimiento de los tiempos, así las que están en los cielos, como las que están en la tierra" (1:9-10).

¿Cómo va Dios a hacer tal cosa? En una forma extraordi-

NOTAS, REFLEXIONES Y PREGUNTAS

CONVERSIÓN

naria—por medio de la sangre de Jesús. En la Biblia, la sangre de Jesús se refiere al derramamiento del amor de Cristo, desde el principio hasta el fin, pero en especial en el Calvario.

Pablo ha visto el poder del amor de Cristo superar divisiones insalvables entre la gente. Ha visto a samaritanos y judíos orando juntos, a gentiles y judíos partiendo el pan unidos, a hombres y mujeres trabajando y adorando en armonía. Al pie de la cruz estaban de rodillas persas, romanos, griegos, judíos, libres y esclavos, hombres y mujeres.

"Porque él [Jesucristo] es nuestra paz, que de ambos pueblos hizo uno, derribando la pared intermedia de separación, aboliendo en su carne las enemistades . . . matando en ella las enemistades" (2:14-16). La sangre de Cristo nos unirá a todos. Pablo dio su vida por esa misión.

LAS SEÑALES DEL DISCIPULADO

Los discípulos se supone que sean testigos. Pablo usó todo lo que tenía para traer a hombres y mujeres a Dios. ¿Qué tiene usted para ofrecer que le pueda ayudar a relacionarse con otras personas para testimonio? ¿Qué idiomas habla? ¿Es usted joven? ¿Anciano? ¿Casado? ¿Soltero? ¿Vive en el campo? ¿En la ciudad? ¿Es pobre? ¿Rico? ¿Ha tenido usted problemas de alcoholismo? ¿Ha sido despedido de algún trabajo? ¿Divorciado? ¿Abandonó la escuela? ¿Cuál ha sido su experiencia de fe?

¿Quién es usted? Piense en formas en que pueda usar su experiencia y lo que usted es para ayudar a guiar a otras personas a Jesucristo.

Efesios afirma que los pueblos judío y gentil son traídos a Cristo. ¿Ve usted la armonía desarrollándose en su compañerismo cristiano? ¿Está dispuesto a probarlo aún más, extendiéndolo a otras razas, nacionalidades, edades, niveles sociales? Si esto es lo que Dios quiere hacer en Cristo, ¿de qué manera puede usted trabajar junto con Cristo?

SI DESEA SABER MÁS

Para explorar las bases de la unidad entre los grupos cristianos, participe en una experiencia de adoración, en forma personal o en grupo, con una congregación diferente a la suya. Describa su experiencia.

La mayoría de nosotros recuerda ideas y eventos porque conocemos a la gente involucrada. Busque información y escriba algunas oraciones acerca de Timoteo, Juan Marcos, Lidia, Apolos, Silas, el rey Agripa, Priscila y Aquila, y Lucas.

NOTAS, REFLEXIONES Y PREGUNTAS

Los discípulos dan testimonio a otras personas para conducirlas a Jesucristo.

Tabla de historia bíblica

4 A.C.	Nacimiento de Jesús
29–30 D.C.	Crucifixión de Jesús
30–31 D.C.	Apedreamiento de Esteban
10 D.C.	Nacimiento de Pablo
30–31 D.C.	Conversión de Pablo
44–49 D.C.	Concilio de Jerusalén
46–47 D.C.	Primer viaje de Pablo
50–52 D.C.	Segundo viaje de Pablo
52–56 D.C.	Tercer viaje de Pablo
60–61 D.C.	Viaje de Pablo a Roma
62–68 D.C.	Martirio de Pablo
62–68 D.C.	Martirio de Pedro

JUSTIFICACIÓN

"Justificados, pues, por la fe, tenemos paz para con Dios por medio de nuestro Señor Jesucristo."

—Romanos 5:1

26 En paz con Dios por medio de la fe

NUESTRA CONDICIÓN HUMANA

Nos rebelamos deliberadamente parte del tiempo. Hacemos lo que nos parece mejor. Nos ponemos en contra de Dios. Pero otra parte del tiempo somos "personas religiosas" que luchan por ganarse la aprobación de Dios, para fallar al fin y al cabo. Nos falta paz dentro de nosotros mismos y con los otros seres humanos.

ASIGNACIÓN

La importancia de la Epístola a los Romanos para la iglesia de los primeros tiempos se manifiesta por su posición en el Nuevo Testamento. Se le coloca como la primera entre las cartas de Pablo, aunque Pablo había escrito otras cartas antes que ésta. El contenido y la extensión, más que la edad, sin duda influenciaron la colocación de la epístola en el canon.

Día 1 Romanos 1–2 (los judíos y gentiles bajo juicio)
Día 2 Romanos 3–4 (la justificación por la fe)
Día 3 Romanos 5–8 (Adán y Cristo, ley y pecado, la vida en el Espíritu)
Día 4 Romanos 9–11 (la salvación de Israel y de los gentiles, el olivo injertado)
Día 5 Romanos 12–16 (la vida en el cuerpo de Cristo, amaos los unos a los otros, los fuertes y los débiles, planes para visitar Roma). Se espera que se identifique y se anote información sobre estos capítulos en la sección "Las señales del discipulado".
Día 6 Lea y responda a "El comentario bíblico" y a "Las señales del discipulado".
Día 7 Descanso. Lea Romanos 8 nuevamente.

ORACIÓN

Ore diariamente antes de estudiar:
"Pero tu amor, Señor, llega hasta el cielo;
tu fidelidad alcanza al cielo azul.
Tu justicia es como las grandes montañas;
tus decretos son como el mar grande y
profundo" (Salmo 36:5-6, Versión Popular).

Oraciones de la semana:

JUSTIFICACIÓN

Día 1   Romanos 1–2 (los judíos y gentiles bajo juicio)

Día 2   Romanos 3–4 (la justificación por la fe)

Día 3   Romanos 5–8 (Adán y Cristo, ley y pecado, la vida en el Espíritu)

Día 4   Romanos 9–11 (la salvación de Israel y de los gentiles, el olivo injertado)

Día 5   Romanos 12–16 (la vida en el cuerpo de Cristo, amaos los unos a los otros, los fuertes y los débiles, planes para visitar Roma)

Día 6   "El comentario bíblico" y "Las señales del discipulado"

DISCIPULADO

EL COMENTARIO BÍBLICO

Cuando Pablo escribió la Epístola a los Romanos, no era un misionero novato. Estaba en la cúspide de sus poderes, disciplinado por las torturas, desarrollados sus talentos por la oración y la predicación, capaz de presentar la fe cristiana con claridad y poder persuasivo. Pablo escribió Romanos desde Corinto, donde estaba enseñando, recolectando dinero para los pobres de Jerusalén, y soñando con ir a Roma y a España para animar a la iglesia en todo lugar.

Martin Lutero llamó a Romanos "la porción principal del Nuevo Testamento", diciendo que contiene "el más puro evangelio". Muy a menudo ha traído el avivamiento a la iglesia. Y ejerció una profunda influencia sobre Agustín, Martín Lutero, Juan Calvino, Juan Wesley y Karl Barth. Algunas personas han dicho que es el más importante libro de teología jamás escrito.

Pecado y justificación

Para entender la Epístola de Pablo a los Romanos, debemos recordar primero Génesis 1–11. Para comprender la grandeza de nustra salvación, tenemos que comprender la profundidad de nuestro pecado.

Pablo recuerda que no sólo hacemos cosas malas; vivimos fuera de armonía con Dios. Del mismo modo que Adán y Eva y el rey Saúl fueron desobedientes, nosotros también somos desobedientes. De la misma manera que Caín y el rey David fueron rebeldes llenos de pasión, así nosotros somos rebeldes con pasión. Del mismo modo que el rey Salomón y que los constructores de la torre de Babel fueron arrogantes y orgullosos, así somos nosotros de arrogantes y orgullosos.

Los gentiles no tienen excusa, escribió Pablo, porque con sólo mirar al universo éste les revelaría la verdadera naturaleza de un Dios grande y glorioso. Todos nosotros, aun los gentiles, tenemos una conciencia, conocemos el bien y el mal, y conocemos que hay un Dios. Todos los seres humanos estamos condenados.

Los judíos recibieron la ley de Moisés, pero no la guardaron. La ley, de hecho, mostró el pecado de los judíos del mismo modo que una plomada muestra una pared inclinada. Peor aún, muchos judíos hacían las mismas cosas que condenaban en los gentiles. Sus corazones eran orgullosos y tercos; son egocéntricos, decía Pablo.

El resultado es que tanto las mujeres y como los hombres, el gentil con la ley de su conciencia, el judío con su ley de Moisés, son pecadores. Pablo insiste en que: "Porque todos los que sin ley han pecado, sin ley también perecerán; y todos los que bajo la ley han pecado, por la ley serán juzgados" (Romanos 2:12). Así cita al salmista:

"No hay justo, ni aun uno; . . .
Todos se desviaron, a una se hicieron inútiles"
(Romanos 3:10-12; vea el Salmo 14:1-3).

NOTAS, REFLEXIONES Y PREGUNTAS

JUSTIFICACIÓN

NOTAS, REFLEXIONES Y PREGUNTAS

El pecado nos lanza en una espiral hacia el fondo. Primero cambiamos la verdad acerca de Dios por una mentira, y adoramos y servimos a la criatura más que al Creador (Romanos 1:25). Entonces, cuando vivimos relaciones torcidas, Dios nos deja a la merced de nuestras pasiones. De una fuente contaminada sólo sale agua contaminada. Pablo hace una lista de los terribles resultados del pensamiento y las actuaciones corruptas por medio de las cuales los seres humanos nos destruimos unos a otros. Nuestras vidas se deterioran hasta que finalmente no sólo hacemos obras malas sino que aplaudimos a quienes las hacen (1:32).

Dios tuvo que actuar. Nosotros no podíamos salir de nuestro egocentrismo por nosotros mismos. La enfermedad estaba demasiado arraigada, la separación era muy severa, la relación espiritual demasiado dañada. No teníamos remedio. Dios tenía que actuar.

Jesús abrió un camino para nosotros. Pablo trató de explicarlo. El usó la palabra "redención" (3:24). La redención se llevaba a cabo con los esclavos. Los esclavos podían ser comprados y liberados. Pablo escribió: "Porque habéis sido comprados por precio" (1 de Corintios 6:20).

Cuando los hebreos eran esclavos en Egipto, Dios "redimió" a su pueblo de la esclavitud. Oseas redimió a su esposa pagando el precio de una esclava y dejándola libre para ser su esposa nuevamente. Jesucristo redime a los seres humanos pecadores.

¿De quién o de qué nos hemos hecho esclavos? ¿De nuestro propio interés? Sí, y más aún, de esa desobediencia apasionada a la que llamamos pecado. El resultado de esta esclavitud es la destrucción. Pero hemos sido comprados y liberados.

Una frase que Pablo usa es "propiciación por medio de la fe en su sangre" (Romanos 3:25). Del mismo modo que la sangre del cordero sacrificado fue rociada en los dinteles de las puertas de los hebreos en Egipto de modo que la muerte no destruyera a los primógenitos del pueblo de Dios, así la sangre de Cristo fue rociada en los dinteles de nuestros corazones para que el mal no nos destruya. La ira divina pasará sin tocar al pueblo de Dios.

Estudie el pasaje de 3:21-26 y escríbalo en sus propias palabras.

_____

_____

_____

_____

Otra frase que Pablo usa es "el acto justo" de Cristo (5:18, Versión Popular). Pablo entendió que Jesús hizo algo que nadie

DISCIPULADO

más en la historia había hecho: vivió su vida en perfecta relación con Dios. En medio de una humanidad quebrantada, Jesús dijo: "El Padre y yo somos uno" (Juan 10:30). Jesús hizo algo que toda la humanidad estaba esperando: vivió una vida obediente, correcta hasta las palabras finales en la cruz, "Consumado es" (Juan 19:30). El acto de obediencia de Cristo hizo un hueco en las líneas enemigas para que sus seguidores pudieran pasar.

Quizás la palabra más útil usada por Pablo es "justificación" (Romanos 5:1, 9). Dios nos justifica, nos pone en paz en Jesucristo. Cualquier impresor sabe lo que la palabra significa. Un impresor, después de colocar los tipos, necesita "justificar" o sea, ajustar, la página. Las computadoras modernas tienen un sistema interior que ajusta las letras y los espacios en forma correcta y establece los márgenes de modo que el material tenga la forma correcta. La justificación no quiere decir que seamos "puros" o "buenos" sino que estamos en armonía, en una relación correcta, tanto con Dios como con nuestro prójimo.

Cuando una persona acepta la obra de Dios en fe, una especie de muerte ocurre, la muerte de nuestro egocentrismo. El enterramiento por el bautismo simboliza la muerte. Ocurre una resurrección al levantarnos del bautismo con un nuevo señor, comprados por precio, librados por su sangre, y justificados, en una relación correcta con el Creador del universo.

Abraham confió en Dios aun antes de ser circuncidado. "Creyó Abraham a Dios, y le fue contado por justicia" (Romanos 4:3, citando a Génesis 15:6). La circuncisión fue una señal del pacto, no su fuente. Así que nosotros los gentiles somos injertados como verdadero pueblo de Dios por la fe. Nosotros hoy, con nuestros antepasados hebreos, caminamos hacia el futuro sin miedo, como hijos del pacto. Somos bendecidos, listos para ser bendición al mundo.

La gracia, aceptada por fe, nos hace hijos e hijas de Dios. Eso era lo que Dios quería todo el tiempo, no robots ni rebeldes. Puesto que somos hijos de Dios, somos herederos, capaces de recibir todo lo que Dios quería darle a sus hijos en herencia (Romanos 8:14-17). Ahora sabemos unas cuantas cosas que antes no sabíamos.

Sabemos que estamos en un nuevo estado.

Comprendemos que el sufrimiento puede ser una fuerza positiva y creativa.

Participamos de una nueva humanidad.

Ningún poder en el universo evitará que obtengamos nuestra victoria final en Jesucristo.

La restauración de Israel

Alguna gente se pregunta si debemos pensar que el Antiguo Testamento y el judaísmo son irrelevantes. No. En este programa sabemos que no podemos comprender el evangelio sin sus raíces en el Antiguo Testamento.

¿Cómo debemos ver la relación de los judíos con Jesús? Pablo dice que su rechazo de Jesús como el Mesías permitió que las

NOTAS, REFLEXIONES Y PREGUNTAS

JUSTIFICACIÓN

buenas nuevas se hicieran disponibles a los gentiles. Dios, que obra para bien en todo, usó la crucifixión de Jesús para proveer un sacrificio expiatorio por el pecado y usó el rechazo de los judíos para abrir la puerta de salvación al mundo entero.

¿Debemos tratar de ganarnos a los judíos con nuestro testimonio? Sí, del mismo modo que debemos tratar de que todo el mundo reciba la gracia de Dios. Recuerde, sin embargo, que los judíos son nuestros antecesores espirituales. Pablo usa la metáfora del árbol de olivo para ayudarnos a entender. Las ramas formadas por los creyentes gentiles (usted y yo) son injertadas en el árbol de olivo (Israel). Los judíos incrédulos son ramas partidas. Los que hemos sido injertados no tenemos ninguna razón para el orgullo; de hecho, el mostrar arrogancia significa que Dios nos tendrá que limpiar también (lea Juan 15:1-11).

¿Salvará Dios al pueblo escogido? Sí. Pablo dice que cuando ellos vean a los gentiles convirtiéndose en herederos de las promesas hechas a Abraham, se volverán a Cristo en fe. Así que el plan de Dios, tanto para los judíos como para los gentiles, se cumplirá (Romanos 11:11-32). En el nuevo pacto somos bendecidos para ser bendición.

Gracia y paz

Pablo generalmente comienza sus cartas ofreciendo gracia y paz a sus lectores. La paz es *el shalom* que indica armonía—estar en unidad con Dios, con nuestro prójimo y con nosotros mismos. El universo entero gime por la paz que caracterizaba a toda la creación en el séptimo día pero que fue destruida por la desobediencia de la humanidad. La paz por medio de Jesucristo y de su Espíritu en nosotros nos da la seguridad de que todo está bien para la persona cristiana. El amor echa fuera el temor y nos trae la paz perfecta.

En esa paz sabemos que nunca estamos solos, nunca somos derrotados. Tenemos la seguridad de que Dios cuida de nosotros y nos guía. "Sabemos que Dios dispone todas las cosas para el bien de quienes le aman" (Romanos 8:28, Versión Popular). Hay una gran paz interior en el confiar que nada "nos podrá separar del amor de Dios, que es en Cristo Jesús Señor nuestro" (8:39).

La gracia es el amor sacrificial, lleno de aceptación y perdón de Dios expresado y revelado en Jesús. Pablo siempre la mencionó primero, porque la gracia es la fuente de nuestra paz. La gracia es amor sin ataduras, derramado por medio de la vida total, la muerte y la resurrección de Jesús. Ser salvado significa entregar nuestra vida a esa gracia. Los cristianos cantan el himno:

"Sublime gracia del Señor".

Este himno fue escrito por John Newton después que se convirtió. Newton había sido traficante de esclavos antes de convertirse. El himno expresa el gozo de una persona que descubre el amor de Dios.

NOTAS, REFLEXIONES Y PREGUNTAS

Las plumas hechas con cañas o juncos y la tinta hecha con hollín mezclado con goma o aceite eran los instrumentos generalmente usados para escribir en tiempos de Pablo. La mayoría de los tinteros estaban hechos de barro.

DISCIPULADO

LAS SEÑALES DEL DISCIPULADO

A menudo, en las cartas de Pablo, aparece la frase *así que*, como una puerta giratoria. Antes de la frase aparece el poder de Dios en Jesucristo. La responsabilidad cristiana surge a partir de dicha obra de Dios. Como un esclavo que ha sido liberado por un amo generoso, escogemos servir como una expresión de amor y gratitud.

"Justificados, pues, por la fe, tenemos paz para con Dios por medio de nuestro Señor Jesucristo" (Romanos 5:1). "Así que . . . os ruego . . . que presentéis vuestros cuerpos en sacrificio vivo, santo, agradable a Dios" (12:1). Somos salvados por gracia por medio de la fe. Hay un reclamo sobre nuestras vidas. El amor perdonador debe ser recibido. La obra de Dios debe ser reclamada por un acto de fe.

Lea Romanos 12–15 e identifique elementos de la vida cristiana. Omita los dones especiales (12:6-8). Después de que haga su lista, marque las áreas de su vida en que quisiera crecer y anótelas en el espacio que sigue.

_____

_____

_____

En esta sesión hemos estudiado un libro de gran profundidad. Sin embargo, la Epístola a los Romanos ha guiado tanto a las personas sin educación como a los educados a conocer la gracia y la paz de Dios en Jesucristo. ¿Por qué cree usted que esto es posible?

_____

_____

Escriba en sus propias palabras lo que usted piensa que significa ser justificado por la fe. (Vea Romanos 3:21-26 nuevamente.)

_____

_____

SI DESEA SABER MÁS

Estudie la vida de Martín Lutero o de Juan Wesley para descubrir de qué manera la Epístola a los Romanos transformó sus vidas, dándoles la base para su experiencia de gracia y paz. Le recomendamos las biografías escritas por Roland Bainton titulada *Martín Lutero* y por M. Lelievre titulada *Juan Wesley*.

NOTAS, REFLEXIONES Y PREGUNTAS

Los discípulos reciben y confían en el amor perdonador de Dios en Jesucristo y sirven por amor y gratitud.

JUSTIFICACIÓN

Las epístolas de Pablo

Las epístolas de Pablo incluyen generalmente los mismos elementos en una secuencia similar. Compare varias de sus epístolas y anote en el espacio correspondiente las semejanzas y diferencias que encuentre en estilo y contenido. Vea en especial las siguientes: Romanos, 1 y 2 de Corintios, Gálatas, Filipenses, 1 de Tesalonicenses y Filemón.

Saludos (¿Cuál es el patrón que Pablo sigue?)

Acción de gracias u oración (¿Por qué le da Pablo gracias a Dios?)

Contenido de la carta (¿Qué problemas trata Pablo y cuál es el resultado?)

Saludos a otras personas y bendición (¿Cuál es la naturaleza de los saludos y las bendiciones de Pablo?)

AMOR

"Seguid el amor; y procurad los dones espirituales."

—1 de Corintios 14:1

27 Una congregación en efervescencia

NUESTRA CONDICIÓN HUMANA

No nos gusta dejar el estilo de vida del mundo. Tiene cierta familiaridad corrupta. Al convertirnos a la fe y el compañerismo de Cristo, descubrimos que la gente, incluyéndonos a nosotros mismos, todavía es belicosa, llena de discordia, egocéntrica. La iglesia no es tan perfecta como pensábamos.

ASIGNACIÓN

Las epístolas de Pablo a los corintios no tratan tanto de la teología o la doctrina como de los asuntos pastorales de la iglesia. Preste atención a los descubrimientos que haga sobre la vida de la iglesia primitiva y sobre las sugerencias de Pablo acerca de la solución de problemas, muchos de los cuales todavía nos siguen afectando.

- Día 1   1 de Corintios 1–4 (colaboradores de Dios)
- Día 2   1 de Corintios 5–7 (problemas en la iglesia de Corinto)
- Día 3   1 de Corintios 8–11 (conocimiento y amor, la Cena del Señor)
- Día 4   1 de Corintios 12–14 (diversos dones pero un solo Espíritu, el mejor don es el amor)
- Día 5   1 de Corintios 15–16 (la Resurrección, saludos finales); 2 de Corintios 3–5 (ministros de un nuevo pacto)
- Día 6   Lea y responda a "El comentario bíblico" y a "Las señales del discipulado".
- Día 7   Descanso. Inspírese leyendo nuevamente 1 de Corintios 13.

ORACIÓN

Ore diariamente antes de estudiar:
"Examíname, ¡ponme a prueba!,
¡pon a prueba mis pensamientos
y mis sentimientos más profundos!
Yo tengo presente tu amor
y te he sido fiel"
    (Salmo 26:2-3, Versión Popular).

Oraciones de la semana:

AMOR

Día 1   1 de Corintios 1–4 (colaboradores de Dios)

Día 2   1 de Corintios 5–7 (problemas en la iglesia de Corinto)

Día 3   1 de Corintios 8–11 (conocimiento y amor, la Cena del Señor)

Día 4   1 de Corintios 12–14 (diversos dones pero un solo Espíritu, el mejor don es el amor)

Día 5   1 de Corintios 15–16 (la Resurrección, saludos finales); 2 de Corintios 3–5 (ministros de un nuevo pacto)

Día 6   "El comentario bíblico" y "Las señales del discipulado"

DISCIPULADO

EL COMENTARIO BÍBLICO

Los eruditos dicen que Pablo escribió varias epístolas a la iglesia de Corinto, algunas de las cuales se han combinado para formar 1 y 2 de Corintios. Los corintios también le escribieron a Pablo (1 Corintios 7:1). Pablo amaba esta iglesia. El era su padre espiritual; la visitó, le envió mensajeros, le pidió a la congregación ofrendas para los pobres en Jerusalén. Les escribió estas cartas porque no podía irlos a ver personalmente. Las epístolas son particularmente preciosas para nosotros hoy debido a que son tan concretas, tan específicas. Reprenden y animan a la vez. Contienen el tipo de consejo que le daría un padre a sus hijos espirituales.

Considere cómo era Corinto. Hemos mencionado que era una ciudad marítima. Muchos dueños de veleros pequeños preferían mover sus barcos por tierra, usando ruedas, a través del istmo, antes que dar la vuelta a la costa. Otros barcos paraban en Corinto para negociar y comprar provisiones. No se trataba de una ciudad sofisticada como Atenas, ni poderosa como Roma, ni santa como Jerusalén. Corinto era un centro comercial del este del Mediterráneo.

Todo el mundo pasaba a través de ella—esclavos de todo el imperio, soldados romanos, griegos, persas, sirios. En Corinto la gente practicaba toda clase de vicios. Los judíos en Corinto eran extraños en una tierra extraña. Los mercados vendían carne que había sido ofrecida antes a los dioses en los templos paganos. Las prostitutas caminaban por las calles y servían en los templos. Todos los días, incluso los sábados, eran días de negocios escandalosos en el mercado.

La congregación de Corinto tenía algunos judíos convertidos, y algunos "temerosos de Dios", pero había sobre todo gentiles que se habían convertido del paganismo. Estos gentiles convertidos no estaban empapados de lo que la ley de Moisés enseñaba acerca de la moral sexual, la adoración en sábado, los diezmos, las leyes dietéticas, la hospitalidad, el matrimonio dentro de la religión, la sobriedad, la devoción a la Ley o el respeto a la autoridad de los ancianos.

El evangelio vino a un ambiente como éste. La congregación que se formó constituía un milagro, pero tenía mucho que aprender.

Unidad

Dada la agresividad de la economía, la complejidad cultural y su constante competencia, no nos sorprenden la agresividad y belicosidad que existe en la iglesia. Pablo les pide "que no haya entre vosotros divisiones" (1 de Corintios 1:10), pero las había. Algunas personas se enorgullecían de decir que se habían convertido bajo la predicación de Pablo. Otras se enorgullecían de que se habían convertido con Apolos. Algunas reclamaban que seguían las enseñanzas de Pedro. Otras anunciaban con mucha pompa que estaban por encima de todas esas fracciones: le pertenecían a Jesús. Pablo estaba

AMOR

furioso: ¿Fue Pablo crucificado por ellos? ¿Lo fue Apolos? No, Jesucristo no está dividido (1:13).

Algunos decían que eran sabios en los caminos cristianos, tal vez porque eran miembros fundadores, o porque conocían las Escrituras hebreas, o porque tenían mejor educación. Otros, bajo la influencia del gnosticismo que enseñaba doctrinas misteriosas, "de sabiduría", decían que ellos conocían secretos que nadie más sabía.

Pablo está espantado. ¿Dónde está el sabio, el escriba, el disputador? Dios usa a los sencillos para mostrar la fe y el amor. "No sois muchos sabios según la carne, ni muchos poderosos, ni muchos nobles; sino que lo necio del mundo escogió Dios . . . ; y lo débil del mundo escogió Dios . . . ; y lo vil del mundo y lo menospreciado escogió Dios . . . , a fin de que nadie se jacte en su presencia" (1:26-29). Pablo pregunta por qué actúan como gente ordinaria, con "celos, contiendas y disensiones" (3:3). Dijo que son un grupo de gente común, lo cual le da credito al poder de Dios.

Pablo usa muchas imágenes de unidad—el cuerpo humano en 1 de Corintios 12, un edificio en 1 de Corintios 3. La tarea es complementarse unos a otros, ser humildes, y cooperar para la edificación del cuerpo.

Surge un poderoso mensaje en 3:21-23: no tienen necesidad de estar vanagloriándose como una persona insegura. Todo lo que existe es suyo. No le pertenecen a la muerte; la muerte les pertenece. El futuro es suyo; porque "todo es vuestro, y vosotros de Cristo, y Cristo de Dios".

Sexo

Se podrá imaginar los problemas de conducta sexual que tenía este grupo. Pablo les había prometido a los apóstoles en el Concilio de Jerusalén que no permitiría la inmoralidad entre sus convertidos gentiles. Estudie 1 de Corintios 5–7 y tome nota de los comentarios de Pablo:

- un hombre acostándose con su madrastra
- la actividad sexual con prostitutas
- el adulterio y la perversión sexual
- el matrimonio
- las relaciones sexuales dentro del matrimonio
- el matrimonio ya existente con incrédulos
- el matrimonio con incrédulos todavía en planes
- la vida célibe como la de Pablo
- el hombre circunciso
- el hombre incircunciso
- el matrimonio después de la muerte del esposo

Recuerde que en estos asuntos Pablo no desea nada que impida el celo por el evangelio. Además creía que Cristo iba a venir pronto. En relación al compromiso de Pablo con el celibato, recuerde la enseñanza de Jesús en Mateo 19:10-12. Note además que Pablo fue cauteloso al ofrecer su consejo pastoral acerca del matrimonio: "no tengo mandamiento del Señor;

NOTAS, REFLEXIONES Y PREGUNTAS

Discipulado

Señor; mas doy mi parecer, como quien ha alcanzado misericordia del Señor para ser fiel" (1 de Corintios 7:25). Concluye diciendo "pienso que también yo tengo el Espíritu de Dios" (7:40).

Pablo compartía la alta opinión que tenían los judíos acerca del don divino de la sexualidad. Para los judíos era normal y saludable que el marido y la mujer disfrutaran de sus relaciones sexuales. El anciano maestro en Eclesiastés dice: "Goza de la vida con la mujer que amas, todos los días de la vida de tu vanidad que te son dados debajo del sol" (Eclesiastés 9:9).

Pablo escribió que maridos y mujeres debían cumplir mutuamente con sus deberes matrimoniales. No debían negarse uno al otro excepto por consentimiento mutuo—para tener un período de oración. Incluso sugirió que este período de oración no debía ser muy largo (1 de Corintios 7:3-5).

¿Por qué su insistencia en la soltería? Por su celo evangelístico. La vida de familia toma tiempo y energía, y Pablo tenía toda su energía invertida en ganar a hombres y mujeres para Cristo. Quería que otras personas hicieran lo mismo.

Las mujeres

La gente malinterpreta a Pablo porque no entiende su sociedad. En las sociedades antiguas del Cercano Oriente las mujeres vivían encerradas en sus casas mientras los hombres se dedicaban a los negocios, o se dedicaban a la "vida alegre". De repente, en la iglesia, comenzó una revolución. Los hombres y las mujeres estaban juntos en la oración, en el testimonio, en el trabajo. Priscila instruyó a Apolos en las cuestiones del Espíritu Santo. Algunas mujeres, entusiasmadas ante la libertad recientemente descubierta, se dejaban el pelo suelto como las prostitutas. Algunas, sin conocimiento de las Escrituras, eran como esponjas, queriendo saberlo todo. Estaban constantemente haciendo preguntas, rompiendo las reglas sociales y creando situaciones difíciles a las congregaciones. (¿No nos afecta del mismo todo a todas las personas el descubrir la libertad?) Pablo amonesta a las mujeres a estar en silencio, a preguntar a sus maridos al llegar a sus casas.

Trate de imaginarse la situación en Corinto: la gente emborrachándose en la comunión. Tomaban los alimentos en desorden en las cenas de la congregación. (Todavía no se habían separado las cenas comunes de la celebración de la Cena del Señor.) Tenían experiencias extáticas y hablaban en otras lenguas. Las mujeres se sentían menos limitadas en este nuevo mundo de aceptación y libertad. Pablo les escribe diciéndoles: Orden, orden y decoro, decencia, y respeto mutuo entre marido y mujer.

Pablo escribió a los gálatas: "Ya no hay judío ni griego; no hay esclavo ni libre; no hay varón ni mujer; porque todos vosotros sois uno en Cristo Jesús" (Gálatas 3:28). El amor y el respeto por la otra persona era lo más importante.

NOTAS, REFLEXIONES Y PREGUNTAS

La Cena del Señor y una comida común llamada fiesta del amor se llevaban a cabo a la misma vez. Pablo critica los abusos que se llevaban a cabo en éstas en 1 de Corintios 11:17-22.

AMOR

NOTAS, REFLEXIONES Y PREGUNTAS

Alimento

La audiencia a la que Pablo escribe no estaba atada a las leyes dietéticas judías (excepto la de comer sangre), pero había un problema respecto a los animales ofrecidos en sacrificio a los dioses paganos (1 de Corintios 8). Estos nuevos cristianos no ofrecían sacrificios en los templos de Afrodita o de Zeus. Tampoco iban a las celebraciones donde se comía la carne como un acto de adoración. Sin embargo, la mayor parte de la carne sacrificada a los ídolos se vendía en los mercados. ¿Debían ellos comer esa carne? Pablo cita a los nuevos creyentes diciendo: "sabemos que un ídolo nada es en el mundo" (8:4). Es cierto, así que carne es carne—excepto para algunos que han sido adoradores de ídolos hasta fecha reciente y cuya conciencia se siente todavía muy afectada. Ellos sienten que al comer la carne sacrificada están todavía adorando a Zeus o a Afrodita. ¿Qué deben hacer?

Pablo dice que el punto de partida es el amor. Si una persona destruye a otra a causa de su nueva libertad, no está contribuyendo a la construcción de la iglesia. "Por lo cual, si la comida le es a mi hermano ocasión de caer, no comeré carne jamás, para no poner tropiezo a mi hermano" (8:13).

Se puede hacer la misma analogía de la comida con respecto al alcohol. Sabemos que Jesús bebió vino en las comidas y la adoración judías. Pablo sabía que el joven Timoteo, en su celo por servir, bebía agua solamente (la cual no era pura en esa época). Así que Pablo le aconseja a Timoteo que si está con problemas estomacales, "usa de un poco de vino por causa de tu estómago" (1 de Timoteo 5:23). Pero en nuestro mundo donde muchas personas tienen problemas de alcoholismo, quiénes lo saben, aunque se sientan libres para beber vino, prefieren abstenerse para no herir la conciencia más débil y ser causa de que su hermano o hermana caiga. "Todo me es lícito, pero no todo conviene" (1 de Corintios 10:23). El amor por Cristo y por nuestro prójimo debe gobernar nuestra libertad.

Las lenguas

En cada gran avivamiento de la fe cristiana el Espíritu Santo se ha derramado. Algunas personas han hablado en lenguas, en lenguaje desconocido. Esta no es una experiencia que Mateo, Lucas o Juan mencionan, pero ocurría en la iglesia de Corinto. Pablo incluso dice que él hablaba en lenguas. Sin embargo, lo más importante es el amor. La preocupación principal debe ser la edificación de la iglesia. Lea con cuidado 1 de Corintios 12–14 como una unidad, puesto que el capítulo 13 (llamado el capítulo del amor) está colocado en medio con la intención de tratar sobre el hablar en lenguas.

Lea nuevamente la porción en 12:1-11, 27-30. Observe lo que dice Pablo: "Mas yo os muestro un camino más excelente" (12:31). ¿Mejor que la predicación? ¿Mejor que las sanidades? ¿Mejor que el hacer milagros o que hablar en lenguas? ¡Sí! "Si yo hablase lenguas . . . si tuviese profecía,

DISCIPULADO

. . . si tuviese toda la fe, . . . y no tengo amor, de nada sirve" (1 de Corintios 13:1-2). El punto culminante del texto es 14:1: "Seguid el amor."

Pablo hablaba en lenguas, pero no quería que lo que él hacía trajese tanta confusión a la iglesia o previniera que la gente entendiese el evangelio.

¿Pero beneficiaría eso a la iglesia? "En la iglesia prefiero hablar cinco palabras con mi entendimiento, para enseñar también a otros, que diez mil palabras en lengua desconocida" (14:19). De esa manera ninguna persona se siente humillada, se reestablece el orden y el amor en la iglesia, y se coloca en el lugar correcto la prioridad de la iglesia que es ayudar a las personas a encontrar la verdad del evangelio de Cristo.

Vida después de la muerte

Lea detenidamente el capítulo 15. Alguna gente estaba diciendo que no hay resurrección. Otras se preguntaban cómo sucedería la resurrección, qué clase de cuerpos tendrían. El punto de Pablo es que sin resurrección no habría evangelio. Si no hay evangelio, estamos muertos en nuestros pecados, Adán y Eva estarían todavía deambulando en desobediencia en algún lugar del Edén (1 de Corintios 15:12-19).

El asunto tocaba el centro mismo del evangelio: Si Cristo había sido destruido, hay que dejar de predicar el evangelio. Hay que dejar de ofrecer esperanza de una nueva vida si Jesús está muerto. Hay que dejar de creer en el gozo eterno con Dios si Jesús fue martirizado y muerto para siempre en las profundidades del Seol. Pero, proclama Pablo, Jesús no sólo derramó su sangre y murió por los pecadores; se levantó de los muertos en victoria y poder. Su oferta de perdón lleva el sello de la autoridad divina. Su resurreccion es la puerta de entrada, algo de significado último para nosotros, la obra que abre camino para nuestra vida. El mismo poder que levantó a Jesús de los muertos, nos levantará a nosotros de los muertos. Si Cristo vive, como creemos, nosotros viviremos en cuerpos nuevos con nuestro Señor. No sólo ha sido vencido el pecado; la muerte ha sido vencida. No tenemos que temer.

Vivimos en una cultura donde la muerte reina. Desde Adán, la muerte ha reclamado ser la última palabra. Pero una victoria ha sido ganada—Cristo ha vencido la muerte. Nosotros compartimos la victoria. Cuando morimos con Cristo nos levantamos en él y vivimos con él. La muerte no tiene el señorío, Jesús es Señor.

LAS SEÑALES DEL DISCIPULADO

La señal del discipulado es el amor.

Describa si se están reconociendo los diversos dones y habilidades en su grupo de DISCIPULADO. ¿Hay respeto tanto por los hombres como por las mujeres? ¿De qué manera se está manifestando en usted el crecimiento en amor? ¿Está viendo

NOTAS, REFLEXIONES Y PREGUNTAS

Los discípulos aman.

usted algún impacto espiritual de su grupo en la vida de la congregación?

El Espíritu Santo da diversidad de dones. En unas cuantas semanas usted le estará pidiendo consejo a su grupo acerca de sus dones particulares. Al examinar 1 de Corintios 12 en este momento, ¿qué piensa usted acerca de estos dones?

Creer en la resurrección significa en parte que Dios nos está brindando nuevas opciones. Describa algún momento en su vida en el cual pensó que se le habían cerrado todas las oportunidades.

Recordando ese momento, ¿cree que Dios le brindó nuevas oportunidades? ¿Cuáles fueron?

¿Conoce a alguien que en estos momentos parezca estar en un callejón sin salida?

"¿O ignoráis que vuestro cuerpo es templo del Espíritu Santo, el cual está en vosotros, el cual tenéis de Dios, y que no sois vuestros? Porque habéis sido comprados por precio; glorificad, pues, a Dios en vuestro cuerpo" (1 de Corintios 6:19-20).
Piense en su cuerpo. ¿De qué manera está usted en este momento abusando de su cuerpo? ¿Sexualmente? ¿Con alimentos inapropiados? ¿Con el uso de alcohol o drogas?

¿De qué modo está dañando su mente en este momento? ¿Con sus prejuicios? ¿Con sospechas? ¿Con su egocentrismo?

¿Qué tendría que hacer, con la ayuda del Espíritu Santo, para verse libre de abuso en estas áreas de su vida?

SI DESEA SABER MÁS

No hay una ciudad tan fascinante como la antigua Corinto. Tampoco hay una iglesia tan exasperante o con tantas posibilidades. Investigue más sobre Corinto y comparta con su grupo la información que haya encontrado.

NOTAS, REFLEXIONES Y PREGUNTAS

LIBERTAD

"Estad, pues, firmes en la libertad con que Cristo nos hizo libres, y no estéis otra vez sujetos al yugo de esclavitud."

—Gálatas 5:1

28 El Hijo os hará libres

NUESTRA CONDICIÓN HUMANA

No sé si soy libre. Hay tantas reglas. A veces hago lo que quiero, actuando como si no hubiera reglas morales. En otros momentos, sin embargo, trato de ser una persona "religiosa" y seguir las reglas que mi familia o mi iglesia me han enseñado. Cuando trato de seguir todas las reglas, fallo y me siento culpable. Si tengo éxito en mis esfuerzos, me siento como una persona religiosa; pero no soy muy feliz.

ASIGNACIÓN

Al leer, trate de imaginarse las emociones que los gálatas estaban experimentando. Pablo estaba defendiendo su mensaje y su ministerio. Observe en particular la defensa de su apostolado en 1:6–2:21; su defensa del evangelio en 3:1–4:31, y la defensa de sus principios morales en 5:1–6:10.

Esté pendiente de palabras tales como justificación, justo, fe, creer, promesa, libertad, Espíritu, todas palabras claves del pensamiento paulino. Tenga en mente que la pregunta básica en Gálatas que tiene relevancia para los lectores modernos es la cuestión de la relación: ¿De qué manera se relacionan los seres humanos con Dios?

Día 1   Gálatas 1 (la amenaza de un nuevo evangelio)
Día 2   Gálatas 2 (Pablo se enfrenta a Pedro)
Día 3   Gálatas 3–4 (la fe es superior a la ley, el propósito de la ley)
Día 4   Gálatas 5 (la libertad cristiana)
Día 5   Gálatas 6 (la ley de Cristo)
Día 6   Lea y responda a "El comentario bíblico" y a "Las señales del discipulado".
Día 7   Descanso y oración.

ORACIÓN

Ore diariamente antes de estudiar:
"Por tu amor, oh Dios, ten compasión de mí;
por tu gran ternura, borra mis culpas.
¡Lávame de mi maldad!
¡Límpiame de mi pecado!"
(Salmo 51:1-2, Versión Popular).

Oraciones de la semana:

LIBERTAD

Día 1   Gálatas 1 (la amenaza de un nuevo evangelio)

Día 2   Gálatas 2 (Pablo se enfrenta a Pedro)

Día 3   Gálatas 3–4 (la fe es superior a la ley, el propósito de la ley)

Día 4   Gálatas 5 (la libertad cristiana)

Día 5   Gálatas 6 (la ley de Cristo)

Día 6   "El comentario bíblico" y "Las señales del discipulado"

DISCIPULADO

EL COMENTARIO BÍBLICO

NOTAS, REFLEXIONES Y PREGUNTAS

La Epístola a los Gálatas es una epístola fundamental pues plantea la diferencia básica entre vivir por la ley y vivir por fe. El asunto central es: ¿Si Jesús era judío y reverenciaba y citaba las Escrituras judías, y si Jesús fue el Mesías, deben los gentiles volverse judíos como parte del proceso de convertirse en cristianos?

Gálatas tiene dos significados poderosos para nosotros. Primero, sin las enseñanzas de Pablo en Gálatas la iglesia cristiana podría haber permanecido como una secta judía, aferrada a la ley judía y a Cristo al mismo tiempo, o se habría vuelto una nueva religión sin raíces en el judaísmo ni en las Escrituras hebreas. No ocurrió ninguna de las dos cosas.

Segundo, Gálatas nos ayuda a ser libres de la religión de reglas sin convertirnos en personas moralmente irresponsables. Evitamos a la misma vez ser "legalistas" y "libertinos".

Galacia era una región en Asia Menor, no una ciudad. Habia varias congregaciones desparramadas en la región. Pablo había sido el fundador de algunas de ellas. De repente se enteró de que habían llegado cristianos judíos y gentiles a estas iglesias, proclamando unas doctrinas falsas y peligrosas. Dudaban de la autoridad de Pablo, le acusaban de no ser suficientemente judío, de no ser un verdadero apóstol, y quizás humillándolo por su "debilidad". Aparte de eso, Pablo no estaba presente para defenderse. Los asuntos eran tan importantes que Pablo escribe lleno de frustración y de ira: "Si alguno os predica diferente evangelio [algunos lo estaban haciendo] del que habéis recibido, sea anatema" (Gálatas 1:9). Más adelante dice: "¡Ojalá se mutilasen los que os perturban!" (5:12). Sus palabras eran duras, pero Pablo está enfrentándose a asuntos que implican vida o muerte espiritual.

¿Quiénes eran estos buscapleitos? Pueden haber sido judaizantes, los mismos cristianos judíos de habla aramea que le dieron a Pablo tantos problemas en Antioquía, cuando los cristianos judíos de habla griega tomaron la decisión de que los gentiles no tenían que circuncidarse. También pueden ser gentiles que se habían convertido al judaísmo, se habían circuncidado, y después se habían convertido al cristianismo. De cualquier manera, desacreditaban el énfasis de Pablo en la salvación total por medio de la obra de Jesucristo.

Continuaron sugiriendo que, aunque la fe en Cristo es importante, había otras cosas de igual importancia: la circuncisión; algunas leyes judías sobre los alimentos; los días sagrados judíos; las actitudes judías acerca del origen étnico, la posición social o el género.

Estos gentiles o judíos cristianos pueden haber estado bajo la influencia de los gnósticos, quienes creían que había formas más elevadas del conocimiento, formas más elevadas de justicia. Cuando esta creencia se combinaba con las prácticas y rituales judíos, las personas podían alcanzar la salvación por sus logros.

LIBERTAD

NOTAS, REFLEXIONES Y PREGUNTAS

Pablo atacó estas ideas por parecérsele demasiado a la idea de una redención ganada. El, mejor que ellos, conocía el sentido más profundo de la ley. Ellos estaban sólo jugando con ella; él la estaba tomando totalmente en serio. El había sido fariseo de fariseos, tratando mediante su vida totalmente comprometida de guardar cada aspecto de la ley. ¿Por qué? Porque si una persona quiere ser salvada por la ley, tiene que guardarla toda, y no sólo algunas partes.

La circuncisión para Pablo no era sólo un ritual. Era una señal de que uno se colocaba a sí mismo bajo la ley judía. ¿Va a guardar la ley judía literalmente? ¿Va a contar sus pasos en sábado? ¿Va a celebrar cada uno de los días judíos solemnes o sagrados tal como se prescriben en Levítico? ¿Va a comer ciertos alimentos, y no comer otros? ¿Va a interpretar la ley más flexiblemente? ¿Está dispuesto a sanar en sábado? ¿Está dispuesto a cenar con personas que no son judías (incluso compartir la Cena del Señor, ya que la Cena del Señor y la cena de la iglesia no estaban separadas)? ¿A estar con ellos en su casa? ¿Está dispuesto a trabajar lado a lado con las mujeres? ¿Con los gentiles?

Usted que dice que pertenecer a Jesucristo no es suficiente, que hay otras cosas que debe hacer, ¿dónde parará? ¿No es suficiente la obra salvadora de Dios en Jesucristo? ¿La justicia de Jesucristo sólo satisface el noventa porciento de sus necesidades?

O usted ha sido salvado por Dios a través de la cruz de Jesucristo o no lo ha sido, dice Pablo. Usted no puede tener ni la mitad ni ambas cosas.

Pablo les recuerda a sus lectores que aun Pedro y Bernabé han cambiado. Ellos han visto con sus propios ojos a los gentiles incircuncisos convertirse, recibir el perdón, ser llenos del Espíritu, ser movidos al amor a Jesús y al prójimo. Sin embargo, al ser criticados por los conservadores judíos por comer con gentiles, se retiraron. Pablo ha confrontado a Pedro. O eran Pedro y Bernabé salvados por la gracia o no lo eran. Eran uno en Cristo o no lo eran. Pablo entendía claramente que no podían tener ambas cosas (Gálatas 2).

Pablo tiene que tratar sobre otros asuntos relacionados: ¿Para qué entonces habían recibido la ley de Moisés? Para mostrarnos cuál es el camino del mal y para refrenarnos del pecado. La ley, escribe Pablo, nos cuidó del mismo modo que un guardián legal cuida de un menor a su cargo que todavía no está listo para asumir sus responsabilidades como adulto. Pero en Cristo hemos llegado a la mayoría de edad; hemos sido adoptados plenamente. No vivimos por reglas sino por relaciones (3:21–4:7).

Observaciones históricas

La mayoría de la gente juega con la ley, obedeciéndola cuando le parece. Cuando alguien toma la ley en serio o no entiende su propósito, termina siendo prisionero espiritual.

Discipulado

Martín Lutero, tratando de agradar a Dios, se hizo monje, después sacerdote católico, más tarde asceta y erudito—ayunando, estudiando la Biblia, confesándose diariamente, azotándose hasta el cansancio, finalmente yendo a Roma a besar los escalones de la Iglesia de San Pedro. ¿No eran éstos actos de justicia? ¿No le brindaban estos gracia salvífica? Desgraciadamente a Lutero sólo le trajeron cautiverio. Cuando recibió la salvación, supo que había sido salvado sólo por la gracia de Dios. Mientras leía la Epístola a los Romanos, anotó al lado de 1:17 las palabras en latín "sola fide" (la fe sola). Todo el peso de la ley cayó de sus hombros; y se sintió aceptado, perdonado, y amado como hijo de Dios. Sin ataduras.

Juan Wesley tuvo una experiencia similar. Era hijo de predicador, estudiante sobresaliente, cuidadoso con su dinero, sexualmente puro, respetuoso de su madre y de su padre. Visitaba las prisiones, ayunaba, oraba, estudiaba las Escrituras en griego y en hebreo, se hizo sacerdote anglicano y fue más tarde misionero en Georgia.

Pero en Aldersgate sintió el peso de la ley caer de sus hombros. Dice que sintió su corazón ardiendo. El sintió que confiaba en Cristo solamente para su salvación. Sintió la seguridad interna de que Cristo le había quitado sus pecados y lo había salvado del pecado y de la muerte.

Un estilo libre de vida

El asunto es: ¿Qué deben hacer los creyentes con su libertad? "Porque vosotros, hermanos, a libertad fuisteis llamados; solamente que no uséis la libertad como ocasión para la carne, sino servíos por amor los unos a los otros" (Gálatas 5:13).

Las personas creyentes no son sólo salvadas por Cristo; son llamadas a vivir en Cristo. La nueva vida es una vida de amor, "porque toda la ley en esta sola palabra se cumple: Amarás a tu prójimo como a ti mismo" (5:14). El propósito de la ley era hacer que el pueblo de Dios amara a Dios y a su prójimo. Ahora en Cristo, el pueblo no sólo cumple la ley sino que se regocija cumpliéndola.

La nueva creación vive por encima de la ley; esto es, como Jesús sugiere, una vida más justa que la de quienes viven por la ley. Para Pablo, "carne" no significa pasión física; mas bien se refiere al viejo Adán, la persona en su egocentrismo, sin convertirse del mundo. El camino del egocentrismo es claro: "Y manifiestas son las obras de la carne, que son: adulterio, fornicación, inmundicia, lascivia, idolatría, hechicerías, enemistades, pleitos, celos, iras, contiendas, disensiones, herejías, envidias, homicidios, borracheras, orgías, y cosas semejantes a éstas" (5:19-21).

Cuando los creyentes están viviendo en el Espíritu, en Cristo, quieren agradar a Dios. No como una carga, sino porque aman a Dios. Viven en Dios. Quieren vivir sus vidas

NOTAS, REFLEXIONES Y PREGUNTAS

LIBERTAD

forma superior al simple cumplimiento de la ley.

Un hijo o una hija puede vivir cumpliendo a regañadientes las reglas del hogar. Pero una hija o un hijo amoroso superan el simple cumplimiento por la aceptación, el compañerismo, la unidad espiritual. "Mas el fruto del Espíritu," el cual está entre los que viven en el Espíritu de Cristo, "es amor, gozo, paz paciencia, benignidad, bondad, fe, mansedumbre, templanza; contra tales cosas no hay ley" (5:22-23).

Cuenta una vieja leyenda que hubo un grupo de gente que quería comprar el fruto del Espíritu. Se les dijo: "No vendemos el fruto; vendemos las semillas." De hecho, estas características de la vida santificada no son forzadas, no pueden buscarse ni puede hacerse esfuerzo por alcanzarlas, menos aún comprarse. Sencillamente nacen del corazón del creyente. Nacen de la presencia interior de Jesús, del Espíritu Santo prometido.

Pablo desea que seamos libres—libres para amar, libres para abrazar el espíritu de la ley en obediencia gozosa, libres para vivir en la armonía que Dios quiso para los seres humanos desde el principio de la creación. "Si vivimos por el Espíritu, andemos también por el Espíritu" (5:25). Esto significa que sobrellevamos "los unos las cargas de los otros" (6:2). Esto significa que "según tengamos oportunidad, hagamos bien a todos, y mayormente a los de la familia de la fe" (6:10).

Nosotros, al igual que Pablo, libres del dominio de la ley, podemos servir con un corazón lleno de gozo. La libertad y el amor nos llenan; las viejas reglas no nos amarran. En lugar de pensar en la vida recta como condición para la salvación, entendemos la fe como el camino a la verdadera santidad.

Legalismo y libertinaje

El cristianismo ha desarrollado legalismos muy a menudo—moralismos que los creyentes se esperaba que aceptaran junto a la gracia de Dios en Cristo. Los líderes religiosos a veces se muestran temerosos de confiar en que pueden dejar a los creyentes en libertad espiritual. ¿Cuáles son algunos de estos legalismos? A veces es la regla de ir a la iglesia los miércoles y los domingos. Puede ser no jugar cartas en el día del Señor. A veces es vestir ropas oscuras, cargar la Biblia, no ir al cine, evitar las joyas o los bailes. A veces ha significado seguir viviendo en una comunidad rural, casarse con un miembro de la misma congregación, o no afeitarse la barba. A veces ha sido no atreverse a hacer preguntas acerca del mensaje bíblico.

Por otro lado, ¿por qué es esta conducta legalista? ¿Está uno libre de legalismos al violar estas reglas de conducta?

NOTAS, REFLEXIONES Y PREGUNTAS

DISCIPULADO

Al observar la vida de la iglesia en nuestros días, ¿qué legalismos ve usted atándonos?

Si nosotros, como individuos o como sociedad, hemos salido de un período de legalismo a uno de libertad sin restricciones, ¿qué dirección o principio debemos seguir para vivir y escoger sabiamente?

El otro peligro es el libertinaje, esto es, el hacer sólo lo que nos place. El teólogo danés Søren Kierkegaard acusó a los cristianos del siglo XIX en Dinamarca de ser descuidados e indiferentes a la verdadera vida cristiana. Usaban el bautismo como excusa para vivir como personas mundanas. Dietrich Bonhoeffer, un pastor alemán del siglo XX, se refirió a este tipo de visión del cristianismo como "gracia barata".

"La gracia barata es el enemigo mortal de nuestra iglesia. Hoy combatimos en favor de la gracia cara. . . ."

"La gracia barata es la gracia considerada como doctrina, como principio, como sistema. . . ."

"La gracia barata es la justificación del pecado y no del pecador. . . ."

"La gracia barata es la predicación del perdón sin arrepentimiento, el bautismo sin disciplina eclesiástica, la eucaristía sin confesión de los pecados, la absolución sin confesión personal. La gracia barata es la gracia sin seguimiento de Cristo, la gracia sin cruz, la gracia sin Jesucristo."[1]

Martín Lutero, al salir del legalismo, abrazó la libertad. Se ha dicho que Lutero puso a Gálatas en sus labios como una trompeta y tocó la diana de la Reforma Protestante.

Pero Bonhoeffer, un luterano moderno, tenía miedo de todo lo opuesto—de una libertad sin disciplina, sin devoción, sin dirección divina.

¿Cómo podríamos movernos hacia una gracia costosa, sin reglas externas ni leyes religiosas impuestas?

LAS SEÑALES DEL DISCIPULADO

Los discípulos son personas cuya fe se alimenta de la esperanza, cuya vida se llena de poder por el amor. Su libertad recién adquirida no es razon para hacer lo que les venga en

---

NOTAS, REFLEXIONES Y PREGUNTAS

Los discípulos experimentan y expresan su libertad como amor a Dios y amor al prójimo.

LIBERTAD

gana, sino mas bien para vivir vidas de entrega y servicio, un estilo de vida superior al simple seguimiento de reglas.

Comience comprendiendo que la libertad es amar a Dios y amar a nuestro prójimo como a nosotros mismos. ¿Qué situaciones hay en su vida en las cuales usted se pregunta: "¿Estoy en libertad o bajo reglas?" y en las cuales este concepto de libertad puede ayudarle?

_____
_____
_____
_____

Algunas congregaciones planifican sus ministerios a partir de la ley; otras planifican desde la perspectiva de la fe. Describa las diferencias en ministerios que pueden surgir a partir de estas dos perspectivas.

_____
_____
_____
_____

¿Cuál de estas perspectivas tiene más influencia en su congregación?

_____

SI DESEA SABER MÁS

Un libro que no tendremos oportunidad de leer es la Epístola de Pablo a los Filipenses. Escrita desde la prisión en Roma está, sin embargo, rebosante de alegría, con la clase de amor de que Gálatas habla como desbordándose del corazón. Busque el modelo de unidad y de armonía que Cristo provee según Filipenses 2:6-11 y observe la mención de la palabra "regocijaos". Saboree el consejo a tomar en cuenta "todo lo que es verdadero" (4:8) y el magnífico logro de Pablo de contentarse "cualquiera que sea mi situación" (4:11).

---

[1]*El precio de la gracia,* Dietrich Bonhoeffer (Salamanca: Ediciones Sígueme, 1968); pages 15–16.

NOTAS, REFLEXIONES Y PREGUNTAS

ADIESTRAMIENTO

"Lo que has oído de mí ante muchos testigos, esto encarga a hombres fieles que sean idóneos para enseñar también a otros."

—2 de Timoteo 2:2

29 Un pastor que aconseja

NUESTRA CONDICIÓN HUMANA

Me aburren los consejos al estilo antiguo. La gente dice que antes las cosas se hacían de esta manera o de la otra. La gente "anticuada" me parece piadosa, rígida, sermoneadora. ¿Qué saben ellos? Estos son nuevos tiempos, y a mí me gusta averiguar las cosas personalmente.

ASIGNACIÓN

Observe la frase "palabra fiel", que se repite a través de las cartas a Timoteo y a Tito. La frase señala el énfasis de las cartas sobre la importancia de la sana doctrina. Otra frase interesante, por las imágenes que evoca, es la que se refiere a la iglesia como "la casa de Dios".

Ponga particular atención en anotar sus ideas acerca de la autoridad. ¿Cómo debe tomar estas palabras un cristiano fiel en una sociedad pluralista como la de hoy?

Esté alerta y encontrará en Tito tres resúmenes del evangelio.

Día 1   1 de Timoteo 1–2 (mantener la fe y orar)
Día 2   1 de Timoteo 3–4 (los deberes de los obispos y los diáconos)
Día 3   1 de Timoteo 5–6 (los deberes de las viudas y de los ancianos)
Día 4   2 de Timoteo 1–4 (como una persona aprobada, consejo e instrucción)
Día 5   Tito (regeneración y renovación)
Día 6   Lea y responda a "El comentario bíblico" y a "Las señales del discipulado".
Día 7   Descanso y oración.

ORACIÓN

Ore diariamente antes de estudiar:
"Señor,
muéstrame tus caminos;
guíame por tus senderos;
guíame, encamíname en tu verdad,
pues tú eres mi Dios y salvador.
¡En tí confío a todas horas!"
    (Salmo 25:4-5, Versión Popular).

Oraciones de la semana:

ADIESTRAMIENTO

Día 1   1 de Timoteo 1–2 (mantener la fe y orar)

Día 4   2 de Timoteo 1–4 (como una persona aprobada, consejo e instrucción)

Día 2   1 de Timoteo 3–4 (los deberes de los obispos y los diáconos)

Día 5   Tito (regeneración y renovación)

Día 3   1 de Timoteo 5–6 (los deberes de las viudas y de los ancianos)

Día 6   "El comentario bíblico" y "Las señales del discipulado"

DISCIPULADO

EL COMENTARIO BÍBLICO

Se le llaman Cartas Pastorales a tres pequeños libros: 1 y 2 de Timoteo y Tito. Son más bien manuales de conducta cristiana y de administración eclesial. Muchos servicios de ordenación hoy contienen citas de 1 y 2 de Timoteo.

Los lectores de estas cartas reconocerán rápidamente que se encuentran ante los pensamientos y sentimientos paulinos más íntimos, a la vez que se trata de una iglesia más madura. Muchos eruditos piensan que en las Pastorales la correspondencia personal de Pablo a Timoteo ha sido organizada y diseñada por misioneros para llenar algunas de las necesidades de un período posterior a Pablo en la historia de la iglesia. Esto es útil para nosotros, porque muchos asuntos que se tratan en estas circunstancias más estables nos confrontan todavía. Aun si, como muchas personas piensan, las Pastorales no son de "la mano" de Pablo, tienen su mensaje, su sentido.

El padre de Timoteo era griego (Hechos 16:1), y su madre era cristiana judía. Así que había dos corrientes culturales que se unían en él. Timoteo era como un hijo para Pablo el soltero, un fiel y confiable joven colega. Su carácter era impecable; era cuidadoso hasta la exageración. Pablo envía a Timoteo como su emisario a iglesias problemáticas como la de Tesalónica y Corinto. Los dos viajaron juntos a Jerusalén y finalmente a Roma. En algún momento, Timoteo incluso comparte el encarcelamiento de Pablo (Hebreos 13:23).

Consejos pastorales a Timoteo

Hay varios puntos en los consejos a Timoteo.

• Ayudar a la gente a mantenerse fiel a las doctrinas centrales de la fe; concentrarse en los asuntos esenciales. En los círculos religiosos siempre hay quien quiere argumentar, darle vueltas a enredos teológicos, hablar de conflictos en las historias de la iglesia o en las doctrinas. Terminan en conflicto y perdiendo el tiempo. (Recuerde que lo que se está rechazando no es la sabiduría ni la filosofía como tal, sino el conocimiento "superior, secreto" de los gnósticos.) La investigación seria de las sanas doctrinas es muy diferente al debate irresponsable de ideas sin la menor intención de hacer un compromiso personal. En un caso, la Palabra se hace carne; en el otro, lo que hay es pura palabrería.

• Enseñar con diligencia. El enseñar la sana doctrina a cristianos que están creciendo es una gran responsabilidad. La carta a Santiago dice: "No os hagáis maestros muchos de vosotros, sabiendo que recibiremos mayor condenación" (Santiago 3:1).

Esto es cierto, puesto que los maestros enseñan y dan forma a las mentes y las vidas de los alumnos. Sin embargo, Timoteo es animado a enseñar con diligencia: "Retén la forma de las sanas palabras que de mí oíste. . . . Guarda el buen depósito por el Espíritu Santo que mora en nosotros" (2 de Timoteo 1:13-14).

NOTAS, REFLEXIONES Y PREGUNTAS

Este mapa muestra los lugares que Timoteo y Tito visitaron a nombre de Pablo y aquellos que son mencionados en las Epístolas Pastorales.

ADIESTRAMIENTO

Para Pablo y Timoteo la enseñanza era mucho más que "conocimiento racional". Significaba hacer discípulos, adiestrar a la gente en el camino cristiano. El conocimiento bíblico y la comprensión del sentido de las Escrituras eran esenciales. Hoy en día, después de que el Nuevo Testamento fuera añadido a las Escrituras hebreas, las palabras de 2 de Timoteo son aún más ciertas: "Toda la Escritura es inspirada por Dios, y útil para enseñar, para redarguir, para corregir, para instruir en justicia, a fin de que el hombre de Dios sea perfecto, enteramente preparado para toda buena obra" (3:16-17).

Si bien es cierto que no todo el mundo debe ser maestro, la necesidad de maestros es extraordinaria. Aun en los primeros tiempos de la iglesia, la tarea era difícil de cumplir para los apóstoles. De la misma manera que Moisés necesitó la ayuda de ciertos líderes para supervisar a los israelitas en el desierto, asimismo los pastores y sacerdotes en medio de un mundo caótico no pueden llevar a cabo su ministerio educativo sin la ayuda de maestros disciplinados y bien preparados.

Escuche lo que dice la Escritura: "Lo que has oído de mí ante muchos testigos, esto encarga a hombres fieles que sean idóneos para enseñar también a otros" (2:2).

Es posible que usted diga que enseñar es difícil. ¡Definitivamente lo es! Vea otra vez las expectativas que hay acerca de Timoteo. Se esperaba que tuviera la disciplina de un soldado, la dedicación de un atleta, la disposición al trabajo fuerte que tiene un agricultor (2:1-7). Piense en los miembros de su grupo de estudio. ¿Quién cree usted que podría ser un buen maestro o maestra?

• Respetar la autoridad espiritual y el liderato. Debemos enseñar a otras personas a respetar ciertos tipos de autoridad. Debemos respetar y aceptar la autoridad de los obispos (literalmente "sobreveedor", a veces se traduce como "presbítero" o "anciano") y otros líderes en la iglesia. Esperamos que los líderes espirituales cuiden de su familia, sean sobrios, no sean avariciosos, sean hábiles para la enseñanza. Deben ser cristianos maduros, no nuevos convertidos que se vayan a llenar de orgullo (1 de Timoteo 3:1-7).

A los diáconos se les exige lo mismo. Basándose en Hechos 6:1-6, los diáconos han estado siempre dispuestos a servir dondequiera que la iglesia los necesite. Las mujeres servían formalmente como diaconisas desde el principio (Romanos 16:1).

• Cuidar la familia. Con las enfermedades y muertes normales anadiéndose a la persecución y al martirio, había un gran numero de viudas con poca esperanza de ganarse la vida.

Era una carga dura para la iglesia de los primeros tiempos. Se esperaba que cada familia se hiciera cargo de los suyos,

NOTAS, REFLEXIONES Y PREGUNTAS

DISCIPULADO

NOTAS, REFLEXIONES Y PREGUNTAS

"porque si alguno no provee para los suyos, y mayormente para los de su casa, ha negado la fe, y es peor que un incrédulo" (1 de Timoteo 5:8).

Asimismo, a las viudas jovenes se les recomendaba que se casaran si era posible para evitar que estén "andando de casa en casa" (5:13). Recuerde que la oportunidad para el empleo de las mujeres era inexistente. La prostitución y la esclavitud eran dos de las opciones. Sin embargo, las viudas mayores de sesenta años, sin familia, eran responsabilidad de la iglesia. El milagro del amor se manifestaba en la congregación por medio del cuidado de estas mujeres mientras vivieran. Las comunidades cristianas tomaron muy en serio las palabras de Pablo a los gálatas: "Hagamos bien a todos, y mayormente a los de la familia de la fe" (Gálatas 6:10).

• Preocuparse por el dinero. El dinero puede hacer mucho bien y también mucho mal. La ley de Moisés prohibía el robo y la codicia. Amós hizo advertencias a los que acumulaban propiedades a costa de los pobres. Jesús enseñó más acerca del dinero que acerca de la oración. Advirtió sobre la ansiedad sobre lo que vamos a comer o a vestir. Dijo: "Es más facil pasar un camello por el ojo de una aguja, que entrar un rico en el reino de Dios" (Mateo 19:24).

Tanto 1 como 2 de Timoteo advierten que los discípulos podían desviarse a causa de su deseo de tener dinero. "Porque raíz de todos los males es el amor al dinero, el cual codiciando algunos, se extraviaron de la fe, y fueron traspasados de muchos dolores" (1 de Timoteo 6:10).

Piense detenidamente en lo que ha leído en la Biblia. ¿Cómo podemos evitar el "amor al dinero"? Considere lo siguiente:

Coloque a Dios primero. ¿Cómo podemos hacer esto con el dinero?

_____

Cuide de los necesitados. ¿Cómo podemos hacer esto hoy?

_____

Provea para los indigentes. ¿Cómo podemos hacer esto como sociedad?

_____

En nuestro sistema económico, los empresarios que se arriesgan para conseguir ganancias son los que pueden crear empleos para otras personas. ¿Cómo podríamos tener una economía fuerte si la gente no amara el dinero?

_____

Se espera que usemos los talentos que Dios nos ha dado. Alguna gente tiene talento para hacer dinero. Alguna gente tiene tanto talento como artistas, atletas, médicos, comerciantes y profesionales que el dinero viene a ellos. ¿Cómo

ADIESTRAMIENTO

pueden ser cristianos? Lea 1 de Timoteo 6:17-19. ¿Pueden salvarse las personas ricas? ¿Cómo?

NOTAS, REFLEXIONES Y PREGUNTAS

Conclusión: La sabiduría de una persona de mayor edad ha sido impartida a una más joven. La juventud no era un impedimento. "Ninguno tenga en poco tu juventud, sino sé ejemplo de los creyentes en palabra, conducta, amor, espíritu, fe y pureza" (1 de Timoteo 4:12). La ancianidad debe pasar a las nuevas generaciones las responsabilidades del liderato. Pablo, con una inspiración final, pasa la antorcha a su hijo espiritual y discípulo: "Pero tú sé sobrio en todo, soporta las aflicciones haz obra de evangelista, cumple tu ministerio.

"Porque yo ya estoy para ser sacrificado. . . . He peleado la buena batalla, he acabado la carrera, he guardado la fe" (2 de Timoteo 4:5-7).

¡Sería maravilloso que cada creyente cristiano pudiera repetir estas palabras al llegar al final de su vida!

LAS SEÑALES DEL DISCIPULADO

Las Cartas Pastorales establecen la pauta: la enseñanza sólida de las doctrinas centrales de la fe. Los discípulos buscan tales enseñanzas de líderes fieles y bien entrenados.

Los discípulos buscan la sana enseñanza bajo la dirección de líderes fieles.

Generalmente, en nuestras iglesias no hemos enfatizado el colocarnos bajo autoridad espiritual. Respetamos la conciencia individual y tenemos a Jesucristo como nuestra última autoridad. ¿Cuánta, y de qué clase, autoridad y respeto debemos dar a nuestros maestros de Escuela Bíblica Dominical; a nuestros líderes eclesiásticos; a nuestros pastores; a nuestros obispos, presbíteros, diáconos y administradores?

El discipulado es costoso. Comenzando con lo que sabe acerca del mundo real—cómo la ansiedad por el dinero puede destruir las familias, confundir a las personas ricas, inmovilizar a los pobres—escriba algunas directrices sobre su actitud hacia el dinero que puedan ayudarle a ser obediente a Jesucristo, proveer para su familia, aumentar su utilidad en el reino, y protegerle de avaricia, codicia, robo y ansiedad.

SI DESEA SABER MÁS

Busque información sobre Tito y prepárese para dar un breve informe.

SACRIFICIO

"Por tanto, teniendo un gran sumo sacerdote que traspasó los cielos, Jesús el Hijo de Dios, retengamos nuestra profesión. Porque no tenemos un sumo sacerdote que no pueda compadecerse de nuestras debilidades, sino uno que fue tentado en todo según nuestra semejanza, pero sin pecado. Acerquémonos, pues, confiadamente al trono de la gracia, para alcanzar misericordia y hallar gracia para el oportuno socorro."

—Hebreos 4:14-16

30 Nuestro gran sumo sacerdote

NUESTRA CONDICIÓN HUMANA

No logramos comprender de qué manera pagar por nuestros pecados. Nuestra fe se nos vuelve débil y aburrida. Así que vivimos vidas de callada desesperación o nos sentimos mal con nosotros mismos, nos desesperamos, anestesiamos nuestro dolor con el alcohol o las drogas, o desarrollamos síntomas neuróticos.

ASIGNACIÓN

Desde la niñez se nos enseñó que "Jesucristo es el mismo ayer, y hoy, y por los siglos" (Hebreos 13:8). Mientras lee Hebreos descubrirá muchos versículos, frases e ideas familiares por su uso frecuente en sermones, himnos y rituales de la iglesia. Desparramadas por el libro encontrará claves para la comprensión del propósito del mismo: ante la persecución y el sufrimiento, hay una especie de apatía o dejadez apoderándose de los creyentes. El escritor llama a sus lectores a la firmeza, la paciencia y la persistencia.

Día 1 Hebreos 1–3 (la superioridad de Cristo)
Día 2 Hebreos 4–6 (el sacerdocio de Cristo)
Día 3 Hebreos 7–8 (el sacerdocio levítico imperfecto)
Día 4 Hebreos 9–10 (el santuario terrenal, el mediador de un nuevo pacto)
Día 5 Hebreos 11–13 (la naturaleza de la fe, el significado del discipulado, los sacrificios agradables a Dios)
Día 6 Lea y responda a "El comentario bíblico" y a "Las señales del discipulado".
Día 7 Descanso. Lea nuevamente Hebreos 12:1-3.

ORACIÓN

Ore diariamente antes de estudiar:
"Señor, Dios todopoderoso,
todo el poder es tuyo y la verdad te rodea;
¡no hay nadie igual a ti!"
(Salmo 89:8, Versión Popular).

Oraciones de la semana:

SACRIFICIO

Día 1 Hebreos 1–3 (la superioridad de Cristo)

Día 2 Hebreos 4–6 (el sacerdocio de Cristo)

Día 3 Hebreos 7–8 (el sacerdocio levítico imperfecto)

Día 4 Hebreos 9–10 (el santuario terrenal, el mediador de un nuevo pacto)

Día 5 Hebreos 11–13 (la naturaleza de la fe, el significado del discipulado, los sacrificios agradables a Dios)

Día 6 "El comentario bíblico" y "Las señales del discipulado"

DISCIPULADO

EL COMENTARIO BÍBLICO

Hebreos es un libro misterioso para quienes no conocen el libro de Levítico. Para nosotros hoy los sacrificios de animales y las ofrendas de sangre ordenadas en Levítico parecen rituales antiguos y aborrecibles.

¿Pero somos las personas de hoy en día tan sabias? ¿Dónde iremos para liberarnos de nuestra culpa? ¿Dónde encontraremos la cura para nuestras conciencias ansiosas? ¿Cómo podremos ser libres de pecado?

Algunas personas estaban dándose por vencidas, apartándose de la fe. ¿Por qué? La persecución. Una fe que se desvanece. La presión sobre algunos de parte de la comunidad judía. Hebreos fue escrito para decir que los cristianos deben estar firmes tal como lo hicieron los hombres y mujeres de fe del pasado. Afirma que Jesús es superior a los profetas, superior a los ángeles, superior a Moisés. Hebreos proclama que el sacrificio de Jesucristo, hecho de una vez y para siempre, lleva a los cristianos a tener una conciencia limpia y a una salvación eterna.

Para entender Hebreos necesitamos conocer los términos:

La purificación de pecados (Hebreos 1:3): La purificación por agua, sangre y sacrificio era necesaria para los judíos para ser limpios de impureza moral, física y ritual.

Santifica (2:11): hacer santo; apartar para el servicio de Dios; hacer capaz de estar ante la presencia de Dios mediante la limpieza de pecado.

Sacrificio de expiación (2:17): expiación de pecado, eliminando lo que ofende.

Sumo sacerdote (4:14): el oficial del santuario que entraba al Lugar santísimo en el Día de Expiación para esparcir con sangre el propiciatorio (Exodo 25:17-22; Levítico 16:14-16).

Melquisedec (Hebreos 5:6) que significa "rey de justicia", bendijo a Abraham (Génesis 14:17-20), llegó a ser considerado como el sacerdote—rey ideal que anticipa al rey davídico y más tarde al Mesías (Salmo 110).

Sacerdocio levítico (Hebreos 7:11): los descendientes de Leví que llevaban a cabo los rituales en el santuario. El sacerdocio era hereditario debido a que los levitas no habían recibido tierras.

Nuevo pacto (8:8): término que se origina con Jeremías (Jeremías 31:31). Un nuevo acuerdo entre Dios y el pueblo de Dios en el cual la ley de Dios estaría escrita en los corazones del pueblo.

Lugar Santísimo (Hebreos 9:3): El tabernáculo, y después el templo, estaba dividido en tres partes: un vestíbulo; el Lugar Santo; y el Lugar Santísimo o "lugar donde Dios habla". El Lugar Santísimo contenía el arca del pacto. Teológicamente, surgió la creencia de que Dios habitaba permanentemente en el Lugar Santísimo (1 de Reyes 8:12-13).

Arca del pacto (Hebreos 9:4): un arca de madera que servía como santuario portátil, recubierta de oro, conteniendo las

NOTAS, REFLEXIONES Y PREGUNTAS

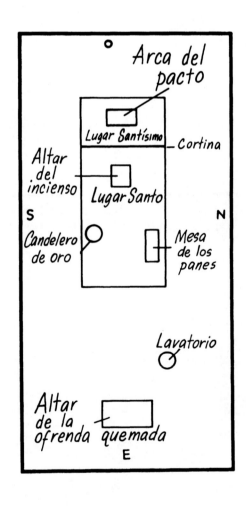

ns tablas de la ley. Hebreos refleja una tradición judía posterior que decía que contenía maná y la vara de Aarón.

La expiación

Nuestras necesidades son diferentes a las de las personas a quienes se dirige la Epístola a los Hebreos, y sin embargo son semejantes. Ellos tenían que comprender que los sacrificios de animales ya no eran necesarios. Nosotros también nos enfrentamos a la necesidad de limpieza, de purificación interior y paz. Pero nos resulta difícil entender la idea de que sea necesario un sacrificio, que hay un sacrificio disponible para nosotros, y que podemos apropiarnos de ese sacrificio en nuestra vida espiritual.

Por medio de una argumentación muy bien construida, Hebreos nos muestra el camino al recordarnos quién es Jesús. El es el Hijo de Dios; es "la imagen misma de su sustancia" (Hebreos 1:3). Ningún ángel sería adecuado para llenar nuestras necesidades porque los ángeles no tocan nuestra humanidad. Ningún profeta podría cumplir todo el ministerio porque el profeta no trasciende lo humano. Ni Moisés ni la ley del primer pacto pueden salvarnos, porque Moisés era un siervo; Jesús era el Hijo. Hebreos proclama que Jesús "participó de lo mismo" (2:14) que todos los seres humanos. El era humano como nosotros lo somos.

Anselmo, un teólogo del siglo XII, escribió que Jesús tenía que ser totalmente humano para alcanzarnos y totalmente Dios para salvarnos. Esto es un eco de Hebreos.

Ahora viene la comparación abrumadora. El primer pacto fue confirmado con sangre, la sangre de los animales sacrificados a Dios. Lea nuevamente Levítico 16:1-19.

Un pacto significa un acuerdo que incluye la iniciativa amorosa de Dios y la respuesta fiel de la humanidad. Mientras recuerda el pacto de Dios con Abraham (Génesis 15; 17:1-22), confirmado en la ley de Moisés, haga una lista de promesas esenciales de Dios y respuestas del pueblo a este pacto. He aquí algunas referencias que le pueden ayudar: Éxodo 19:1-6; 24:1-8, 12, 15-18; 25:8, 10, 16-17, 21-22; 28:1-4; 29:1-9; 30:1-10; 31:12-18.

Los profetas reconocieron la debilidad de la religión formal y los peligros de llevar a cabo los gestos externos sin la realidad interior, espiritual y moral. Busque nuevamente Amós 5:21-24 e Isaías 1:12-17. Lea después Jeremías 31:31-34.

Hebreos cita a Jeremías para demostrar que el primer pacto era defectuoso y estaba obsoleto (Hebreos 8:6-13).

SACRIFICIO

NOTAS, REFLEXIONES Y PREGUNTAS

DISCIPULADO

Hebreos se concentra en el sacrificio de sangre, el cual estaba en el corazón del primer pacto. Si una religión va a tener expectativas morales altas y deberes importantes especificados, esa religión debe tener una forma de eliminar la culpa. Como dice Pablo en Romanos: "por cuanto todos pecaron, y están destituidos de la gloria de Dios" (Romanos 3:23). Hebreos habla en contra de la idea de volver atrás a los sacrificios de animales cuando Dios ha iniciado un nuevo pacto purificador a través de su Hijo eterno y su sacrificio. Estudie Hebreos para ver los paralelos entre el primer pacto y el nuevo pacto. Note que es el mismo Dios quien actúa en ambos pactos.

¿Cuáles eran los sacrificios ofrecidos por el pecado? (No olvide el macho cabrío.) Lea Levítico 16.

_____

_____

¿Quién ofrecía los sacrificios en el primer pacto?

_____

¿De quién recibieron la autoridad?

_____

¿Por qué cree usted que continuaron los sacrificios diarios en el templo en el tiempo de Jesús?

_____

_____

¿Cuál fue el sacrificio ofrecido por Jesús?

_____

¿Quién era ese Jesús que ofreció el sacrificio en el nuevo pacto?

_____

¿De quién recibió él su autoridad?

_____

Observe que Jesús no era un sacerdote levítico sino un descendiente de la tribu de Judá. De ello provenía la extraña referencia a Melquisedec—sin genealogía, sin nacimiento, sin muerte, sin referencia con Aarón o los levitas. De hecho, este extraño, misterioso sacerdote-rey es superior a Abraham y a Leví. Su orden sacerdotal viene directamente de Dios, no es ni heredada ni transmitida.

Los sacerdotes anteriores eran numerosos (Hebreos 7:23); Jesús está solo. Ellos morían, por lo cual había que

NOTAS, REFLEXIONES Y PREGUNTAS

SACRIFICIO

NOTAS, REFLEXIONES Y PREGUNTAS

escoger nuevos sacerdotes. Jesús "tiene un sacerdocio inmutable" (7:24).

Aunque los animales debían ser sin defecto, eran ofrecidos por sacerdotes imperfectos una y otra vez. Con Jesús, la ofrenda fue sin pecado ni defecto, y el ofrendante fue sin pecado. Fue un sacrificio perfecto, hecho de una vez por todas (7:27; 10:11-14).

Jesús no fue un mártir, destruido por intrigas políticas. El era Dios en forma humana, ofreciendo un regalo perfecto de amor y el sacrificio de la sangre de su vida por los pecados de todo el mundo.

Recuerde lo que sabe sobre la cortina del tabernáculo, el sacrificio una vez al año, las oraciones del pueblo, el Lugar Santísimo.

¿Recuerda cuando comparamos a Herodes el rey con Jesús el rey? Compare ahora a Caifás el sumo sacerdote en el momento del juicio de Jesús, con Jesús el sumo sacerdote.

La palabra "expiación" significa eliminar la barrera de pecado y culpa que separa al pueblo de su Dios. Jesús como mediador es el puente entre ambos. El trae la paz entre el pueblo y su Dios. La expiación significa que somos hechos uno con Dios.

Hebreos señala el poder del sacrificio divino para limpiar nuestros corazones. Recuerde que el arrepentimiento fue siempre necesario para que el sacrificio fuera efectivo. El arrepentimiento no significa decir "Lo siento". Significa dar la espalda al pecado y volverse a Dios, el sometimiento de nuestra vida a la voluntad de Dios.

La expiación hace posible la nueva criatura, limpia y en paz con Dios. Al experimentar "la sangre" experimentamos el perdón o la gracia de Dios. Hebreos insiste: "y sin derramamiento de sangre no se hace remisión de pecados" (9:22). La sangre es el sacrificio más radical. En la Biblia "sangre" y "vida" son la misma cosa. Los antiguos pensaban que la vida estaba en la sangre. Según la sangre salía del cuerpo, la vida también salía. El dar la sangre es dar la vida.

Mantegámonos firmes

Debido a que Hebreos muestra preocupación por los creyentes que pueden caer de una salvación tan grande, el libro nos recuerda que es importante mantenernos firmes y "conside-

Discipulado

rémonos unos a otros para estimularnos al amor y a las buenas obras; no dejando de reunirnos, como algunos tienen por costumbre, sino exhortándonos" (Hebreos 10:23-25).

Algunas personas, al apartarse de las reuniones, de la Santa Comunión, del testimonio de las Escrituras, y del animarse unos a otros, olvidan la obra de Cristo en la cruz y olvidan sus plegarias de intercesión por nosotros.

Hebreos se vuelve ahora una epístola austera. Si después de recibir tan gran sacrificio, nos apartamos y "si pecáremos voluntariamente", nos enfrentamos a "una horrenda expectación de juicio" (10:26-27). "¿Cuánto mayor castigo pensáis que merecerá el que pisoteare al Hijo de Dios, y tuviere por inmunda la sangre del pacto en la cual fue santificado, e hiciere afrenta al Espíritu de gracia? . . . ¡Horrenda cosa es caer en manos del Dios vivo!" (10:29-31).

Hay muy pocos pasajes de la Escritura tan poderosos e inspiradores como Hebreos 11–13. En un esfuerzo por animar a los cristianos a mantenerse firmes en la fe, el escritor recuerda los testigos que "alcanzaron buen testimonio" (11:39)—Abel, Enoc, Noé, Abraham, Sara, Isaac, Jacob, Jose, Moisés, Rahab. Ellos nos inspiran. Sin embargo, y aquí el escritor nos señala algo fascinante, toda su salvación depende de la manera en que vivamos nuestras vidas. A pesar de su gran fe, nos necesitan para completar su perfección.

Nosotros los necesitamos; ellos nos necesitan. "Por tanto, . . . despojémonos de todo peso y del pecado que nos asedia, y corramos con paciencia la carrera que tenemos por delante, puestos los ojos en Jesús, el autor y consumador de la fe" (12:1-2).

Mantengámonos firmes. "Levantad las manos caídas y las rodillas paralizadas" (12:12).

El imperativo moral

"Permanezca el amor fraternal. No os olvidéis de la hospitalidad [como Abraham lo hizo en Génesis 18]. . . . Acordaos de los presos. . . . Honroso sea en todos el matrimonio, y el lecho sin mancilla. . . . Sean vuestra costumbres sin avaricia" porque "Jesucristo es el mismo ayer, y hoy, y por los siglos" (Hebreos 13:1-5, 8).

LAS SEÑALES DEL DISCIPULADO

Un sacrificio puede ser poderoso. Una madre que limpia pisos para que su hija vaya a la universidad. Un hermano mayor que ofrece su riñón para que su hermano menor viva. Un hombre o una mujer que escogen una vocación como la enseñanza, la predicación o la investigación científica con gran sacrificio económico. Un piloto misionero muerto por la bala de un soldado, haciendo su sacrificio final de fe.

Un sacrificio se mide por quién lo está dando, por el hecho de ser voluntario, por cuánto cuesta el sacrificio, y por la causa del sacrificio.

NOTAS, REFLEXIONES Y PREGUNTAS

Los discípulos aceptan el perdón de Dios.

SACRIFICIO

NOTAS, REFLEXIONES Y PREGUNTAS

Un pastor a veces tiene en su oficina a una persona que conoce un pecado serio. El pastor puede hablar de perdón, pero la persona responde: "Me imagino que es cierto que Dios perdona. Pero no sé si Dios me perdonará a mí. Ni siquiera si hay alguna clase de perdón divino. Yo no creo que yo me pueda perdonar a mí mismo".

Si usted tuviera oportunidad de hablarle a esa persona, ¿qué le diría?

_____

_____

Describa una manifestación de misericordia, una obra de gracia en la cual sintió que sus pecados eran perdonados y que quedaba limpio y puesto en paz con Dios.

_____

_____

Debido a que aun en un estado de salvación hacemos cosas que no debemos hacer y dejamos de hacer cosas que debemos hacer (Romanos 7:19), necesitamos un perdón constante. Lea 1 de Juan 1:7-9. ¿Cómo recibe usted perdón diariamente?

_____

_____

No sólo estamos rodeados de una gran nube de testigos, sino que además hay personas alrededor de nosotros animándonos. Haga una lista de las personas que a través de su vida y en este momento están dándole ánimo y ayudándole a ser fiel a su fe cristiana.

_____

_____

Si alguna de esas personas que le animan o le han animado está viva, ¿por qué no le envía una carta dándole las gracias por su apoyo?

SI DESEA SABER MÁS

Lea Hebreos 11–13 en voz alta.

Cante o lea las palabras de algunos himnos sobre el tema de la expiación: "Roca de la Eternidad", "Cuán glorioso es el cambio", "Me hirió el pecado", "Tal como soy" y "¿Quieres ser salvo?"

SANTO

"Mas vosotros sois linaje escogido, real sacerdocio, nación santa, pueblo adquirido por Dios, para que anunciéis las virtudes de aquel que os llamó de las tinieblas a su luz admirable."

—1 de Pedro 2:9

31 Un pueblo diferente

NUESTRA CONDICIÓN HUMANA

No me gusta ser diferente. Aun el ser aparentemente diferente me hace sentir incómodo. La gente ridiculiza a las personas que parecen diferentes a las demás. Definitivamente no quiero parecer un "santurrón". Ni siquiera deseo la santidad—eso suena aburrido. Nada hace a la gente molestarse más que las actitudes pomposas, orgullosas, de quienes se creen mejores y más santos que nadie.

ASIGNACIÓN

Las epístolas de Pedro cuestionan la idea popular de que servir a Dios "paga", que vamos a recibir pago por ser buenos. Claramente, la vida santa les estaba provocando sufrimiento a los lectores de las cartas. Observe también cómo las tensiones hacen a muchas personas susceptibles de seguir falsas doctrinas, por lo que se hace necesario el llamado a mantenerse fieles.

Si se pregunta por qué estamos leyendo nuevamente pasajes de Levítico e Isaías, es para recordar las poderosas raíces simbólicas que tenemos con la experiencia de Israel. No podemos entender 1 de Pedro si no hemos leído la historia del Antiguo Testamento.

Día 1   1 de Pedro 1–2 (el nuevo nacimiento a una esperanza viva)
Día 2   1 de Pedro 3–5 (el pueblo de Dios, persecución, advertencias finales)
Día 3   2 de Pedro 1–3 (el peligro de la falsa doctrina)
Día 4   Levítico 11; 19 (leyes de limpieza y purificación, amor al prójimo)
Día 5   Isaías 52–53 (el siervo sufriente); 55:1–56:8 (la restauración futura de Israel)
Día 6   Lea y responda a "El comentario bíblico" y a "Las señales del discipulado".
Día 7   Descanso y adoración.

ORACIÓN

Ore diariamente antes de estudiar:
"Sean aceptables a tus ojos
mis palabras y mis pensamientos,
oh Señor, refugio y libertador mío"
(Salmo 19:14, Versión Popular).

Oraciones de la semana:

SANTO

Día 1 1 de Pedro 1–2 (el nuevo nacimiento a una esperanza viva)	Día 4 Levítico 11; 19 (leyes de limpieza y purificación, amor al prójimo)
Día 2 1 de Pedro 3–5 (el pueblo de Dios, persecución, advertencias finales)	Día 5 Isaías 52–53 (el siervo sufriente); 55:1–56:8 (la restauración futura de Israel)
Día 3 2 de Pedro 1–3 (el peligro de la falsa doctrina)	Día 6 "El comentario bíblico" y "Las señales del discipulado"

DISCIPULADO

EL COMENTARIO BÍBLICO

Santo significa apartado para Dios. El cáliz está apartado para la Santa Comunión, no para tomar el jugo de naranja en el desayuno. Un santuario se aparta para la adoración, no para patinar el sábado por la noche. En medio de un mundo secular, hay cosas apartadas como sagradas.

La palabra *santificación* viene del latín *sanctus* (santo) y *facere* (hacer). La Versión Reina-Valera traduce los términos qadash en hebreo y hagiazo en griego. Significa algo puesto aparte, separado o consagrado a Dios. El ser santo implica que algo está completo, sano, saludable, en armonía.

Sabemos que desde el principio Dios llamó a un pueblo especial a estar separado, a ser diferente, a ser "especial". La Primera Epístola de Pedro da por sentado que la comunidad cristiana se ha convertido en ese pueblo separado, ese pueblo especial.

Bautismo

Algunos eruditos creen que 1 de Pedro pudo haber sido originalmente un sermón bautismal antes de convertirse en una epístola general a las iglesias del Asia Menor. Las imágenes bautismales abundan. Las palabras "nos hizo renacer para una esperanza viva" (1 de Pedro 1:3) no sólo recuerdan el reclamo del Señor a Nicodemo (Juan 3:3) sino también la alusión de Pablo acerca del morir a sí mismo y de la resurrección con Cristo en el bautismo (Romanos 6:4). En 1 de Pedro tenemos un énfasis fuerte en la nueva creación en Cristo más que en el lavar las manchas del pecado. Un cristiano bautizado es una persona nacida de nuevo que vive en una nueva comunidad. El bautismo, al igual que la circuncisión de antaño, significa la iniciación en la vida corporativa del pueblo de Dios.

Primera de Pedro nos recuerda que durante el diluvio ocho personas fueron "salvadas por agua", y compara esta liberación con el poder salvífico del bautismo. "El bautismo que corresponde a esto ahora nos salva (no quitando las inmundicias de la carne, sino como la aspiración de una buena conciencia hacia Dios) por la resurrección de Jesucristo" (1 de Pedro 3:21). Claro está, el bautismo cristiano también trae a la memoria la liberación al cruzar el Mar Rojo y la promesa al caminar a través del agua en el río Jordán.

En un país árido, sólo hay disponibles cantidades mínimas de agua. La iglesia de los primeros tiempos usaba una concha para el bautismo y finalmente determinó que tres gotas de agua eran suficientes para bautizar en el nombre del Padre, del Hijo y del Espíritu Santo.

Cuando usted ve a una persona siendo bautizada en la iglesia, ¿de qué maneras cree que esa persona "es separada"?

NOTAS, REFLEXIONES Y PREGUNTAS

La concha con algunas gotas de agua cayendo de ella fue un símbolo antiguo del bautismo de Jesús.

SANTO

Sangre

Del mismo modo que en Egipto los hebreos untaron con sangre del cordero sacrificial los dinteles de sus puertas (Exodo 12:21-23; 12:5), y el pueblo santo (los sacerdotes y el pueblo) fueron rociados con sangre (24:8; 29:21), asimismo los cristianos fueron rociados con sangre de Cristo simbólicamente. "Fuisteis rescatados . . . con la sangre preciosa de Cristo, como de un cordero sin mancha y sin contaminación" (1 de Pedro 1:18-19). Como cristianos recordamos el sacrificio divino cuando bebemos la copa de la Comunión y cuando cantamos himnos sobre la gracia, la expiación y el perdón de Dios. Cuando piensa en la Comunión, ¿de que formas se ve a sí mismo y a otras personas como "apartadas"?

NOTAS, REFLEXIONES Y PREGUNTAS

La piedra angular del Nuevo Templo

Sin lugar a dudas, algo extraordinario sucedió en Jesucristo. Tal como fue predicho, el templo de Jerusalén fue destruido, pero el nuevo templo santo fue construido para la gloria de Dios y para la salvación de su pueblo. Este templo es construido por los fieles seguidores de Jesucristo.

La piedra angular, una dramática imagen tomada del Antiguo Testamento, es Jesucristo mismo. La gente pensó que la piedra no valía la pena, así que la echaron a un lado. Pero Dios la reclamó.

"La piedra que los edificadores desecharon,
   Ha venido a ser la cabeza del ángulo"
      (1 de Pedro 2:7; Salmo 118:22).

Pablo escribió acerca del Cristo crucificado "para los judíos ciertamente tropezadero, y para los gentiles locura" (1 de Corintios 1:23).

Haga una lista de las maneras en que Jesucristo es una piedra de tropiezo o rechazada para mucha gente en el día de hoy.

El pueblo del pacto

En el Antiguo Testamento, los ancianos Abraham y Sara fueron llamados a ser los fundamentos del "pueblo escogido", para caminar en fe, apartándose de los ídolos. Ellos y sus descendientes formaron una comunidad del pacto caracterizada por la confianza en un Dios único, el descanso en sábado, la hospitalidad a los extranjeros, la circuncisión de los varones, el diezmo, la lealtad de familia y el rechazo del sacrificio de niños. Más tarde el pueblo del pacto recibió la orden de ser

DISCIPULADO

compasivos con los pobres, especialmente cuidadosos con los débiles, y no olvidar que fueron esclavos indefensos en la tierra de Egipto (Levítico 19). Al recibir las leyes dietéticas mosaicas (Levítico 11), el pueblo del pacto se hizo todavía más "especial". Se separaron más aún.

Pero tal como hemos aprendido, en vez de apartarse con humildad para el servicio, los fariseos del tiempo de Jesús rompieron con la hospitalidad hacia el mundo y se encerraron en una rígida adherencia a la ley que resultó en una separación altiva. Se convirtieron en "más santos que nadie" en vez de ser santos como Dios es santo. Eso puede suceder. Describa de qué modo se ve esta actitud entre los cristianos.

___

___

Seguramente usted recuerda que los levitas fueron "apartados". No sólo eran israelitas, sino que eran de una tribu a la que no se le dio ninguna tierra. Ellos iban a ser los sacerdotes, dedicados al Señor, ofreciendo los sacrificios continuos, comiendo el alimento de Dios, transmitiendo y administrando la ley divina, trabajando constantemente con las cosas sagradas. No en balde Dios se enojó con los hijos de Elí cuando fallaron como sacerdotes (1 de Samuel 2:12-17).

Ahora, en 1 de Pedro, se nos dice que somos "linaje escogido, real sacerdocio, nación santa, pueblo adquirido por Dios" (1 de Pedro 2:9). ¿Qué quiere decir esto? Somos llamados a ser santos porque *nuestro Dios es santo*. Vea nuevamente las demandas de este Dios santo para encontrar claves acerca de lo que quiere decir ser santo (Levítico 19). Entonces observe las descripciones en 1 de Pedro acerca de la nueva comunidad cristiana: disciplina personal (1 de Pedro 1:13); "hijos obedientes", no conformándose "a los deseos que antes teníais estando en vuestra ignorancia" (1:14); obedientes a "la verdad", mostrando amor "entrañable" unos a otros (1:22). Se espera que este nuevo sacerdocio de todos los creyentes se libere a sí mismo de "toda malicia, todo engaño, hipocresía, envidias, y todas las detracciones" (2:1). Como "sacerdocio santo" debe "ofrecer sacrificios espirituales" (2:5), absteniéndose de "los deseos carnales" (2:11). Debemos conducirnos "manteniendo buena vuestra manera de vivir entre los gentiles [para nosotros esto sería el mundo]; para que . . . glorifiquen a Dios en el día de la visitación, al considerar vuestras buenas obras" (2:12). Debemos ser honestos, humildes y llenos de caridad.

"Por causa del Señor someteos a toda institución humana" (2:13). Aparentemente, a menos que la lealtad al estado constituyera negación de Dios o de la obra de Dios (Hechos 4:19-20), los cristianos debían mostrar repeto y obediencia a la autoridad civil, pagar los impuestos, honrar al emperador. Más tarde, tal como veremos en Apocalipsis, cuando Roma

NOTAS, REFLEXIONES Y PREGUNTAS

exigió que se adorara al emperador en vez de sólo darle honra, los cristianos se rehusaron y fueron martirizados.

Es importante recordar que 1 de Pedro, al igual que otros escritos tardíos del Nuevo Testamento, reflejan la expectativa inminente de la venida de Cristo y del final de la historia. La idea que ellos tenían era que no se debía retar la autoridad puesto que al fin y al cabo no existiría por mucho tiempo.

Matrimonio

Las dinámicas entre marido y mujer son complejas. Recuerde que la vida familiar en el Cercano Oriente era extraordinariamente patriarcal. Lea entre líneas la revolución espiritual que se estaba llevando a cabo. "Mujeres, estad sujetas a vuestros maridos" (1 de Pedro 3:1). ¿Por qué? "Para que también los que no creen a la palabra, sean ganados [para Cristo] sin palabra por la conducta de sus esposas."

Los maridos, que tenían un poder casi de vida y muerte sobre sus familias, reciben la instrucción "sean comprensivos con sus esposas. Denles el honor que les corresponde" (3:7, Versión Popular). ¿Por qué? "Porque Dios en su bondad les ha prometido a ellas la misma vida que a ustedes." Esta enseñanza acerca de la consideración y el honor era un tremendo adelanto sobre la idea de que las esposas eran propiedad del marido.

Sufrimiento

Hemos estudiado acerca del sufrimiento a través de toda la Biblia. José sufrió en una prisión egipcia, pero Dios lo usó para bien. Los israelitas sufrieron en el desierto, pero Dios los disciplinó y los templó. David sufrió dolor espiritual por sus pecados pasionales. Israel sufrió vergüenza y destrucción a causa de sus pecados. Job experimentó una tragedia sin consuelo y un sufrimiento que parecía no tener sentido, pero Dios cuidaba de él. Dios tenía razones que no le fueron reveladas a Job.

Jesucristo sufrió y murió en total obediencia a Dios. Nosotros, a través de los ojos de la fe, vemos en la cruz la obra salvadora y sacrificial de Dios. Pablo sufrió naufragios y azotes, compartiendo el sufrimiento de Cristo. La espina en la carne de Pablo no fue quitada; la gracia de Dios fue suficiente para sostenerle. Pablo escribió: "nos gloriamos en las tribulaciones, sabiendo que la tribulación produce paciencia; y la paciencia, prueba; y la prueba, esperanza; y la esperanza no avergüenza" (Romanos 5:3-5).

En 1 de Pedro exploramos nuevas dimensiones del sufrimiento. Los cristianos debemos evitar el sufrimiento que procede del pecado. "Así que, ninguno de vosotros padezca como homicida, o ladrón, o malhechor, o por entremeterse en lo ajeno" (1 de Pedro 4:15). Sin embargo el sufrimiento puede venirle al cristiano a pesar de su conducta ejemplar. El sufrimiento puede llegar a una persona precisamente por ser cristiano, miembro del cuerpo de Cristo.

NOTAS, REFLEXIONES Y PREGUNTAS

DISCIPULADO

Si usted es vituperado, ha recibido una bendición. ¿Por qué? "Porque el glorioso Espíritu de Dios reposa en vosotros" (4:14). "Porque mejor es que padezcáis haciendo el bien, si la voluntad de Dios así lo quiere, que haciendo el mal" (3:17). "Mas si haciendo lo bueno sufrís, y lo soportáis, esto ciertamente es aprobado delante de Dios" (2:20).

"También Cristo padeció por nosotros, dejándonos ejemplo" (2:21). El lenguaje está empapado del espíritu de Isaías 53: "quien cuando le maldecían, no respondía con maldición . . . por cuya herida fuisteis sanados" (1 de Pedro 2:23-24). Recuerde también no sólo los sufrimientos de Cristo sino los de otras personas cristianas. "Resistid firmes en la fe, sabiendo que los mismo padecimientos se van cumpliendo en vuestros hermanos en todo el mundo" (5:9). Dios "los hará perfectos, firmes, fuertes y seguros" (5:10, Versión Popular).

La segunda venida

Alguna gente estaba dándose por vencida. Habían recibido el mensaje de que Cristo vendría muy pronto. Algunos creyentes habían abandonado la fe; otros habían permanecido en la iglesia haciendo de su nueva libertad una fiesta; algunos se habían vuelto amargados y cínicos (2 de Pedro 2).

Pedro les dice a los burladores que Dios está tratando de salvar a otras personas. Recuerde que "con el Señor un día es como mil años, y mil años como un día" (3:8). El Día del Señor vendrá; pero vendrá como dijo Jesús, como ladrón en la noche (3:10). Hay una promesa de que habrá nuevos cielos y nueva tierra. Por tanto, a los creyentes se les anima a continuar siendo un pueblo separado, santo. "Procurad con diligencia ser hallados por él sin mancha e irreprensibles, en paz" (3:14).

LAS SEÑALES DEL DISCIPULADO

"El pueblo santo" está marcado con una señal interior de carácter y una exterior de compasión. Algunas son prohibiciones: evitar borracheras, adulterio, mentiras o cosas semejantes. Otras cosas debemos hacerlas: testificar, practicar la hospitalidad, procurar la paz y la justicia, cuidar de los despreciados y desvalidos. La santidad, en su forma arrogante, enfatiza generalmente las regas negativas, ignora las otras, y olvida totalmente el ministerio sacrificial en el mundo. Cuando la madre Teresa de la India dice acerca del cuidado a los moribundos: "Lo hago por amor a Jesús", ella capta el sentido de 1 y 2 de Pedro.

El discípulo o discípula puede llevar la misma ropa de todo el mundo, hablar el mismo lenguaje, vivir en la misma ciudad; pero es diferente y sabe que debe ser así. Llamado a salir de la búsqueda de proyectos humanos y de la vida inútil, el discípulo, al igual que Abraham, es amonestado a ser parte del pueblo "apartado", bendecido para ser bendición.

NOTAS, REFLEXIONES Y PREGUNTAS

Los discípulos se reconocen a sí mismos como parte de un pueblo diferente, peculiar, que lleva en sí mismo la señal interior del carácter y la señal exterior de la compasión.

NOTAS, REFLEXIONES Y PREGUNTAS

Analice su propia vida y escriba un párrafo diciendo cómo le ha ayudado Cristo a "apartarse" y a la vez cómo ha tenido que crecer para ser realmente parte del "real sacerdocio".

_____
_____
_____
_____
_____

Escriba un segundo párrafo pensando en su congregación. Sin tratar de ser personal o pasar juicio sobre nadie, ¿qué debe suceder en su comunidad cristiana para verse a sí misma como "linaje escogido, real sacerdocio, nación santa, pueblo adquirido por Dios"?

_____
_____
_____
_____
_____

Recuerde los momentos cuando ha tenido que sufrir por hacer lo correcto o por hacer algo en obediencia a su fe en Jesucristo.

_____
_____

SI DESEA SABER MÁS

Estudie las palabras y frases en Isaías 52:13–53:12 y 55:1–56:8 y haga una lista de todas las que encuentre que se relacionen con el "pueblo apartado" del día de hoy. Anote su propia interpretación a medida que vaya preparando la lista.

VICTORIA

"Estas palabras son fieles y verdaderas. Y el Señor, el Dios de los espíritus de los profetas, ha enviado su ángel, para mostrar a sus siervos las cosas que deben suceder pronto. ¡He aquí, vengo pronto!"

—Apocalipsis 22:6-7

32 Por eso es que tenemos esperanza

NUESTRA CONDICIÓN HUMANA

Continúan las guerras y los rumores de guerra. El prejuicio, el crimen, la enfermedad y las drogas llenan el planeta. El llanto, el dolor y la muerte son constantes. La justicia nos elude. ¿Dónde está la victoria? ¿Dónde está la esperanza?

ASIGNACIÓN

No se estanque en los detalles. Está escuchando el sermón urgente de un predicador inspirado que clama para que haya arrepentimiento. Está escuchando a un exiliado en la isla de Patmos animando a los creyentes a que permanezcan firmes. Está leyendo una visión extática acerca de los últimos tiempos que es más poesía que prosa. Saboree las imágenes, regocíjese con los exuberantes gritos de victoria. No haga remilgos: los cristianos han vivido, viven y mueren en un mundo de guerra, hambre, persecución, explotación y violencia. Aquellas personas que sufren por su fe se aferran fuertemente al Apocalipsis de Juan.

Día 1 Apocalipsis 1–3 (las siete iglesias)
Día 2 Apocalipsis 4–7 (el Cordero, los seis sellos)
Día 3 Apocalipsis 8–12 (el séptimo sello, los ángeles con trompetas, la mujer y el dragón)
Día 4 Apocalipsis 13–16 (la bestia de siete cabezas, una nueva canción, siete copas de ira)
Día 5 Apocalipsis 17–20 (la condenación de Babilonia, la esposa del Cordero, el Juicio Final)
Día 6 Apocalipsis 21–22 (la nueva Jerusalén). Lea y responda a "El comentario bíblico" y a "Las señales del discipulado".
Día 7 Descanso.

ORACIÓN

Ore diariamente antes de estudiar:
"Naciones y pueblos todos,
alaben al Señor,
pues su amor por nosotros es muy grande;
¡la fidelidad del Señor es eterna!

¡Alabado sea el Señor!"
    (Salmo 117, Versión Popular).

Oraciones de la semana:

VICTORIA

Día 1 Apocalipsis 1–3 (las siete iglesias)

Día 2 Apocalipsis 4–7 (el Cordero, los seis sellos)

Día 3 Apocalipsis 8–12 (el séptimo sello, los ángeles con trompetas, la mujer y el dragón)

Día 4 Apocalipsis 13–16 (la bestia de siete cabezas, una nueva canción, siete copas de ira)

Día 5 Apocalipsis 17–20 (la condenación de Babilonia, la esposa del Cordero, el Juicio Final)

Día 6 Apocalipsis 21–22 (la nueva Jerusalén); "El comentario bíblico" y "Las señales del discipulado"

DISCIPULADO

EL COMENTARIO BÍBLICO

Nerón iluminó a Roma quemando cristianos en cruces cubiertas de brea en el año 64 D.C. Otros fueron crucificados o decapitados. Aparentemente tanto Pedro como Pablo fueron mártires en Roma durante esta época. La tradición dice que Pedro fue crucificado con los pies hacia arriba porque dijo que no se consideraba digno de morir como Jesús lo hizo. Vespasiano, el sucesor de Nerón, envío a su hijo Tito a destruir a Jerusalén en el año 70 D.C. con el propósito de dominar a los judíos. Cuando Domiciano se convirtió en emperador en el año 81 D.C. y fue declarado un dios, el imperio completo tembló. Domiciano era celoso, de humor variable, un tirano impredecible, que destruía a cualquiera que considerara una amenaza. Ejecutó al marido de su sobrina bajo cargos de ateísmo, se cree que porque no consideraba a Domiciano un dios. Las monedas que se han encontrado mostrando su cara tienen las palabras "Divino César Domiciano". Demandó adoración a sí mismo como señor y dios.

Domiciano usó tácticas terroristas selectivas contra los cristianos durante su reinado (81–96 D.C.). Una carta de Clemente de Roma a la iglesia de Corinto cerca del año 95 D.C. se refiere a "las calamidades e infortunios repentinos y repetidos que han caído sobre nosotros".

Se construyó un nuevo templo para el culto al emperador en Efeso, presionando aún más a los cristianos en Asia. Juan, el autor del Apocalipsis, estaba exiliado en Patmos, la isla penal para presos políticos, debido a su lealtad a Cristo (Apocalipsis 1:9). Un cristiano llamado Antipas, miembro de la iglesia en Pérgamo (un centro de adoración al emperador) había muerto a causa de su fidelidad a Jesús (2:13). Juan dice que algunos cristianos en Esmirna se enfrentarán a la muerte (2:10), y profetizó que venía una persecución más feroz aún para la iglesia. La persecución continuó de tiempo en tiempo hasta que el emperador Constantino vio una cruz en el cielo y se convirtió en simpatizante del cristianismo en el año 312 D.C. Juan quería que su revelación diera ánimo a los cristianos para mantenerse firmes y permanecer fieles al Señor. Anímense; los mártires están cerca del altar del Señor (6:9-11).

Un libro difícil

La mayoría de los eruditos creen que un gran líder cristiano, muy respetado y conocido en Asia, cuyo nombre era Juan, escribió su Apocalipsis hacia el final de este período de problemas, tensión y martirio inminente (81–96 D.C.). Una fecha probable para el escrito es 95/96 D.C. Los eruditos discuten si el autor era Juan el apóstol o algún otro Juan.

El título del libro, Apocalipsis, significa revelación. Ha llegado a representar a través de los siglos la revelación acerca de los últimos tiempos. Comenzamos a conocer la literatura apocalíptica cuando estudiamos el libro de Daniel. La profecía en los escritos apocalípticos va más allá del mensaje

NOTAS, REFLEXIONES Y PREGUNTAS

El emperador romano Domiciano era el hermano menor de Tito, el que destruyó a Jerusalén en el año 70 D.C. Su cruel y severa persecución de los cristianos probablemente fue la causa que llevó a escribir el libro de Apocalipsis. Esta moneda muestra a Domiciano con una corona de laurel, símbolo de honor y victoria.

VICTORIA

bre acontecimientos próximos a ocurrir, como en Amós y
seas, y entra en visiones acerca de los últimos días o los
timos tiempos.

Sabemos que va a ser difícil entender el libro. Esto es
erto para todo el mundo por diferentes razones.

Primero, los apocalipsis no nos revelan sus mensajes con
cilidad debido a que los acontecimientos históricos, los
xtraños símbolos y los antiguos conceptos están tremenda
ente alejados de nosotros. Tenemos que comenzar pregun
ndonos qué quería decir el libro a sus oyentes originales. Al
ual que Daniel viendo sus visiones de las bestias (Daniel 7),
Ezequiel viendo el valle de los huesos secos (Ezequiel 37),
sí también Juan describe una visión en lenguaje simbólico
ara su época. Estamos leyendo una visión espiritual acerca
el fin de los tiempos escrita en términos antiguos.

Segundo, como dice Juan, él estaba en el Espíritu. Uno de
s dones importantes del Espíritu Santo es la habilidad de
rofetizar, de proclamar las verdades de Dios. Juan reclama
star en el rol de profeta, en el Espíritu de Dios. "Yo estaba
n el Espíritu en el día del Señor" (Apocalipsis 1:10). En una
isión comió un rollo (la Palabra de Dios) tal como Ezequiel
abía hecho (10:10; Ezequiel 2:8–3:3). Y se le dijo: "Es nece-
ario que profetices otra vez" (Apocalipsis 10:11).

Una tercera razón para que el libro sea difícil es que se
uponía que lo fuera. Las palabras comunes carecían de poder
ara transmitir su mensaje. Así que Juan usó lenguaje sim-
ólico del Antiguo Testamento—reinterpretando los símbolos
 imágenes de su día. Para los extraños esto no tenía sentido.
ero para los que estaban en el secreto, el mensaje estaba
laro. Ellos entendían el lenguaje simbólico:
Babilonia—realmente Roma, la gran ciudad asentada sobre
siete colinas (18:2);
la gran bestia en forma de un leopardo, un oso y un león—
el imperio del mal de Daniel, ahora visto como uno solo—
el imperio romano (13:1-2);
la gran ramera—otra vez Roma;
el Cordero—Jesús;
la bestia—el Anticristo;
Sodoma—Jerusalén (11:8; vea Isaías 1:9-10);
la mujer (Israel), el hijo (Jesús), y el dragón (Satanás)
(Apocalipsis 12);
la bestia escarlata—el imperio romano (17:3);
"llena de nombres de blasfemia" (17:3; 13:1)—títulos
divinos dados a los emperadores romanos (17:9-11);
Armagedón—la colina de Megido en Palestina donde se
habían peleado importantes batallas por miles de años,
simbólicamente el lugar de la victoria final (16:16).
En la numerología antigua, los nombres tenían significado:
El número 1 era Dios, el número sagrado.
El número 3 era el cielo y la Trinidad.
El número 4 era la tierra, los cuatro rincones, los cuatro
vientos.

NOTAS, REFLEXIONES Y PREGUNTAS

DISCIPULADO

El número 6 era el número del ser humano, incompleto, maligno.

El número 7 era considerado perfecto, completo, santo, divino debido a que era la combinación de 3 (cielo) y 4 (tierra). Había siete iglesias, siete candelabros, siete fuentes (como en el templo), siete trompetas.

El número 13 ha sido considerado como de "mala suerte" por cientos de años debido a que es la suma de seis y siete.

El número 12 es importante en Apocalipsis. Las doce tribus de Israel en el Antiguo Testamento y los doce apóstoles en el Nuevo Testamento se refiere al pueblo de Dios. Las doce tribus de Israel son las puertas de entrada a la santa ciudad.

El número 24 es dos veces doce, los doce hijos de Jacob (tribus) y los doce apóstoles. Juntos comprenden los judíos fieles y los cristianos del pacto completo.

Doce mil veces doce es 144,000, un número completo, no para ser tomado en forma literal, sino para describir el "pueblo de Dios perfeccionado", la familia de la fe completa.

El número 666: ¿Cómo puede usted mencionar al emperador Domiciano sin que le corten la cabeza? Usted puede escribir 666, que quiere decir maldad, maldad, maldad, simbolizando a Domiciano—la maldad misma. El lenguaje era complejo pero necesario para comunicar el mensaje a aquellos a quienes estaba dirigido.

El mensaje a los cristianos de Asia

Recuerde estos cuatro puntos:

• Las iglesias están llamadas a arder con el fuego apasionado del evangelio y la fidelidad: apártense de la carne ofrecida a los ídolos, de la inmoralidad, de las enseñanzas libertinas de los nicolaítas que decían que cualquier cosa estaba bien. Eviten a los judíos que amenazan a las iglesias. No vayan tras el dinero. Arrepiéntanse de la religión tibia y, en los tiempos de tensión, Dios los salvará de caer.

• Juan advierte que se acercan problemas. Asegúrese de saber de qué lado está. Los cuatro jinetes—conquista, guerra, hambre y muerte—se acercan. Los terremotos y las plagas (como en Egipto) son formas en que Dios da sus advertencias de última hora, pero muchos no se arrepentirán. Note en Apocalipsis 11:1-2 que el vestíbulo fuera del templo, donde los visitantes extranjeros o los curiosos se reunían, será hollado. Más vale saber si uno está adentro o afuera, bañado en la sangre de Cristo o condenado, marcado con la señal del Cordero o con la de la bestia.

• Roma caerá. "Ha caído, ha caído la gran Babilonia" (18:2). En ese momento parecía que Roma era invencible; pero recuerde que Isaías había dicho: "He aquí que las naciones le son como la gota de agua que cae del cubo" (Isaías 40:15). Estad firmes. El día se acerca en el cual el imperio romano, la malvada ramera, asesino del pueblo de Dios, será eliminada de la faz de la tierra.

NOTAS, REFLEXIONES Y PREGUNTAS

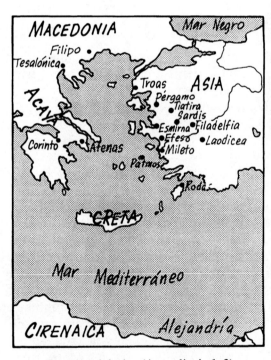

Las siete iglesias (Apocalipsis 1–3)

VICTORIA

- La maldad será destruida de una vez para siempre. Cristo se casa con su novia, su pueblo santo (Apocalipsis 19:7). Satanás será atado primero (20:2) y finalmente arrojado al lago de fuego (20:10). La muerte misma acabará (20:14), y Dios traerá un nuevo cielo y una nueva tierra (21:1).

El mensaje para nosotros

Lea cuidadosamente Apocalipsis 21–22. Note que el Dios que traerá un nuevo cielo y una nueva tierra es el mismo Dios que creó a Adán y Eva, el que llamó a Abraham y a Sara, y el que entregó a su Hijo Unigénito. "Yo soy el Alfa y la Omega, el principio y el fin" (21:6). El único Dios del universo redimirá a toda la creación.

En cierto modo la redención está completa. "Hecho está" dijo el que está sentado en el trono (21:6). Pero en otro sentido, la misericordia de Dios sigue disponible, hasta el último momento. Al que se arrepiente, Dios aún le abre sus brazos. "Al que tuviere sed, yo le daré gratuitamente de la fuente del agua de la vida" (21:6).

Los fieles deben mantenerse firmes, viviendo la vida de Cristo; porque están casados con el esposo, el Cordero de Dios. "El que venciere heredará todas las cosas, y yo seré su Dios, y él será mi hijo" (21:7). ¡No vendan ni traicionen al Cordero!

La santa ciudad es simbólica en su tamaño, sus imágenes, sus puertas, su luz. ¿Qué cree que significa cada símbolo (21:10-27)? ¿Qué significado tienen los símbolos para usted?

Observe con cuidado el final del libro desde 22:6.

"He aquí, vengo pronto" (22:7). Todavía hay tiempo para ofrecer el evangelio a otras personas.

"Bienaventurado el que guarda las palabras de la profecía de este libro" (22:7). En Apocalipsis 11, dos testigos profetizan, vestidos con sacos. Ellos invitan al pueblo a que se arrepienta. En el terremoto siete mil mueren, pero "los demás se aterrorizaron, y dieron gloria al Dios del cielo" (11:13). Queda aún un tiempo lleno de posibilidades.

¿Cuándo termina? Termina en un jardín, un jardín de inocencia como el jardín del Edén antes de la caída. El mal está prohibido allí. No hay serpientes, porque el Tentador está muerto. La muerte espiritual ha sido vencida por la sangre del Cordero. La muerte ha sido vencida. Estamos ante un árbol, en intimidad con Dios. Este es el árbol de la vida, el "otro" árbol en el jardín del Edén (Génesis 2:9). Estamos "desnudos" y no tenemos miedo. Adán y Eva se escondieron, solitarios, llenos de sentimientos de culpa, asustados, esperando que Dios no los encontrara; nosotros viviremos con Dios a plena luz del día. La Biblia comienza con ciertas personas escondiéndose de Dios; termina con un pueblo que ora: "Ven, Señor Jesús" (Apocalipsis 22:20).

NOTAS, REFLEXIONES Y PREGUNTAS

Una representación artística de las letras *alfa* y *omega*, la primera y la última letra del alfabeto griego, simbolizan a Dios y a veces a Cristo como el primero y el último, el principio y el fin de todas las cosas (Isaías 44:6; Apocalipsis 1:8; 22:13).

DISCIPULADO

Oramos porque venga, porque venga pronto el reino de Dios, el cual Jesucristo inició y un día completará. Mientras tanto, no perdemos la esperanza, pues la victoria final le pertenece a Jesucristo, nuestro Salvador y Señor.

LAS SEÑALES DEL DISCIPULADO

El discípulo debe permanecer fiel aun en medio de persecución y sufrimiento. Independientemente de lo malo de los tiempos, nos mantenemos fieles a Jesucristo, sabiendo que a fin de cuentas la victoria descansa en Dios.

La mayoría de nosotros no ha sufrido mucho a causa de su fe, y sin embargo nos sentimos tentados a apartarnos una y otra vez. ¿Cuáles cree usted que son las mayores tentaciones con las que nos enfrentamos que pueden impedir que seamos vencedores?

_____

_____

Si usted fuera a describir una "Babilonia" hoy en día, ¿cómo sería? ¿Quiénes serían sus agentes?

_____

_____

¿Se siente usted a veces como una de las siete iglesias? ¿Cuál de ellas? ¿Qué le mantiene firme?

_____

_____

¿Cómo le ayuda el creer en la victoria final de Dios?

_____

_____

¿Encuentra usted que esta visión carece de poder para mantenerle con una fe fuerte? ¿Puede identificar cómo se siente?

_____

Si el tiempo es corto, y ciertamente lo es para nosotros los seres humanos, ¿por quién debe usted estar orando, a quién debe testificarle en este período de su vida?

_____

SI DESEA SABER MÁS

Compare Daniel 7 con Apocalipsis 11–13. Describa las semejanzas y las diferencias. Compárelos con Mateo 24, que a veces ha sido llamado el "pequeño apocalipsis".

NOTAS, REFLEXIONES Y PREGUNTAS

Los discípulos se mantienen fieles a Dios en medio de la persecución y el sufrimiento.

Tabla de historia bíblica

2000 A.C.	Período de los antepasados Abraham y Sara, Isaac, Jacob, José
1700 A.C.	La familia de Jacob entra a Egipto
1260 A.C.	Moisés dirige la huída de Egipto
1220 A.C.	Josué dirige al pueblo en Canaán Período de los jueces
1020 A.C.	Comienzo de la monarquía Saúl, David, Salomón
922 A.C.	División de los reinos del norte y del sur después de la muerte de Salomón
722/721 A.C.	Caída de Samaria ante Asiria
587/586 A.C.	Caída de Jerusalén ante Babilonia El templo destruido Exilio en Babilonia
539 A.C.	Período persa Edicto de Ciro
538 A.C.	Regreso de los exiliados
515 A.C.	El templo reconstruido
333 A.C.	El período griego Alejandro el Grande
167 A.C.	Revuelta judía (el período asmoneo)
63 A.C.	Los romanos capturan Jerusalén
37 A.C.	Herodes el Grande nombrado rey sobre Palestina
4 A.C.	Nacimiento de Jesús
29–30 D.C.	Crucifixión de Jesús
30–31 D.C.	Apedreamiento de Esteban
10 D.C.	Nacimiento de Pablo
30–31 D.C.	Conversión de Pablo
44–49 D.C.	Concilio de Jerusalén
46–47 D.C.	Primer viaje de Pablo
50–52 D.C.	Segundo viaje de Pablo
52–56 D.C.	Tercer viaje de Pablo
60–61 D.C.	Viaje de Pablo a Roma
62–68 D.C.	Martirio de Pablo
62–68 D.C.	Martirio de Pedro
70 D.C.	Caída de Jerusalén El templo es destruido

VICTORIA

Examine y recuerde lo que ha sucedido

Escriba a continuación los momentos especiales (y los que no disfrutó) durante esta travesía a través de la Biblia—los descubrimientos que hizo, las verdades que descubrió, y las experiencias que hoy atesora; la distancia recorrida en tiempo y en etapas de fe; las amistades que hizo y los compañeros y compañeras que tuvo en el camino; y la visión que tiene ahora del discipulado.

Si vosotros permaneciereis en mi palabra, seréis verdaderamente mis discípulos.
—**Juan 8:31**

MINISTERIO

> "Porque así como en un solo cuerpo tenemos muchas partes, y no todas las partes sirven para lo mismo, así también nosotros, aunque muchos, formamos un solo cuerpo en Cristo y estamos unidos unos a otros como partes de un mismo cuerpo. Dios nos ha dado diferentes dones, según lo que él quiso dar a cada uno."
>
> —Romanos 12:4-6, Versión Popular

33 Los dones de cada discípulo

NUESTRA CONDICIÓN HUMANA

Hay personas que pueden hacer las cosas mejor que yo. Yo no tengo ni talentos ni dones que pueda usar en la obra de Dios. Mejor que otra persona lo haga.

ASIGNACIÓN

La clave de las asignaciones de esta semana es la preparación personal para la discusión en grupo.

Día 1   Lea "El comentario bíblico". Las asignaciones escritas se asignan en días subsiguientes.

Día 2   Lea Romanos 12. ¿Cuáles son algunos de los dones que los discípulos deben mostrar?

Lea 1 de Corintios 12. ¿Qué me dice la analogía entre el cuerpo de Cristo y el cuerpo humano sobre el propósito de mi contribución particular?

Complete la sección "Los apóstoles".

Día 3   Lea 1 de Corintios 13. ¿De qué manera puedo llevar a cabo mi ministerio de manera que sea "aun más excelente", en amor?

Complete las secciones "Los profetas" y "Los maestros".

Día 4   Lea Santiago 1–2. ¿Qué significa la frase "la fe sin obras está muerta"?

Complete las secciones "Los que hacen milagros" y "Los que sanan".

Día 5   Lea Santiago 3–5. ¿De qué manera he experimentado lo que dice Santiago 5:13-20?

Complete las secciones "Los que ayudan" y "Los administradores".

Día 6   Lea 1 de Corintios 1:17-31 y Juan 13:1-20. ¿Cuál es el mensaje y qué nos recuerdan estos dos pasajes?

En la sección "Compromisos" haga una lista de los nombres de otros miembros del grupo y anote los dones que usted ha identificado en cada uno.

Día 7   Descanso y oración.

ORACIÓN

Ore diariamente antes de estudiar:
"Oh Señor, enséñame tu camino,
para que yo lo siga fielmente.
Haz que mi corazón honre tu nombre"
(Salmo 86:11, Versión Popular).

Oraciones de la semana:

MINISTERIO

EL COMENTARIO BÍBLICO

Ninguno de nosotros, ni aun aquella persona con un compromiso más profundo con Jesucristo, se ve a sí misma clara y realistamente. Por eso es que nos sometemos a nuestros líderes espirituales y nos unimos a otras personas creyentes. Otras personas pueden ver la manera en que nuestra vida puede ser útil más claramente que nosotros mismos.

Tenemos dos metas esta semana:

1. Identificar, por nosotros mismos y en el grupo, nuestros talentos personales en el compañerismo cristiano.

2. Comprometernos, con la ayuda del grupo, a servir a Dios de una manera específica en los próximos días.

Otras personas en el grupo estarán esperando recibir sus ideas acerca de los talentos de ellos, confiando en su juicio y su percepción espiritual. Dedique tanto tiempo a pensar y orar acerca de sus propios dones como a los dones de las demás personas del grupo. Ellas también estarán decidiendo acerca de su ministerio específico en los próximos días.

Además de estudiar los pasajes bíblicos, piense acerca de las necesidades de su congregación y de los conflictos y dolores de este mundo. Piense en las maneras en que puede enseñar a otras personas, ayudarlas a crecer, guiarlas y conducirlas para que ellas a su vez fortalezcan a la comunidad.

La dirección bíblica

Necesitamos recordar cosas que hemos aprendido. Busque las referencias bíblicas para refrescar su memoria:

• Dios obra en formas poco comunes y hasta sorpresivas para llevar a cabo su obra espiritual. Recuerde a Sara y Abraham (Génesis 18:9-15).

• A veces Dios usa la debilidad para mostrar que el poder es de Dios. Recuerde a Pablo en 1 de Corintios 1:26-29.

• Dios puede hacer grandes cosas a través de quienes se vuelven voluntariamente y rinden todo lo que tienen a Dios. Recuerde a Bernabé, el "hijo de consolación" (Hechos 4:36-37).

• Dios no les revela la voluntad divina a los curiosos sino a los obedientes. Recuerde a Pedro (Juan 21:15-19).

• El talento es variado. Así también los dones. Usted es una parte única del cuerpo de Cristo. Nadie puede tomar su lugar. Recuerde 1 de Corintios 12:27-31.

• El liderato en la iglesia requiere humildad extraordinaria y el deseo de servir sin recibir gloria nada más que de Dios. Recuerde a Jesús lavando los pies de sus discípulos (Juan 13:1-17).

• Nadie tiene suficiente poder para lograr un ministerio espiritual por sí solo. Necesita la ayuda de Dios. Copie Filipenses 4:13 como su texto.

¿Cómo logra usted determinar cuáles son sus dones? La gente adulta sabe por experiencia propia lo que disfruta, lo que sabe hacer bien, lo que otros alaban, lo que les da un sentido de satisfacción, lo que parece ser útil para otras personas, y lo que Dios parece estar llamándolos a ser.

NOTES, REFLECTIONS, AND QUESTIONS

Los discípulos usan sus dones al ministrar a otras personas.

DISCIPULADO

A pesar de esto, los adultos experimentados a veces son novatos en ministerios espirituales y tímidos al tratar de comenzar un trabajo nuevo o diferente. Hay amplias oportunidades y modos inexplorados de servir que nadie ha intentado. Los derramamientos frescos del Espíritu Santo pueden dar nuevos dones. Muchos buenos maestros comenzaron como ayudantes. Muchos discípulos fueron llamados para ayudar y terminaron siendo profetas y predicadores.

A veces una persona descubre o recibe nuevos dones al encontrarse en nuevas situaciones. La muerte de un ser querido puede mostrar que una persona es sanadora por sus dones de consolación con los miembros de su familia. La discusión de un asunto social con amistades puede motivar a una persona a involucrarse como voz profética.

Los dones difieren de los talentos. Los talentos son dados por Dios, son naturales, una parte del orden creado. Los dones son recibidos por medio del Espíritu Santo. Tanto los talentos como los dones pueden ser usados para servir a Dios.

Los dones son también diferentes al fruto del Espíritu (Gálatas 5:22-23). El fruto del Espíritu es para todo el mundo y crece en forma diferente en cada discípulo. "Mas el fruto del Espíritu es amor, gozo, paz, paciencia, benignidad, bondad, fe, mansedumbre, templanza." Permita que dichas cualidades crezcan en usted abundantemente.

Los dones son habilidades especiales, diferentes y distintas, que se reciben por medio del Espíritu Santo. El Espíritu distribuye dichos dones en forma diversa en cada discípulo. Muchos se mencionan en Romanos 12 y en 1 de Corintios 12, pero nosotros sólo nos concentraremos en siete. Estos son los dones de los apóstoles, los profetas, los maestros, los hacedores de milagros, los que sanan, los que ayudan y los administradores (1 de Corintios 12:28-31). (Recuerde que discutimos el hablar en lenguas en el estudio de las epístolas a los corintios.)

Los apóstoles

Este don sirve para ejercer supervisión general y liderato en la iglesia. Una persona llamada al ministerio apostólico muestra señales de poder espiritual para conducir a otras personas a Cristo, para animarles y sostenerles en fe y amor. Los pastores y pastoras son apóstoles ordenados para predicar la palabra, mantener el orden y administrar los sacramentos. Pablo dijo que él había sido "llamado a ser apóstol".

¿Siente que ha sido llamado o llamada al ministerio apostólico de la iglesia a tiempo completo?

_____

¿Hay personas en su grupo que muestran este don y cree usted están llamadas a ser apóstoles? Nómbrelas.

_____

Los profetas

Un profeta es una persona que habla en nombre de Dios. El don espiritual es el de recibir y comunicar el mensaje de Dios al pueblo. Estos discípulos pueden testificar quedamente en conversaciones privadas. Pueden testificar, hablar o predicar en público. Algunos son predicadores laicos, activistas sociales, escritores u oradores que proclaman la palabra de Cristo en asuntos públicos. Algunos pueden servir en la vida política o comunitaria. Aun cuando puedan ser criticados, los profetas expresan la verdad bíblica en medio de un mundo caótico y egoísta.

Los profetas pueden enfatizar la exhortación, el ánimo, la consolación (Isaías 40:1-2), o la convicción, la confrontación o el cambio social (Hechos 4:19-20).

Al pensar en su grupo, ¿qué persona cree usted que está mejor capacitada para ser profeta?

_____

¿Qué formas podría tomar su ministerio?

_____

¿Tiene usted el don de hablar de parte de Dios?

_____

¿En qué formas usaría usted este don?

_____

Los maestros

Aunque es cierto que no todo el mundo puede ser maestro (Santiago 3:1), la iglesia necesita constantemente maestros al estilo de Cristo. Algunas personas adiestradas profesionalmente pueden ser inadecuadas como maestros en la iglesia o ser magníficos maestros. Algunas personas que no tienen adiestramiento formal pueden ser maestros talentosos.

MINISTERIO

Tenga en mente la variedad en la enseñanza. Algunos maestros son excelentes como oradores, otros lo son en discusiones de grupos pequeños. Haga una lista de lugares, ocasiones, grupos y modos de enseñanza que pueden llevarse a cabo con los niños, los jóvenes y los adultos.

Niños
ocasiones, lugares
_____

grupos
_____

modos de enseñanza
_____

Jóvenes
ocasiones, lugares
_____

grupos
_____

modos de enseñanza
_____

Adultos
ocasiones, lugares
_____

grupos
_____

modos de enseñanza
_____

A Jesús se le llama el divino Maestro. El impartió su conocimiento, pero también preparó discípulos. El enseñar y el adiestrar en la fe van unidos. Lea 1 de Timoteo 1:3-7. Recuerde además que el programa de estudio DISCIPULADO crecerá y tocará las vidas de innumerables personas en la medida en que se identifiquen en cada grupo personas que puedan enseñar en nuevos grupos de estudio.

¿Cree usted que Dios le está capacitando para ser maestro o maestra en su iglesia?
_____

¿Cree usted que alguno de los miembros de su grupo tiene talento como maestro? Menciónelo. (Si usted identifica a un grupo o edad particular para la cual ellos estén especialmente capacitados, menciónelo también.)
_____

¿Qué persona en su grupo estaría capacitada para enseñar un grupo de estudio DISCIPULADO?
_____

Si le pidieran que usted estuviera a cargo, ¿lo haría?
_____

Los que hacen milagros

Algunas personas parecen tener poder para hacer milagros, señales y maravillas. La oración de Pedro restauró a Tabita a la vida (Hechos 9:36-41). A veces hay personas atormentadas por el miedo, la culpa o la tristeza que reciben liberación a través de quienes obran milagros. En la iglesia primitiva era un milagro que tanto los judíos cristianos como los cristianos gentiles lo vendieran todo y lo repartieran "segun la necesidad de cada uno". Sucedían maravillas y señales (2:43-45).

En un grupo, a veces hay personas de talento que hacen obras maravillosas—dicen la palabra justa que alivia la tensión, nos ayudan a descubrir una manera nueva de superar una situación sin salida, o ayudan a quienes están en busca de fe. Tales cristianos pueden servir como líderes laicos. Algunas de estas personas oran por otras personas y les ayudan a tener un encuentro con Cristo. Otros, mediante su palabra, sus acciones, su don, mobilizan a toda la congregación para la acción. Se convierten en personas "que hacen milagros".

¿Hay alguien en su grupo que sea una persona que hace milagros?
_____

Los que sanan

Alguna gente entra a un cuarto de enfermo y los pacientes se sienten mejor. Hay innumerables cristianos que testifican que las oraciones de la iglesia les han sanado, a veces por la imposición de manos, otras al recibir la Santa Comunión, otras al ungirles

DISCIPULADO

con aceite (Santiago 5:13-16). ¿Ha sentido el poder sanador de Dios cuando alguien ha orado por usted?

No rechaze a los profesionales. Los doctores, las enfermeras, los ayudantes, los psicólogos, los trabajadores sociales, los paramédicos, pueden tener dones espirituales a la misma vez que están entrenados técnicamente. Algunas de estas personas trasmiten sanidad a través de sus manos, de su voz, de su compasión.

El ministerio de algunas personas es el de la sanidad del alma. Recuerde que la enfermedad puede venir como resultado de duelo o culpa sin resolver, o por miedo infundado. Dios usa personas especiales para sanar el alma y de ese modo sanar el cuerpo.

La sanidad o reconciliación entre personas o grupos es una fuerza espiritual poderosa. "Y todo esto proviene de Dios, quien nos reconcilió consigo mismo por Cristo, y nos dio el ministerio de la reconciliación" (2 de Corintios 5:18).

Recuerde también que aun las personas con el don de sanidad no siempre sanan a otros (2 de Corintios 12:7-9). Las sanidades no dependen siempre de la fe de la persona enferma o de la fe de quienes oran por ella (Juan 9:3).

Identifique en su grupo las personas que puedan ser sanadoras. El don de sanidad es semejante al don de hacer milagros, pero esto no nos debe preocupar. No estamos para preocuparnos con definiciones específicas; nuestro interés es orar para recibir poder espiritual.

¿Le ha usado Dios para el ministerio de sanidad?

¿Cuándo?

¿Cree que Dios le puede usar para sanar a otras personas?

Los que ayudan

No hay un don tan importante para la iglesia como éste. Las personas que ayudan mantienen el engranaje lubrificado, haciendo que la vida de la iglesia sea activa, abundante y gozosa. Ser llamado hijo o hija de consolación es una gran alabanza. Los siete helenistas que tomaron el cargo de atender la distribución de alimentos a las viudas eran personas que ayudaban (Hechos 6:2-6).

Pero debe tener cuidado. El compromiso de ayudar puede traer consigo una inundación de responsabilidades. ¿Cuándo ayudar? ¿Dónde ayudar? ¿A quién ayudar? ¿Cuánto y cuán a menudo? Una persona que tiene el don de ayudar dice que sí aun cuando haya sacrificios o inconvenientes. La voluntad de servir es un don espiritual hermoso.

Todo el mundo es un ayudante de alguna manera. ¿Tiene usted el don de servir?

Indique algunos lugares donde usted sería útil.

¿Qué persona en su grupo, al igual que Bernabé, está siempre dispuesta a ayudar?

Los administradores

El don de administrar es una habilidad que Dios les da a ciertos miembros del cuerpo de Cristo para establecer las metas, y para desarrollar y ejecutar los planes para llevar a cabo dichas metas. La habilidad de organizar un equipo; la gracia para inspirar, animar o delegar; la disposición de hacer responsables a las personas con cortesía—estos son talentos y dones de administración.

Muchos hombres y mujeres de negocios no se ven a sí mismos como espirituales. Sin embargo, participan en la planificación, el financiamiento, la construcción de proyectos y en programas de servicio. La habilidad para escuchar, para comunicar claramente sus ideas, para tomar decisiones, son señales de dicho don. Jetro ayudó a Moisés a ser mejor administrador (Éxodo 18:13-26). La comunidad obró con sabiduría al entregar la alimentación de las viudas a "varones de buen testimonio, llenos del Espíritu Santo y de sabiduría" (Hechos 6:3). Se espera que los obispos sean buenos administradores (1 de Timoteo 3:1-7). El superintendente de la Escuela Bíblica es tan importante como el maestro.

Si una congregación quiere trabajar efectivamente, alguna gente talentosa debe organizar y administrar. ¿Qué persona en su grupo, incluyéndole a usted, es administrador de talento?

MINISTERIO

Compromisos

Antes de la reunión del grupo, haga una lista de cada persona en su grupo e identifique los dones que les ha reconocido. Durante la reunión discutirán juntos lo que cada uno piensa sobre los dones de los otros miembros para el ministerio. En ese momento usted hará dos cosas: (1) Escribirá la opinión general sobre los dones de cada persona e indicará el servicio al que cada uno se compromete en los meses por delante. (2) Entonces tome su propia decisión, con el consejo del grupo, y escriba su compromiso.

Nombre (de otros miembros)	**Dones**	**Proyecto de servicio**

El grupo cree que mi don(es) es
_____
_____

Creo que mi don(es) es
_____
_____

Tengo planes de dedicarme durante el siguiente año a
_____
_____
_____

RECUERDE

"El Señor Jesús, la noche que fue entregado, tomó pan; y habiendo dado gracias, lo partió, y dijo: Tomad, comed; esto es mi cuerpo que por vosotros es partido; haced esto en memoria de mí. Asimismo tomó también la copa, después de haber cenado, diciendo: Esta copa es el nuevo pacto en mi sangre; haced esto todas las veces que la bebiereis, en memoria de mí."

—1 de Corintios 11:23-25

34 La última cena juntos

NUESTRA CONDICIÓN HUMANA

Olvidamos muy fácilmente quiénes somos. Nos olvidamos lo que Dios ha hecho, está haciendo y hará. Muy a menudo queremos hacer todo por nosotros mismos. Nos olvidamos de la Palabra de Dios, del alimento de Dios, del pueblo de Dios. Necesitamos sacar tiempo para estar juntos recordando, afirmando, comprometiéndonos. Necesitamos lo que Cristo nos ha dado, el nuevo pacto y el alimento común de acción de gracias.

ASIGNACIÓN

Las lecturas bíblicas de esta semana son pasajes para recordar, que fortalecen nuestra comprensión del pueblo del pacto y de nosotros mismos, quienes hemos sido injertados como pueblo del pacto, perdonados y liberados por Jesucristo y apartados para el ministerio de Dios en el mundo.

- Día 1 Génesis 12:1-3 (bendecidos para ser bendición); 17:1-21 (un pueblo del pacto); Deuteronomio 24:17-22 (las responsabilidades del pueblo del pacto)
- Día 2 Levítico 2:11-16 (la sal del pacto); Mateo 5:13 (salados)
- Día 3 Jeremías 31:31-34 (un nuevo pacto); 2 de Corintios 3:1-6 (las tablas del corazón)
- Día 4 Mateo 5–7, Versión Popular (el Sermón del monte, un pueblo especial)
- Día 5 Hebreos 9 (el mediador de un nuevo pacto)
- Día 6 Isaías 6 (un llamado al ministerio). Lea y responda a "El comentario bíblico".
- Día 7 Descanso y oración.

ORACIÓN

Ore diariamente antes de estudiar:
"¡Tu amor vale más que la vida!
Con mis labios te alabaré;
toda mi vida te bendeciré,
y a ti levantaré mis manos en oración.
Quedaré muy satisfecho,
como el que disfruta de un banquete delicioso,
y mis labios te alabarán con alegría"
(Salmo 63:3-5, Versión Popular).

Oraciones de la semana:

RECUERDE

Día 1　Génesis 12:1-3 (bendecidos para ser bendición); 17:1-21 (un pueblo del pacto); Deuteronomio 24:17-22 (las responsabilidades del pueblo del pacto)

Día 2　Levítico 2:11-16 (la sal del pacto); Mateo 5:13 (salados)

Día 3　Jeremías 31:31-34 (un nuevo pacto); 2 de Corintios 3:1-6 (las tablas del corazón)

Día 4　Mateo 5–7, Versión Popular (el Sermón del monte, un pueblo especial)

Día 5　Hebreos 9 (el mediador de un nuevo pacto)

Día 6　Isaías 6 (un llamado al ministerio); "El comentario bíblico"

DISCIPULADO

EL COMENTARIO BÍBLICO

En esta última reunión del programa, vamos a recordar. Recordaremos, en forma litúrgica, frases de la Palabra de Dios que hemos estudiado. Algunas palabras forman parte tan intrínseca de nuestra memoria inconsciente que ni nos damos cuenta de que lo son. Otras nos van a hacer pensar: recuerdo el Génesis o Levítico o los Salmos o las palabras de Jesús. Vamos a completar el estudio DISCIPULADO recordando, haciendo un pacto, comprometiéndonos en el trabajo y el testimonio cristiano, y comiendo juntos la cena de gracia del Señor. Vamos a concentrarnos en tres realidades espirituales al adorar juntos: pacto, comunión y compromiso.

Pacto

Al llegar a este punto del estudio sabrá que caminamos por fe, no en soledad sino como parte de una comunidad del pacto. Nos hemos unido a una muchedumbre de redimidos marchando a través de los siglos en comunión con Dios.

Al principio Dios llamó a Abraham y a Sara a ser un pueblo peregrino, para traer bendición al mundo (Génesis 12:1-3). El pacto tenía señales: tierra, descendientes, circuncisión, sábado. Más tarde, con Moisés, el pacto significó liberación, ley y liturgia. El pacto siempre ha significado promesa y esperanza.

La obediencia es el centro de la respuesta humana. El pacto bíblico no es un contrato cualquiera. Dios llama a un pueblo obediente. Cuando ellos desobedecen, todo se viene abajo. Isaías fue llamado para decir esto a un pueblo que no quería oir—una obligación difícil (Isaías 6:1-10). A medida que los sacrificios se volvieron superficiales, la ley se convirtió en legalismo, la religión se volvió ritual sin compromiso con la justicia y la rectitud, y los profetas anunciaron un nuevo pacto interior. El nuevo pacto requeriría un corazón circuncidado.

"Los sacrificios de Dios son el espíritu quebrantado;
Al corazón contrito y humillado no despreciarás tú,
    oh Dios" (Salmo 51:17).

Jesucristo, el mediador de un nuevo pacto, nos ha puesto en paz con Dios y ha ofrecido el sacrificio de una vez y por todas (Hebreos 9:15-28). Como pueblo del pacto vivimos bajo la promesa: "Porque no tenemos aquí ciudad permanente, sino que buscamos la por venir" (13:14). Esa ciudad es la nueva Jerusalén donde Dios y su pueblo estarán juntos (Apocalipsis 21:1-6). La Santa Comunión o Eucaristía es la comida común que el pueblo del pacto come junto, recordando y esperando (1 de Corintios 11:23-26).

Comunión

Hemos aprendido que la nuestra no es una fe solitaria; la vivimos juntos. Del mismo modo que los antiguos hebreos comían juntos los sacrificios de acción de gracias, del mismo

NOTAS, REFLEXIONES Y PREGUNTAS

modo que comían la comida pascual juntos, nosotros comemos el pan que simboliza el cuerpo partido de Jesús y bebemos el vino que simboliza la sangre del sacrificio de Jesús. Al compartir la comida común, algo sucede; las barreras se rompen. Busque y copie Efesios 2:14-16 en el espacio al margen derecho.

Además comemos con Cristo. Los teólogos debaten las maneras de entender dicho misterio, pero los cristianos conocemos por experiencia y por medio de la Palabra de Dios que Cristo está presente mientras comemos juntos en fe. Busque y copie Apocalipsis 3:20.

Comemos una comida de gracia. Venimos tal como somos, de los caminos y los vallados (Lucas 14:23). Somos los despreciados, los pequeños y los perdidos. Dios provee la comida con todo lo que ello significa. Todo lo que hacemos es comer en fe, creyendo. Dios lo cuenta como justicia. Nosotros nos sentimos arrepentidos de nuestros pecados, deseosos de cambiar, y esperanzados con el futuro de Dios.

La cena es señal y símbolo de la comunidad del pacto. Es alimento para el camino, sostén para nuestro peregrinaje de fe.

Compromiso

Cuando Isaías recibió su llamado, respondió: "Heme aquí, envíame a mí" (Isaías 6:8). Así también diremos nosotros.

Sabemos por medio de la Escritura que ser el pueblo de Dios es hacer el trabajo de Dios. Debemos ser un pueblo distinto, especial, separado. Al leer de nuevo Mateo 5–7, recordamos cuán distintos del mundo debemos ser. Jesús enseñó: "Vosotros sois la sal de la tierra" (Mateo 5:13). ¿Qué quiere decir esta frase? El ser especiales es señal de la obra de Dios. El ser salados es símbolo y sello de lo que Dios está haciendo a través de nosotros para salvar a un mundo perdido. En el Antiguo Testamento la sal simboliza la relación del pacto. Cuando las gentes del Cercano Oriente comen sal juntos, se unen en una relación de amistad. Así que cuando compartimos nuestra sal con otros y con Dios, compartimos el pacto.

Dios no estaba satisfecho con sólo restaurar a Israel después de la cautividad; Dios le dio a Israel una misión:

"Poco es para mí que tú seas mi siervo para levantar las tribus de Jacob, y para que restaures el remanente de Israel; también te di por luz de las naciones, para que seas mi salvación hasta lo postrero de la tierra" (Isaías 49:6).

Nuestro Señor le dio el mandamiento a sus discípulos después de la resurrección: "Id, y haced discípulos a todas las naciones" (Mateo 28:19).

RECUERDE

NOTAS, REFLEXIONES Y PREGUNTAS

Los discípulos se comprometen con Dios para servir según sea su voluntad.

Discipulado

El Servicio del Pacto

La práctica de tener servicios especiales para hacer y renovar pactos tiene sus raíces en pasajes de las Escrituras tales como Deuteronomio 26:17-18, Josué 24:1-28 y Jeremías 31:31-34. Este servicio recoge también elementos de la rica tradición de literatura puritana. El servicio del pacto tiene raíces en los grupos no conformistas—presbiterianos, bautistas y congregacionalistas—y metodistas. Aunque ha sido revisado a traves de los años, el servicio del pacto ha cambiado muy poco.

Orden de culto

LLAMADO A LA ADORACIÓN

INVITACIÓN

Amados hermanos: la vida cristiana, a la que somos llamados, es vida en Cristo; liberada por él del pecado y por él consagrada a Dios. Hemos entrado en esta vida al ser admitidos en el Nuevo Pacto, del cual nuestro Señor Jesucristo es el Mediador y que él selló con su propia sangre a fin de que permanezca para siempre.

Por una parte, el pacto es la seguridad de que Dios ha de cumplir en nosotros y por medio de nosotros todo lo que ha prometido en Cristo Jesús, quién crea nuestra fe y la perfecciona. Estamos seguros de que su promesa permanece, pues hemos experimentado su bondad y probado su gracia en nuestras vidas, día tras día. Por otra parte, en el Pacto, nosotros prometemos no vivir para nosotros mismos sino para áquel que nos amó, se sacrificó por nosotros y nos llama a servirlo, para que se cumpla el propósito de su venida.

Renovamos frecuentemente nuestro Pacto con el Señor, especialmente cuando nos reunimos en torno a su mesa; pero en este día nos consagramos expresamente, como nuestros padres en la fe lo han hecho por generaciones, para renovar solemnemente con alegría el pacto que los unió a ellos, y hoy nos une a nosotros, con Dios.

Recordando, pues, las misericordias de Dios y con la esperanza de su promesa, examinémonos a la luz de su Santo Espíritu, de modo que podamos descubrir en que hemos fallado y qué nos falta en fe y en obras. Y, considerando todo lo que este Pacto significa, hagamos la ofrenda de nosotros mismos nuevamente a Dios.

HIMNO
"Quisiera yo poder cantar"

ORACIÓN DE ADORACIÓN
Oremos:
Adoramos a nuestro Creador, al Dios de amor, que en todo momento nos preserva y sostiene, que nos ama con un amor eterno y nos da la luz para que podamos ver su gloria que brilla en el rostro de Jesucristo.

Te alabamos, Dios; te reconocemos como nuestro Creador.
Gloriémonos en la gracia de nuestro Señor Jesucristo, que siendo rico se hizo pobre por nuestro bien; quien fue tentado en todo como nosotros, pero sin pecado; que se hizo obediente hasta la muerte y muerte de cruz; que fue muerto y vive por los siglos de los siglos; que abrió el reino de los cielos a todos los creyentes; que está sentado en gloria a la diestra de Dios; que vendrá otra vez como nuestro juez.

Tú, Cristo, eres el Rey de gloria.
Alegrémonos en la comunión del Espíritu Santo, el Señor y el dador de la vida, por quien nacemos a la familia de Dios y hechos miembros del cuerpo de Cristo, cuyo testimonio nos confirma, cuya sabiduría nos instruye, cuyo poder nos capacita, quien espera hacer por nosotros mucho más de lo que podemos pedir o pensar.

Todo honor a tí, Santo Espíritu.

ORACIÓN SILENCIOSA

EL PADRE NUESTRO

PRIMERA LECCIÓN
Isaías 49:1-10 **o** Deuteronomio 8:1-10

SALMO O ANTÍFONA
Salmo 8 **o** Salmo 117

SEGUNDA LECCIÓN
Colosenses 2:1-7 **o** Efesios 3:1-10

EVANGELIO
Lucas 14:12-24 **o** Mateo 25:31-46

SERMÓN
[Una exhortación de dos o tres minutos hecha por un miembro del grupo que haya sido identificado como poseedor de ese don. Otra posibilidad es permitir que los que lo deseen tengan oportunidad de decir brevemente lo que el estudio DISCIPULADO ha significado en su crecimiento espiritual.]

HIMNO
"Jesús, yo he prometido"

CONFESIÓN DE PECADO
Confesemos humildemente nuestros pecados ante Dios.

Oh Dios, que nos has señalado el camino de la vida en tu amado Hijo, confesamos con vergüenza nuestra lentitud para aprender de él y nuestra indecisión para seguirte. Tú nos hablaste y llamaste y nosotros no te hemos prestado atención; tu belleza ha brillado ante nuestros ojos y hemos sido ciegos; nos has extendido tus manos a través de nuestros semejantes y hemos pasado de largo. Hemos recibido muchos beneficios y no fuimos agradecidos, hemos sido indignos de tu amor que no cambia.

Ten misericordia de nosotros y perdónanos, Señor.
Perdona, te imploramos, la pobreza de nuestro culto, la formalidad y egoísmo de nuestras oraciones, nuestra inconstancia e incredulidad, nuestro descuido de la comunión fraternal y de los medios de gracia, nuestro titubeante testimonio de Cristo, nuestra evasión de responsabilidades en tu servicio, nuestra mayordomía imperfecta de los dones que hemos recibido.

Ten misericordia de nosotros y perdónanos, Señor.
Hagamos nuestra confesión silenciosa delante de Dios.

RECUERDE

SILENCIO
Ten misericordia de nosotros y perdónanos, Señor.

Ten piedad de mí, oh Dios, conforme a tu misericordia;
Conforme a la multitud de tus piedades borra mis rebeliones.
Lávame más y más de mi maldad,
Y límpiame de mi pecado.
Crea en mí, oh Dios, un corazón limpio,
Y renueva un espíritu recto dentro de mí.
Este es el mensaje que hemos oído de él, y os anunciamos:
Dios es luz, y no hay ningunas tinieblas en él. Si andamos en luz, como él está en luz, tenemos comunión unos con otros, y la sangre de Jesucristo su Hijo nos limpia de todo pecado. Si decimos que no tenemos pecado, nos engañamos a nosotros mismos, y la verdad no está en nosotros. Si confesamos nuestros pecados, él es fiel y justo para perdonar nuestros pecados, y limpiarnos de toda maldad.
Amén. Gracias sean dadas a Dios.

COLECTA
Oremos:
Padre, tú enviaste a nuestro Señor Jesucristo
  como mediador de un nuevo pacto;
Danos la gracia para acercarnos en plenitud de fe
  y unirnos en un pacto perpetuo contigo,
  por medio de Jesucristo nuestro Señor. Amén.

EL PACTO
En el primer pacto, Dios escogió a Israel
  para ser un pueblo especial y obedecer la Ley.
Nuestro Señor Jesucristo, con su muerte y resurrección, ha hecho un nuevo pacto con aquellos que confían en él. Nos colocamos bajo el pacto y llevamos el nombre de Cristo. Por una parte, Dios promete darnos nueva vida en Cristo. Por otra parte, estamos comprometidos a vivir, no para nosotros sino para Dios. Hoy, por tanto, nos reunimos para renovar este pacto que nos une con Dios.
(El pueblo está en pie.)
Y ahora, amados hermanos, unámonos voluntariamente a Dios, que hace su Pacto con nosotros. Tomemos la cruz de Cristo, con alegría, de todo corazón, para que él señale nuestro lugar y nuestra tarea, y que sea él solamente nuestra recompensa. En Cristo conocemos los servicios que debemos realizar. Algunos son fáciles, otros difíciles, algunos traen honores, otros reproches, algunos se adaptan a nuestras naturales inclinaciones y a nuestros intereses temporales, otros son opuestos a ambos. En algunos casos podemos agradar a Cristo y agradarnos nosotros mismos, en otros no podemos agradar a Cristo sino negándonos a nosotros mismos. Sin embargo, es Cristo quien nos da el poder para cumplirlos.

Hagamos, pues pacto con Dios. Unamos nuestro corazón al Señor y decidamos, confiados en su fortaleza, no volver atrás. Estando de este modo preparados, renovemols ahora nuestra consagración a él, dependiendo sinceramente de su gracia y confiando en sus promesas.

Señor, a ti pertenecemos. Empléanos para lo que tú quieras, en el lugar en que tú quieras, sea para cumplir alguna tarea o para sobrellevar algún sufrimiento, para ser utilizados o dejados por ti, sea en abundancia o en necesidad. Libremente y de todo corazón nos sometemos a tu voluntad.

Y ahora, al glorioso y bendito Dios, Padre, Hijo y Espíritu Santo, pertenecemos en amor y lealtad. Así sea. Y el pacto que hicimos sobre esta tierra, sea ratificado en los cielos. Amén.

MOTIVOS DE ORACIÓN
[Los miembros del grupo tendrán oportunidad de presentar sus oraciones.]

SALUDO DE LA PAZ
[Esta es la oportunidad de saludarse unos a los otros en amor y paz.]

OFERTORIO
[Los elementos de la comunión se colocarán frente al ministro.]

ACCIÓN DE GRACIAS
El Señor sea con ustedes.

Y también contigo.

Eleven sus corazones.

Los elevamos al Señor.

Demos gracias al Señor nuestro Dios.

Es digno y justo darle gracias y alabarle.

Es verdaderamente digno y justo darte gracias en todo tiempo y en todo lugar, Dios Todopoderoso, Creador del cielo y de la tierra. Tú nos creaste a tu imagen y semejanza, y nos diste vida con Tu aliento. Cuando nos apartamos de Ti y Te olvidamos, Tu amor permaneció inmutable. Tú nos libraste del cautiverio, hiciste un pacto para ser nuestro Dios soberano y nos hablaste por medio de Tus profetas. Y así, con todo Tu pueblo y con toda la compañía del cielo, alabamos Tu nombre y nos unimos en el himno eterno.

**Santo, santo, santo es el Señor, Dios Todopoderoso.
Llenos están los cielos y la tierra de Tu gloria.
¡Hosanna en la alturas!
Bendito el que viene en el nombre del Señor.
¡Hosanna en las alturas!**

Santo eres Tú y bendito Tu Hijo Jesucristo, al que ungiste con Tu Espíritu para que diera buenas nuevas a los pobres, sanara a los quebrantados de corazón, pregonara libertad a los cautivos y vista a los ciegos y pusiera en libertad a los oprimidos; para que predicara el año agradable del Señor. El sanó a los enfermos, dio de comer a los hambrientos y comió con los pecadores.

Mediante el bautismo de Su sufrimiento, muerte y resurrección, diste nacimiento a Tu iglesia, nos liberaste de la esclavitud del pecado y de la muerte e hiciste con nosotros un nuevo pacto mediante el agua y el Espíritu. Cuando el Señor Jesús ascendió a los cielos El prometió que estaría siempre con nosotros, en el poder de Tu Palabra y del Espíritu Santo.

"El Señor Jesús, la noche que fue entregado, tomó pan; y habiendo dado gracias, lo partió y dijo: Tomad, comed; esto es mi cuerpo que por vosotros es partido; haced esto en memoria de mí. Asimismo tomó también la copa, después de haber cenado, diciendo: Esta copa es el nuevo pacto en mi sangre; haced esto todas las veces que la bebiereis, en memoria de mí."

DISCIPULADO

Por eso, recordando Tu gran misericordia que has mostrado en Jesucristo, te rogamos aceptes este nuestro sacrificio de alabanza y acción de gracias como un sacrificio vivo y santo, en respuesta al sacrificio de Cristo por nosotros, para que nuestras vidas proclamen el misterio de la fe.

Cristo ha muerto, Cristo ha resucitado, Cristo vendrá otra vez.

Derrama Tu Santo Espíritu sobre los que estamos aquí reunidos, y sobre estos dones de pan y vino. Haz que sean para nosotros el cuerpo y la sangre de Cristo, para que seamos el cuerpo de Cristo para el mundo, redimidos por Su sangre.

Mediante el poder de Tu Espíritu, haznos uno con Cristo, uno con los demás y uno en la obra del ministerio a todo el mundo, hasta que Cristo venga en la victoria final y podamos todos participar en el banquete celestial.

Mediante Tu Hijo Jesucristo, con el Espíritu Santo en Tu Santa Iglesia, a Ti sean todo honor y toda gloria, Dios Omnipotente, ahora y siempre.

Amén.

PARTIENDO EL PAN
El/La pastor(a) parte el pan diciendo:

Porque hay un solo pan, así nosotros, siendo muchos, somos un cuerpo en Cristo y todos miembros los unos de los otros, pues todos participamos de aquel mismo pan. El pan que partimos es la comunión del cuerpo de Cristo.

El/La pastor(a) levanta la copa diciendo:

La copa por la cual te damos gracias es la comunión de la sangre de Cristo.

COMPARTIENDO EL PAN Y EL VINO
Se sirve el pan y el vino diciendo estas palabras:

El cuerpo de Cristo que fue entregado por ti.
La sangre de Cristo que fue derramada por ti.

ORACIÓN DESPUES DE LA COMUNION
Demos gracias al Señor.
Dios eterno, te damos gracias por este misterio santo en que te has entregado a nosotros. Concédenos que podamos vivir en el mundo con el poder de Tu Espíritu y entregarnos al servicio de nuestro prójimo, en el nombre de Jesucristo nuestro Señor. Amén.

HIMNO
"Yo quiero trabajar por el Señor"

DESPEDIDA
Que el Dios que estableció Pacto con todas aquellas personas que procuran entrar a Su reino esté con ustedes.
Amén.
Que Jesucristo, quien selló el nuevo Pacto con su sacrificio en la cruz, les dé la paz.
Amén.
Que el Espíritu Santo les guíe.
Amén.
Id en paz a servir a Dios y a vuestro prójimo en todo lo que hagáis.
Amén. Gracias sean dadas a Dios.

El texto de Renovación del pacto ha sido tomado de *Festejamos juntos al Señor*, Libro de Celebraciones de la Iglesia Evangélica Metodista en América Latina, Buenos Aires: Ediciones La Aurora, 1989. Usado con permiso.

El texto del Culto de Comunión o Santa Cena fue tomado de *Cultos Principales de la Iglesia*, Nashville, Tennessee: Ediciones Discipulado (Discipleship Resources), 1984. Usado con permiso.

CPSIA information can be obtained at www.ICGtesting.com
Printed in the USA
241777LV00001B/15/P